LA VOIE

DU MÊME AUTEUR

Voir à la fin du livre

EDGAR MORIN

LA VOIE

Pour l'avenir de l'humanité

Pluriel

Ouvrage publié dans la collection Pluriel
sous la responsabilité de Joël Roman

Couverture : Rémi Pépin
Illustration : Éric Fougere / VIP Images / Corbis

ISBN : 978-2-8185-0178-8
Dépôt légal : octobre 2012
Librairie Arthème Fayard/Pluriel, 2012

Gratitude

Je n'ai pu mener à son terme cette œuvre difficile que grâce aux différentes aides dont j'ai bénéficié.

Tout d'abord, je remercie Sabah Abouessalam de m'avoir accompagné tout au long de la rédaction, de m'avoir encouragé à continuer contre vents et marées. Sociologue des problèmes urbains, notamment de la pauvreté et de la gouvernance, elle est, de surcroît, la principale rédactrice du chapitre 10 de la première partie : « Inégalités et pauvreté » ainsi que du chapitre 2 de la troisième partie : « Ville et habitat ».

Je remercie Karima Abouessalam qui m'a procuré une importante et indispensable documentation pour les chapitres suivants : « La voie économique », « L'eau », « Justice et répression », « Médecine et santé », « Agriculture », « L'alimentation », « La consommation », « Le travail », et qui a également relu mes épreuves. Je remercie pour son travail de révision, critique, attentive et éclairée au stade de la seconde version de mon texte, Jean-Louis Le Moigne, mon permanent et fraternel interlocuteur. Je remercie Jean Tellez, qui, en dépit des ses obligations, a trouvé le temps de relire mes épreuves. Je remercie Catherine Loridant qui m'a si utilement assisté au cours des dernières années, qui a trié pour ce livre une abondante documentation et m'a apporté sa relecture attentive. Je remercie Stéphanie Prouteau pour son aide polyvalente et sa lecture critique des épreuves.

Je remercie tout particulièrement Claude Durand, qui, plus qu'éditeur, a été collaborateur de mon livre, en faisant un travail particulièrement pertinent de bénédictin-rewriteur sur un texte encore mal léché, et lui a donné sa forme ultime.

Je remercie Pierre Bergé dont l'aide amicale m'a été une fois de plus précieuse.

Je remercie enfin Hélène Guillaume avec qui j'ai réalisé les dernières corrections.

Je regrette que la distance atlantique entre la France et le Brésil ait empêché la collaboration de Marta de Azeivedo Irving avec laquelle j'avais projeté ce livre.

Il est certain que ce travail comporte des lacunes, voire des inexactitudes, elles seront, je l'espère, signalées par les lecteurs. Cette première version pourrait en effet servir de texte d'orientation pour un second volume qui rassemblerait, selon les diverses « voies », en une sorte d'encyclopédie inachevée et destinée à le rester, la somme des initiatives créatrices et porteuses d'avenir dont je n'ai donné ici que quelques pistes. Ce second volume, au-dessus de mes forces, serait rédigé sous la responsabilité d'un comité compétent. De plus, le présent ouvrage ne comporte pas de bibliographie générale en raison de l'immensité des domaines traités.

Je ne peux que répéter ici, en préliminaire à cette œuvre ultime, ce que j'avais écrit à la fin de ma préface de *La Méthode* : « Je me sens branché sur le patrimoine planétaire, animé par la religion de ce qui relie, le rejet de ce qui rejette, une solidarité infinie… »

E. M.

AVANT-PROPOS

Sparsa colligo[1]

Si j'essaie de remonter aux sources subjectives de ce livre, *La Voie*, je trouve, dans mes années d'enfance, à partir de la lecture de *La Case de l'oncle Tom*, des romans de Gustave Aimard et de Fenimore Cooper, un irrépressible sentiment de compassion pour les Noirs esclavagisés et les peuples subjugués, asservis, méprisés des Amériques. Adolescent, j'ai ressenti une compassion semblable pour la misère humaine, pas seulement la détresse matérielle que me donnait à voir par exemple le film de Pabst *L'Opéra de quat' sous*, mais aussi la misère intérieure qui vient de l'humiliation et de la

1. « Je réunis le dispersé. »

solitude, que m'a révélée quand j'avais quinze ans Dostoïevski.

Sans doute est-ce ma souffrance et ma propre solitude, consécutives à la mort de ma mère quand j'avais dix ans, qui me prédisposaient à compatir à d'autres malheurs. Sans doute est-ce aussi que, tout en ayant incorporé en moi l'histoire de France dans ses heurs et ses malheurs, ses désastres et ses résurrections, tout en me sentant *enraciné* français, et n'ayant jamais personnellement subi de rejet, je sentais une différence que me rappelait continûment une presse agressive à l'encontre des juifs, des métèques, des émigrés, méprisante envers les Noirs et les Jaunes, ce qui me rangeait aux côtés des exclus dont je me sentais alors le frère. Mais c'est aussi la culture française que je faisais mienne, de Montaigne à Montesquieu, de Voltaire à Diderot, de Rousseau à Hugo, qui me vouait à l'universalisme. J'étais certes français, mais j'étais d'abord partie intégrante de l'espèce humaine, priorité qu'avait soulignée l'auteur de *L'Esprit des lois*.

C'est tout naturellement que, dans les années tourmentées de l'avant-guerre, je devins sensible aux idées de fraternité internationale des partis révolutionnaires, et que les valeurs humanistes, sans cesse régénérées depuis la Révolution française, firent de moi un partisan de l'émancipation des peuples. Si le communisme stalinien me répugnait par ses procès et ses mensonges (déjà connus par mes lectures, dont celles de Souvarine, Trotski, Victor Serge, Gide), son principe universaliste était mien.

À vingt ans, sous l'occupation nazie, je me suis engagé non seulement pour libérer mon pays, mais dans ce que je croyais être la lutte grandiose pour l'émancipation de l'humanité entière. Je ne savais pas alors que mon universalisme était abstrait en ce qu'il ignorait l'importance des nations, des ethnies, des cultures.

Au cours de la grisante aventure de la revue *Arguments* (1957-1962) j'ai découvert et incorporé, *via* Axelos, la notion d'ère planétaire de Heidegger. J'ai aussi compris qu'il fallait non seulement inscrire le politique dans l'ère planétaire, mais aussi le considérer dans ses dimensions humaines fondamentales : d'où l'idée d'anthropolitique que je formulai dans mon essai *Introduction à une politique de l'homme* (1965).

Mes deux premiers grands séjours en Amérique latine (1961-62) me plongèrent au sein de civilisations métisses : Brésil, Colombie, Mexique… Je fus envoûté par les peuples andins et commençai à mesurer la richesse humaine que représentent les diversités culturelles.

Mon enquête sur la modernisation à Plozevet (1965), dans le pays bigouden, me révéla la juste résistance d'une culture ethnique qui, tout en étant désireuse de modernité, résiste à s'y laisser désintégrer.

Au cours des décennies suivantes, mon esprit déjà disposé à affronter les contradictions grâce à Héraclite et Hegel, déjà formé à relier des connaissances séparées (dans *L'Homme et la mort* – 1951), élabora dans *La Méthode* un mode de connaissance et de réflexion apte à appréhender les complexités, et je plaçai au noyau de la pensée complexe l'idée d'*Unitas multiplex*, l'unité de la multiplicité et de la diversité humaines : l'unité humaine engendre la diversité humaine et la diversité humaine entretient l'unité humaine. D'où le constat : « la diversité est le trésor de l'unité humaine ; l'unité est le trésor de la diversité humaine. » Ainsi ai-je dépassé l'universalisme abstrait pour accéder à la conscience de la complexité planétaire. Enfin, la notion de Terre-Patrie est venue enraciner mon universalisme dans le concret.

C'est dans *Pour sortir du XXe siècle*, daté de 1981, ré-intitulé vingt ans plus tard *Pour entrer dans le XXIe siècle*, que j'en vins à formuler deux idées conjointes pour caractériser la phase actuelle de l'ère planétaire : nous sommes toujours dans l'« âge de fer planétaire » et dans la « préhistoire de l'esprit humain ». Au cours des années 1990 s'imposa à moi l'idée que le vaisseau spatial Terre, propulsé par quatre moteurs incontrôlés – science, technique, économie, profit –, est emporté vers de très probables catastrophes en chaîne – le probable ne signifiant pas l'inéluctable et n'excluant pas la possibilité d'un changement de cap.

C'est en 1994 que me vint l'idée de *Politique de civilisation*, qui vise à réagir contre les effets pervers croissants engendrés par la civilisation occidentale, devenue mondialisée et mondialisante. Cette *Politique de civilisation* préludait à une entreprise plus ample, celle qu'expose ce livre : chercher la voie susceptible de sauver l'humanité des désastres qui la menacent.

Déjà, je m'étais lancé dans une mission quasi impossible en entreprenant *La Méthode*. Mais je me disais dans le même temps qu'il m'était impossible d'y renoncer. Aujourd'hui, je sens qu'il en va de même pour *La Voie*. Je peux d'autant moins y renoncer qu'elle était déjà en germe dans *Introduction à une politique de l'homme* ; elle était en maturation dans le cheminement de trente ans qui m'a fait rédiger les six volumes de *La Méthode*, notamment les deux derniers, *L'Humanité de l'humanité* et *Éthique*. Je l'ai parallèlement élaborée dans les articles à intérêt politique que j'ai publiés au cours des dernières décennies et qui se trouvent rassemblés dans *Ma gauche*.

Je suis conscient que la possibilité de changer de voie est de plus en plus improbable. Je me souviens qu'adolescent, dans les années 1930, au cœur de la crise économique et de la crise de la démocratie, je m'attachais aux recherches d'une troisième voie, une voie s'opposant tout à la fois au nazisme hitlérien et au communisme stalinien. Je lisais les articles de Robert Aron et de Arnaud Dandieu, d'Emmanuel Mounier, de Simone Weil et d'autres qui s'efforçaient d'en formuler les principes. Je m'étais inscrit alors au parti frontiste de Bergery parce qu'il affirmait la nécessité d'une lutte sur deux fronts. Cette recherche tâtonnante fut balayée par la guerre. Il n'y eut plus alors de troisième voie possible. Il n'y eut plus que la résistance, et, pour beaucoup, dont moi, le choix d'une voie ennemie contre l'autre.

Aujourd'hui, je sens que, comme alors, un printemps aspire à naître. Mais je sens aussi qu'un regel s'annonce pour l'anéantir avant qu'il ne voie le jour.

Je pressens donc que l'improbable, auquel je me voue, risque fort de devenir impossible. Mais, même si le *Titanic* fait naufrage, peut-être une bouteille jetée à la mer parviendra-t-elle sur le rivage d'un monde où tout serait à recommencer…

Nul ne sait jamais si et quand il est trop tard.

La grande Voie n'a pas de porte. Des milliers de routes y débouchent.

Proverbe zen

Il y a ceux qui voudraient améliorer les hommes et il y a ceux qui estiment que cela ne se peut qu'en améliorant d'abord les conditions de leur vie. Mais il apparaît que l'un ne va pas sans l'autre, et on ne sait par quoi commencer

André GIDE, *Journal 1942-1949*, p. 31

*Il faudrait voir, d'une part, si le projet humain réalisé durant ces six millénaires par l'*Homo historicus *est le seul projet humain possible, et, d'autre part, voir s'il ne faudrait pas faire aujourd'hui quelque chose d'autre.*

Raimundo PANIKKAR

Si le domaine des idées est révolutionné, la réalité ne peut demeurer telle qu'elle est.

G. W. F. HEGEL

Nous continuons à chercher des dépanneurs de la planète Alpha, alors que nous sommes sur la planète Bêta.

P. CAILLÉ

Une terre finie peut-elle supporter un projet infini ?

Leonardo BOFF

Quiconque croit qu'une croissance exponentielle peut durer toujours dans un monde fini est ou un fou, ou un économiste.

Kenneth BOULDING

Chaque chose en tout temps marche avec son contraire.

Les Mille et Une Nuits

Pour atteindre l'humanité, il faut le sens d'un au-delà de l'humanité.

Friedrich SCHLEGEL

Il ne s'agit pas de trouver des « solutions » pour certains « problèmes », mais un mode de vie autre, qui ne serait pas la négation abstraite de la modernité, mais son dépassement [Aufhebung], *sa négation déterminée, la conservation de ses meilleurs acquis et son au-delà vers une forme supérieure de la culture – une forme qui restituerait à la société certaines qualités humaines détruites par la civilisation bourgeoise industrielle. Cela ne signifie pas un retour au passé, mais un détour par le passé, vers un avenir nouveau...*

Michaël LOWY

L'humanité est pour elle-même à la fois son pire ennemi et sa meilleure chance.

Patrick VIVERET

Il y a une manière de contribuer au changement, c'est de ne pas se résigner.

Ernesto SABATO

Ne doutons jamais qu'un petit groupe d'individus conscients et engagés puissent changer le monde. C'est même de cette façon que cela s'est toujours produit.

Margaret MEAD

La chose la plus indispensable que nous puissions faire en tant qu'êtres humains chaque jour de notre vie est de nous rappeler aux autres notre complexité, notre fragilité, notre finitude et notre unicité.

Antonio DAMASIO

Introduction générale

CHANGER DE VOIE ?

La difficulté de penser le présent

« *No sabemos lo que pasa y eso es lo que pasa* », écrit Ortega y Gasset : « Nous ne savons pas ce qui se passe, et c'est cela qui se passe. »

Il y a effectivement toujours quelque distance entre l'événement et la conscience de sa signification ; la connaissance est en retard sur l'immédiat : « L'oiseau de Minerve (de la raison) prend son vol au crépuscule » (Hegel).

Le présent n'est perceptible qu'en surface. Il est travaillé en profondeur par des sapes souterraines, d'invisibles courants sous un sol apparemment ferme et solide.

De surcroît, la connaissance est désarçonnée à la fois par la rapidité des évolutions et changements contemporains, et par la complexité propre à la globalisation : inter-rétro-actions innombrables entre processus extrêmement divers (économiques, sociaux, démographiques, politiques, idéologiques, religieux, etc.).

Enfin, nous, habitants du monde occidental ou occidentalisé, subissons sans en avoir conscience deux types de carences cognitives :

- les cécités d'un mode de connaissance qui, compartimentant les savoirs, désintègre les problèmes fondamentaux et globaux, lesquels nécessitent une connaissance transdisciplinaire ;
- l'occidentalo-centrisme qui nous juche sur le trône de la rationalité et nous donne l'illusion de posséder l'universel.

Ainsi, ce n'est pas seulement notre ignorance, c'est aussi notre connaissance qui nous aveuglent.

Tout en me vouant à la connaissance complexe, je suis bien conscient de toutes les difficultés accumulées pour comprendre ce que nous vivons et subissons : je sais que je ne suis pas l'Observateur/Concepteur situé sur Sirius. Je suis emporté avec six milliards d'êtres humains dans une aventure folle et grandiose, terrible et poétique, je suis happé par le local, le contingent. Il n'y a pas que l'espérance qui soit un pari, il y a aussi la connaissance. Et je ne peux ignorer mes ignorances.

De la mondialisation à la globalisation

Le processus de mondialisation a commencé à la fin du XVe siècle avec la conquête des Amériques et la circumnavigation de Ferñao de Magalhães (Magellan).

Dès les années 60-70 du XXe siècle, chaque individu du monde dit développé porte en lui, sans en être conscient, la présence du tout-planétaire. Il prend le matin un café sud-américain ou un thé asiatique, sort de son réfrigérateur allemand des fruits exotiques, enfile son tricot en coton d'Égypte ou d'Inde, ouvre sa radio japonaise pour écouter les nouvelles internationales, endosse son costume de laine d'Australie tissé à Manchester, conduit sa voiture coréenne en écoutant un air de flamenco sur son iphone californien. Il peut voir des films américains, japonais, chinois, mexicains, africains. Il assiste à un opéra italien où la diva est afro-américaine, l'orchestre dirigé par un chef japonais. Il soupe ensuite éventuellement de *chili con carne* ou de riz cantonais.

Le miséreux des bidonvilles d'Afrique ou d'Amérique du Sud a été chassé de sa terre par la monoculture industrialisée importée d'Occident, il porte un tee-shirt pourvu d'une inscription américaine, vit des rebuts de la civilisation occidentale qu'il bricole.

La globalisation est le stade actuel de la mondialisation. Elle commence en 1989 après l'effondrement des économies dites socialistes. Elle est le fruit de la conjonction en boucle rétroactive de l'essor effréné du capitalisme qui, sous l'égide du néo-libéralisme, déferle sur les cinq continents, et de l'essor d'un réseau de télécommunications instantanées (fax, téléphone portable, Internet). Cette conjonction effectue l'unification techno-économique de la planète.

Suite à l'implosion de l'URSS et à la déconfiture du maoïsme, la globalisation a comporté une vague démocratisante en diverses nations, une valorisation des droits de l'homme et des droits de la femme dont les résultats demeurent incertains, limités, voire combattus.

Elle a également comporté trois processus culturels à la fois concurrents et antagonistes : d'une part, un processus d'homogénéisation et de standardisation selon les modèles nord-américains ; d'autre part, un contre-processus de résistances et de refloraisons de cultures autochtones ; enfin, un processus de métissages culturels[1].

Enfin la globalisation a produit l'infratexture d'une société-monde. Une société requiert un territoire comportant de perma-

1. Voir *Vers l'abîme ?*, L'Herne, 2007, où ces thèmes sont développés.

nentes et innombrables intercommunications – c'est ce qui est advenu à la planète ; elle nécessite sa propre économie – c'est le cas de l'économie mondialisée ; mais une société doit contrôler son économie, et ce contrôle ici fait défaut ; il manque également les autorités légitimes dotées de pouvoirs de décision ; absente aussi est la conscience d'une communauté de destin indispensable pour que cette société devienne Terre-Patrie. L'ONU n'a qu'une faible autorité et une faible légitimité. La FAO, l'OMC, l'Unesco ne sont que des embryons d'institutions dont pourrait disposer une société-monde. Seuls sont apparus, propices à une telle société, mais dispersés comme des blocs erratiques en plein désert, la notion de crimes contre l'humanité, le Tribunal international aux compétences limitées, un courant altermondialiste qui n'a pu encore élaborer sa pensée. La conscience de l'humanité est aujourd'hui incarnée non plus par de grands intellectuels comme Victor Hugo, Romain Rolland (en 1914) et, dernier en date, Raimundo Panikkar (décédé en 2010), mais par le Club de Rome et des ONG humanitaires (Survival International, Amnesty International, Greenpeace, Médecins sans frontières, etc.).

Ce ne sont pas seulement les souverainetés absolues des États nations qui empêchent la formation d'une société-monde. C'est aussi le mouvement techno-économique de la globalisation qui, tout en en créant l'infra-texture, suscite les résistances – ethniques, nationales, culturelles, religieuses – à l'homogénéisation mondialisante. En fait, les conséquences de l'échec historique du communisme ont été énormes : non seulement les débordements du capitalisme mais aussi les déchaînements ethno-religieux (y compris et parfois surtout dans les pays ex-socialistes) n'ont plus eu aucune entrave.

Tout cela contribue à ce que la globalisation développe une crise planétaire aux multiples visages. Comme l'a indiqué Mohamed Arkoun, « le collapsus de l'Union soviétique a été un Tchernobyl socio-politique ». Il a éliminé du globe, pour un temps, la pieuvre totalitaire. Mais il en a fait réapparaître deux autres : la pieuvre du capitalisme financier, et celle d'un fanatisme ethno-religieux.

La crise planétaire

La crise de l'unification

L'unification techno-économique du globe est en crise. Il y a coïncidence entre la prolifération d'États souverains, l'accroissement de leur interdépendance et leur refermeture ethno-religieuse. Cette coïncidence n'est pas fortuite. Elle s'explique : a) par les résistances nationales, ethniques et culturelles à l'occidentalisation ; b) par l'effondrement généralisé de l'espoir mis dans le Progrès. Le Progrès, grand mythe providentiel de l'Occident, avait envahi la planète entière dans la seconde moitié du XXe siècle. Il assurait la meilleure société possible à l'Ouest, un avenir radieux à l'Est, et au Sud l'émancipation, soit par la démocratie de l'Ouest, soit par le socialisme de l'Est. L'illusion d'un progrès conçu comme une loi de l'Histoire s'est dissipée à la fois dans les désastres de l'Est, les crises de l'Ouest, les échecs du Sud, dans la découverte de menaces de tous ordres, notamment nucléaires et écologiques, planant sur toute l'humanité, et l'invasion de l'horizon du futur par une extraordinaire incertitude. Ainsi, la perte d'un futur assuré, jointe à la précarité et aux angoisses du présent, engendrent des reflux vers le passé, c'est-à-dire vers les racines culturelles, ethniques, religieuses et nationales.

Dans le même temps, et en dépit de l'hégémonie techno-économico-militaire des États-Unis, se développe un monde multipolaire dominé par des blocs aux intérêts à la fois coopératifs et conflictuels, et où des crises multiples augmentent à la fois les nécessités de coopération et les risques de conflit.

Ainsi la globalisation, à la fois une et plurielle, connaît sa propre crise qui rapproche et désunit, unifie et sépare.

Les poly-crises

La globalisation ne fait pas qu'entretenir sa propre crise. Son dynamisme suscite des crises multiples et variées à l'échelle planétaire.

La crise de l'économie mondiale apparue en 2008 résulte fondamentalement de l'absence de véritables dispositifs de régulation. Elle ne se résume pas à un accident provoqué par une hypertrophie du crédit, laquelle n'est pas seulement due au souci d'une population appauvrie par l'enchérissement des prix de maintenir son niveau de vie par l'endettement. Cette hypertrophie est également due aux spéculations du capitalisme financier sur le pétrole, les minéraux, les céréales, etc. Écrivant sur André Gorz, Patrick Viveret cite deux auteurs qui parlent de l'intérieur du système : Patrick Artus, directeur de la recherche de Natixis, et Marie-Paule Virard, rédactrice en chef d'*Enjeux-Les Échos* de 2003 à 2008. Leur livre, *Globalisation : le pire est à venir*, a été écrit avant la grande crise de septembre 2008. La page de présentation de l'ouvrage prophétise : « Le pire est à venir de la conjonction de cinq caractéristiques majeures de la globalisation : une machine inégalitaire qui mine les tissus sociaux et attise les tensions protectrices ; un chaudron qui brûle les ressources rares, encourage les politiques d'accaparement et accélère le réchauffement de la planète ; une machine à inonder le monde de liquidités et à encourager l'irresponsabilité bancaire ; un casino où s'expriment tous les excès du capitalisme financier ; une centrifugeuse qui peut faire exploser l'Europe[1]. » Quant à Alan Greenspan, ancien patron de la Banque fédérale américaine, il reconnaît dans son livre *Le Temps des turbulences*[2], que la finance mondiale est devenue un bateau ivre, déconnecté des réalités productives.

La crise écologique s'accentue avec la dégradation croissante de la biosphère, laquelle va elle-même susciter de nouvelles crises économiques, sociales et politiques.

La crise des sociétés traditionnelles découle de l'occidentalisation qui tend à les désintégrer.

---

1. P. Artus et M.-P. Virard, *Globalisation : le pire est à venir*, La Découverte, 2008.
2. Alan Greenspan, *Le Temps des turbulences*, Lattès, 2007.

La civilisation occidentale, qui produit les crises de la globalisation, est elle-même en crise. Les effets égoïstes de l'individualisme détruisent les anciennes solidarités. Un mal-être psychique et moral s'installe au cœur du bien-être matériel. Les intoxications consuméristes des classes moyennes se développent tandis que se dégrade la situation des classes démunies et que s'aggravent les inégalités. La crise de la modernité occidentale rend dérisoires les solutions modernisatrices aux crises.

La crise démographique s'amplifie par la conjonction de la surpopulation des pays pauvres, de la baisse de population de la plupart des pays riches et du développement des flux migratoires engendrés par la misère.

La crise urbaine se développe dans les mégapoles asphyxiées et asphyxiantes, polluées et polluantes, où les habitants sont soumis à d'innombrables sources de stress, où d'énormes ghettos pauvres s'accroissent tandis que les ghettos riches s'emmurent.

La crise des campagnes est une crise de désertification provoquée non seulement par l'importante concentration urbaine, mais aussi par l'extension des monocultures industrialisées, livrées aux pesticides, privées de vie animale, ainsi que par la dimension concentrationnaire de l'élevage industrialisé, producteur de nourritures dégradées par les hormones et les antibiotiques.

La crise du politique est aggravée par l'incapacité à penser et à affronter la nouveauté, l'ampleur et la complexité des problèmes.

Les religions, qui avaient régressé grâce aux progrès de la laïcité, sont en train de progresser au détriment de celle-ci, mais elles sont elles-mêmes en crise, car écartelées entre modernisme et intégrisme, en proie à des conflits internes entre cultes rivaux, et elles sont plus que jamais incapables d'assumer leurs principes de fraternité universelle.

De leur côté, les laïcités sont de plus en plus privées de sève et corrodées par les recrudescences religieuses.

L'humanisme universaliste se décompose au profit des identités nationales et religieuses, alors même qu'il n'est pas encore devenu un humanisme planétaire respectant le lien indissoluble entre l'unité et la diversité humaines.

La crise du développement

L'ensemble de ces multiples crises interdépendantes et interférentes est provoqué par une mondialisation à la fois, à l'instar de la Trinité chrétienne, une et triple : globalisation, occidentalisation, développement.

Alors que l'occidentalisation est sous-entendue, le terme « développement » est devenu le maître mot qui pare d'un label de solution et de progrès le complexe trinitaire. Il est encore un peu partout considéré comme la voie du salut pour l'humanité.

La notion de développement englobe les multiples développements de la prospérité et du bien-être, l'amélioration générale des conditions de vie, la réduction des inégalités, la paix sociale, la démocratie. C'est la locomotive du développement techno-économique qui est censée entraîner les wagons du bien-être, de l'harmonie sociale, de la démocratie. Dans les faits, le développement techno-économique est compatible avec les dictatures où il s'assortit de l'esclavagisation des travailleurs et de la répression policière, comme ce fut le cas au Chili et au Brésil, et comme le montre l'hyper-développement actuel de la Chine.

La croissance est conçue comme le moteur évident et infaillible du développement, et le développement comme le moteur évident et infaillible de la croissance. Les deux termes sont à la fois fin et moyen l'un de l'autre. Or, comme l'a dit Kenneth Boulding, que j'ai cité en exergue, « quiconque croit qu'une croissance exponentielle peut durer toujours dans un monde fini est ou un fou, ou un économiste » ! Il a été calculé que si la Chine atteignait un taux de 3 véhicules automobiles pour 4 habitants, comme c'est le cas aujourd'hui aux États-Unis, cela représenterait 1,1 milliard de voitures, alors que la planète en compte actuellement 800 millions, et les infrastructures nécessaires (réseaux routiers, parkings) y occuperaient une surface à peu près égale à celle allouée à la culture du riz.

Comme nous l'indiquons plus loin, l'idée fixe de croissance devrait être remplacée par un complexe comportant croissances diverses, décroissances diverses, stabilisations diverses.

Comme la mondialisation et l'occidentalisation dont il fait partie et qui font partie de lui, le développement est complexe, c'est-à-dire ambivalent, à la fois négatif et positif.

Côté positif, il a suscité sur toute la planète des zones de prospérité selon le modèle occidental, et a déterminé la formation de classes moyennes accédant aux standards de vie des classes moyennes occidentales. Il a permis des autonomies individuelles émancipées de l'autorité inconditionnelle de la famille, l'accession au mariage choisi et non plus imposé, l'apparition des libertés sexuelles, de loisirs nouveaux, la consommation de produits inconnus, la découverte d'un monde étranger « magique », y compris sous l'aspect du McDonald's ou du Coca-Cola. Il a suscité de grandes aspirations démocratiques.

Mais il a aussi apporté, au sein des nouvelles classes moyennes des pays émergents, les intoxications consuméristes propres à leurs homologues occidentales, l'accroissement de la composante imaginaire des désirs, ainsi que l'insatiabilité de besoins sans cesse nouveaux. Il a apporté les côtés sombres de l'individualisme, à savoir l'égocentrisme, l'autojustification (qui suscite l'incompréhension d'autrui), la soif du profit.

Le développement a créé de nouvelles corruptions au sein des États, des administrations et des relations économiques. Il a détruit les solidarités traditionnelles sans en créer de nouvelles, d'où la multiplication des solitudes individuelles. En déracinant et en ghettoïsant, il a engendré une croissance de la criminalité, encouragée par la formation de gigantesques mafias internationales. En ce sens, le développement est anti-éthique. Enfin, il a créé d'énormes zones de misère, ce dont témoignent les ceintures démesurées de bidonvilles qui cernent les mégapoles d'Asie, d'Afrique, d'Amérique latine.

Dans les conditions de la globalisation néolibérale (privatisation des services publics et des entreprises d'État, recul des activités publiques au profit des activités privées, primauté des investissements spéculatifs internationaux, déréglementations généralisées), le déchaînement d'un capitalisme planétaire sans freins, depuis les années 1990, a amplifié tous les aspects négatifs du développement. L'accroissement permanent des revenus du capital au détriment de ceux du travail creuse continûment les inégalités. Le développement a ainsi accru le nombre de travailleurs esclavagisés en Chine, en Inde et en de nombreuses régions d'Amérique latine. L'abandon des cultures vivrières au profit des monocultures industrialisées d'exportation chasse les petits paysans ou artisans qui jouissaient d'une relative autonomie en disposant de leurs polycultures ou de leurs outils de travail, et elle transforme leur pauvreté en misère dans les bidonvilles des mégapoles. Un rapport des Nations unies pour le développement, publié en 2003, mentionnait 54 pays devenus plus pauvres qu'en 1990 – l'espérance de vie a décliné dans 36 d'entre eux. Qui a dit : « Le développement est un voyage qui comprend plus de naufragés que de passagers... » ?

D'autre part, le développement instaure un mode d'organisation de la société et des esprits où la spécialisation compartimente les individus les uns par rapport aux autres, ne donnant à chacun qu'une part close de responsabilités. De par cette fermeture, on perd de vue l'ensemble, le global et, du même coup, la solidarité. Sans compter que l'éducation hyperspécialisée remplace les anciennes ignorances par un nouvel aveuglement ; celui-ci est entretenu par l'illusion que la rationalité détermine le développement, alors que celui-ci confond rationalisation techno-économique et rationalité humaine.

Cet aveuglement résulte également de la conception techno-économique du développement qui ne connaît que le calcul comme instrument de connaissance (indices de croissance, de prospérité, de revenus, statistiques prétendant tout mesurer). Le calcul ignore non seulement les activités non monétarisées comme les productions domestiques et/ou de subsistance, les services mutuels, l'usage de biens communs, la part gratuite de l'existence, mais aussi et surtout tout ce qui ne peut être calculé ni mesuré : la joie, l'amour, la souffrance, la dignité, autrement dit le tissu même de nos vies.

Enfin, le développement a longtemps été aveugle aux dégradations écologiques qu'il continue de provoquer (industries polluantes, villes polluées, agriculture, élevage et pisciculture industrialisés) ; il a mis et met de plus en plus la biosphère en danger par l'exploitation forcenée du pétrole, du charbon, par la déforestation massive, les dénaturations provoquées par les cultures et l'élevage industrialisés.

Aussi l'idée généralement admise du développement est aveugle aux dégâts et dégradations qu'il produit. L'idée de développement est une idée sous-développée !

Le développement est une formule standard qui ignore les contextes humains et culturels. Il s'applique de façon indifférenciée à des sociétés et à des cultures très diverses, sans tenir compte de leurs singularités, de leurs savoirs et savoir-faire, de leurs arts de vivre, présents chez des peuples dont on dénonce l'analphabétisme sans percevoir les richesses de leurs cultures orales traditionnelles. Il constitue un véritable ethnocide pour les petits peuples.

Le développement donne en fait le modèle occidental comme archétype universel pour la planète. Il suppose que les sociétés occidentales constituent la finalité de l'histoire humaine. Produit du sociocentrisme occidental, il est aussi le moteur d'une occidentalisation forcenée. De fait, s'il n'apporte pas nécessairement au reste du monde ce que la civilisation occidentale comporte de positif (droits humains, libertés, démocratie), il charrie inévitablement ses vices.

Le développement qui se voudrait solution ignore que les sociétés occidentales sont en crise du fait même de leur développement. Celui-ci a en effet secrété un sous-développement intellectuel, psychique et moral. Intellectuel, parce que la formation disciplinaire que nous, Occidentaux, recevons, en nous apprenant à dissocier toute chose nous a fait perdre l'aptitude à relier et, du coup, celle à penser les problèmes fondamentaux et globaux. Psychique, parce que nous sommes dominés par une logique purement économique qui ne voit comme perspective politique que la croissance et le développement, et que nous sommes poussés à tout considérer en termes quantitatifs et matériels. Moral, parce que partout l'égocentrisme l'emporte sur la solidarité. De surcroît, l'hyperspécialisation, l'hyperindividualisme, la perte des solidarités débouchent sur le mal-être, y compris au sein du confort matériel.

L'Occident ressent en lui un vide et un manque : de plus en plus d'esprits désemparés font appel aux psychanalyses et aux psychothérapies, au yoga, au bouddhisme zen, aux marabouts, etc. D'aucuns essaient de trouver dans les cultures et les sagesses d'autres continents des remèdes à la vacuité créée par le caractère quantitatif et compétitif de leur existence. Nous vivons ainsi dans une société où les solutions que nous voulons apporter aux autres sont devenues nos problèmes.

La prise de conscience de la crise du développement n'est arrivée à déboucher que de façon partielle, insuffisante et limitée sur la problématique écologique, ce qui a conduit à « attendrir » la notion de développement en lui accolant l'épithète *durable*. Mais l'« os » demeure !

L'idée de « supportabilité » (ou durabilité) ajoute au développement la prise en compte de la sauvegarde de la biosphère et, corrélativement, de la sauvegarde des générations futures. Cette notion renferme une composante éthique importante. Mais celle-ci ne saurait améliorer profondément l'idée même de développement. Elle ne fait que la suaviser, que l'enrober d'une douce pommade.

Enfin, puisque le développement, l'occidentalisation et la globalisation sont les moteurs les uns des autres, toutes les crises que nous avons énumérées peuvent être considérées comme les composantes d'une méga-crise aux trois visages inséparables : crise du développement, crise de l'occidentalisation, crise de la mondialisation. Le fait que ce caractère complexe de la crise planétaire est généralement ignoré indique que la multi-crise est aussi cognitive.

La crise de l'humanité

Ainsi la globalisation, l'occidentalisation, le développement sont les trois aliments de la même dynamique qui produit une pluralité de crises interdépendantes, enchevêtrées, dont la crise cognitive, les crises politiques, les crises économiques, les crises sociales, qui elles-mêmes produisent la crise de la globalisation, celle de l'occidentalisation, celle du développement. *La gigantesque crise planétaire est la crise de l'humanité qui n'arrive pas à accéder à l'humanité.*

Nous sommes au moment crucial d'une folle aventure commencée il y a huit mille ans, pleine de cruauté et de grandeur, d'apogées et de désastres, d'asservissements et d'émancipations, qui emporte aujourd'hui six milliards d'êtres humains. Et comment ne pas ressentir que, dans et par cette crise, il y a recrudescence de la formidable lutte entre les forces de mort et les forces de vie ? Les unes et les autres non seulement s'entre-combattent, mais s'entre-nourrissent, les décompositions mortelles permettant les renaissances ou les métamorphoses, mais aussi asphyxiant les renaissances et les métamorphoses possibles : « Vivre de mort, mourir de vie », la formule d'Héraclite exprime l'ambivalence de la crise planétaire.

Vers l'abîme ?

Le développement du développement engendre et accentue la crise du développement et conduit l'humanité vers de probables catastrophes en chaîne.

Le vaisseau spatial Terre est propulsé par quatre moteurs incontrôlés : la science, la technique, l'économie, le profit, chacun d'eux étant alimenté par une soif insatiable : la soif de connaissance (science), la soif de puissance (technique) la soif de possession, la soif de richesses. Leurs effets sont ambivalents. La science a certes permis des élucidations et suscité des applications bénéfiques, mais elle a produit les armes de destruction massive, notamment nucléaires, et des possibilités inconnues de manipulation des gènes et des cerveaux humains. La technique, ambivalente par nature, a asservi les énergies naturelles, mais aussi les êtres humains. L'économie a produit des richesses inouïes en même temps que des misères sans fond, et son manque de régulation laisse libre cours au profit, lui-même propulsé et propulseur d'un capitalisme déchaîné, hors de tout contrôle, qui concourt à la course à l'abîme.

La domination d'un capitalisme financier déconnecté de l'économie réelle, voué à l'intérêt exclusif des spéculateurs, a provoqué la crise économique de 2008 et continue de se repaître comme un vampire de nos substances vives. Comme l'a dit Alain Touraine dans *Après la crise*[1], il s'est mis au-dessus de l'humanité et nous devrions le mettre au ban de l'humanité.

1. A. Touraine, *Après la crise*, Seuil, 2010.

À cela se combine l'aggravation des diverses crises enchevêtrées qui, dans un monde disloqué, accentuent les antagonismes, lesquels aggravent les déferlements idéologico-politico-religieux, lesquels intensifient les manichéismes, les haines aveugles, qui suscitent des hystéries propices aux guerres et aux expéditions punitives. Deux barbaries se trouvent plus que jamais alliées : la barbarie venue du fond des âges historiques, qui mutile, détruit, torture, massacre ; et la barbarie froide et glacée de l'hégémonie du calcul, du quantitatif, de la technique, du profit sur les sociétés et les vies humaines.

Nous nous enfonçons dans un âge de fer planétaire. Les barbares, ennemis de l'humanité, sont aujourd'hui en activité éruptive ; quand ils sont eux-mêmes en opposition, leur antagonisme contribue à accroître un manichéisme aveugle et haineux. Le capitalisme déchaîné d'aujourd'hui n'est pas la seule menace pour l'humanité : il y a les fanatismes déchaînés, les dictatures implacables, la possibilité de nouveaux totalitarismes, voire de guerres d'anéantissement.

Le pire et le meilleur

L'issue catastrophique du cours des choses actuel est ainsi hautement probable, la probabilité étant définie par ce qu'un observateur, en un temps et un lieu donnés, peut induire de la continuation des processus en cours.

Aussi peut-on dire que la globalisation constitue le pire qui soit advenu à l'humanité.

Il faut dire également qu'elle en constitue le meilleur. Ce meilleur est que, pour la première fois dans l'histoire humaine, sont réunies les conditions d'un dépassement de cette histoire faite de guerres dont les puissances de mort se sont renforcées jusqu'à permettre désormais un suicide global de l'humanité.

Le meilleur est qu'il y ait désormais interdépendance accrue de chacun et de tous, nations, communautés, individus, sur la planète Terre, que se multiplient symbioses et métissages culturels en tous domaines, que les diversités résistent en dépit des processus d'homogénéisation qui tendent à les détruire. Le meilleur est que les menaces mortelles et les problèmes fondamentaux créent une communauté de destin pour l'humanité entière.

Le meilleur est que la globalisation ait produit l'infra-texture d'une société-monde ; que, dans ces conditions d'une communauté de destin et d'une possible société-monde, nous puissions envisager la Terre comme patrie sans que celle-ci nie les patries existantes, mais, au contraire, les englobe et les protège.

Mais la conscience des périls est encore bien faible et dispersée. Mais la conscience de la nécessité de dépasser l'histoire n'a pas encore émergé. Mais la conscience d'une communauté de destin reste déficiente. Mais la conscience d'une Terre-Patrie est encore marginale et disséminée. Mais la globalisation techno-économique empêche l'émergence de la société-monde dont elle a pourtant créé les infra-textures. Mais il y a contradiction entre les souverainetés nationales, encore absolues, et la nécessité d'autorités supra-nationales pour traiter les problèmes vitaux de la planète. Mais les convulsions de la crise de l'humanité risquent d'être mortelles.

Ainsi, effectivement, la mondialisation est à la fois le meilleur (la possibilité d'émergence d'un monde nouveau) et le pire (la possibilité d'autodestruction de l'humanité). Elle porte en elle des périls inouïs ; elle porte aussi en elle des chances inouïes. Elle porte en elle la probable catastrophe ; elle porte aussi en elle l'improbable mais donc possible espérance.

Tous les processus actuels portent en eux des ambivalences. Toute crise – et la crise planétaire de façon paroxystique – porte en elle risques et chances. La chance est dans le risque. La chance s'accroît avec le risque. « Là où croît le péril, croît aussi ce qui sauve » (Hölderlin).

Mais la chance n'est possible que s'il est possible de changer de voie.

Est-ce possible ?

Vers la métamorphose ?

Quand un système est incapable de traiter ses problèmes vitaux, il se dégrade, se désintègre, ou bien se révèle capable de susciter un méta-système à même de traiter ses problèmes : il se *métamorphose*.

Tel quel, le système Terre est incapable de s'organiser pour traiter ses problèmes vitaux :

- périls nucléaires qui s'aggravent avec la dissémination et peut-être bientôt la privatisation de l'arme atomique ;
- dégradation de la biosphère ;
- économie mondiale dépourvue d'un système de contrôle/régulation ;
- retour des famines ;
- conflit ethno-politico-religieux pouvant dégénérer en guerres de civilisations.

L'amplification et l'accélération de tous ces processus peuvent être considérées comme le déchaînement d'un formidable *feed-back* positif, processus d'irrémédiable désintégration des systèmes physiques, mais qui peut transformer les systèmes humains.

Le probable est la désintégration.

L'improbable, mais possible, est la métamorphose.

Qu'est-ce qu'une métamorphose ? Nous en voyons d'innombrables exemples dans le règne animal, notamment chez les insectes. Une chenille s'enferme dans une chrysalide ; elle entame alors un processus qui est à la fois d'autodestruction et d'auto-reconstruction en une organisation et une forme différentes. Quand la chrysalide se déchire, il s'est formé un papillon qui, tout en demeurant le même être, est devenu autre. L'identité s'est maintenue et transformée dans l'altérité.

La naissance de la vie peut être conçue comme la métamorphose d'une organisation physico-chimique qui, arrivée à un point de saturation, a créé une méta-organisation, l'auto-éco-organisation vivante, laquelle, tout en comportant exactement les mêmes constituants physico-chimiques, a produit des qualités nouvelles dont l'autoreproduction, l'autoréparation, l'alimentation en énergie extérieure, la capacité cognitive.

La formation des sociétés historiques au Moyen-Orient, en Inde, en Chine, au Mexique, au Pérou constitue une métamorphose à partir d'un agrégat de sociétés archaïques de chasseurs-cueilleurs. Cette métamorphose a produit les villes, l'État, les classes sociales, la spécialisation du travail, les grandes religions, l'architecture, les arts, la littérature, la philosophie. Et cela, pour le meilleur comme pour le pire (la guerre, l'esclavage, la barbarie).

À partir du XXIe siècle se pose le problème de la métamorphose des sociétés historiques en une société-monde d'un type nouveau qui engloberait les États nations sans les supprimer. Car la poursuite de l'Histoire, c'est-à-dire des guerres par des États disposant des armes d'anéantissement, conduit à la quasi-destruction de l'humanité. Il y a nécessité vitale d'une méta-histoire. Alors que, pour Fukuyama, les capacités créatrices de l'évolution humaine sont épuisées avec la démocratie représentative et l'économie libérale, nous devons penser qu'au contraire *c'est cette histoire-là qui est épuisée, et non les capacités créatrices de l'humanité*.

C'est dans la métamorphose que se régénéreraient ces capacités créatrices. La notion de métamorphose est plus riche que celle de révolution. Elle en garde la radicalité novatrice, mais la lie à la conservation (de la vie, des cultures, du legs de pensées et de sagesses de l'humanité). On ne peut en prévoir les modalités ni les formes : tout changement d'échelle entraîne un surgissement créateur. De même que la société historique, créatrice de la ville, de l'État, des classes sociales, de l'écriture, de divinités cosmiques, de monuments grandioses, des grands arts, était inconcevable pour les humains des sociétés archaïques de chasseurs-ramasseurs, de même nous ne pouvons concevoir encore le visage de la société-monde qui se dégagerait de la métamorphose.

Changer de voie

Pour aller vers la métamorphose, il est nécessaire de changer de voie. Mais s'il semble possible d'infléchir certains cheminements, de corriger certains maux, il est impossible ne serait-ce que de freiner le déferlement technique-scientifique-économique-civilisationnel qui conduit la planète au désastre.

Et pourtant l'histoire humaine a souvent changé de voie. Comment ?

Tout commence toujours par une initiative, une innovation, un nouveau message de caractère déviant, marginal, souvent invisible aux contemporains. Ainsi ont débuté les grandes religions. Le prince Sakyamuni a élaboré le bouddhisme au terme d'une méditation solitaire sur la vie, puis, à partir de quelques disciples, une grande religion s'est répandue en Asie. Jésus était un chaman galiléen qui énonça sa prédiction sans succès auprès du peuple hébreu, mais son message, repris et universalisé par un pharisien dissident, Paul de Tarse, se répandit lentement dans l'Empire romain pour devenir finalement sa religion officielle. Le prophète Mahomet dut fuir La Mecque et se réfugier à Médine ; le Coran se propagea de disciples en disciples et devint le texte sacré d'innombrables populations en Afrique, en Asie, en Europe. Le capitalisme se développa en parasite des sociétés féodales pour prendre finalement son essor et, avec l'aide des royautés, les désintégrer. En 1492, le solitaire mais obstiné Génois Christophe Colomb parvient, par son insistance, à obtenir des Rois Catholiques (Isabelle Ire et Ferdinand II d'Espagne) les caravelles qui vont le faire accoster en Amérique. La science moderne s'est formée à partir de quelques esprits déviants dispersés : Galilée, Bacon, Descartes, puis elle a créé ses réseaux, ses associations, s'est introduite dans les universités au XIXe siècle, puis, au XXe, dans les économies et les États pour devenir l'un des quatre puissants moteurs du vaisseau spatial Terre. Le socialisme est né dans quelques esprits autodidactes et marginaux au XIXe siècle pour devenir une formidable force historique au siècle suivant.

Le bouillonnement créatif

Notre époque devrait être, comme le fut la Renaissance, et plus encore qu'elle, l'occasion d'une reproblématisation généralisée. Tout est à repenser. Tout est à commencer.

Tout, en fait, a déjà commencé, mais sans qu'on le sache. Nous en sommes au stade de préliminaires modestes, invisibles, marginaux, dispersés. Il existe déjà, sur tous les continents, en toutes les nations, des bouillonnements créatifs, une multitude d'initiatives locales dans le sens de la régénération économique, ou sociale, ou politique, ou cognitive, ou éducationnelle, ou éthique, ou existentielle. Mais tout ce qui devrait être relié est dispersé, séparé, compartimenté. Ces initiatives ne se connaissent pas les unes les autres, nulle administration ne les dénombre, nul parti n'en prend connaissance. Mais elles sont le vivier du futur. Il s'agit de les reconnaître, de les recenser, de les collationner, de les répertorier afin d'ouvrir une pluralité de chemins réformateurs. Ce sont ces voies multiples qui pourront, en se développant conjointement, se conjuguer pour former la Voie nouvelle, laquelle décomposera la voie que nous suivons et nous dirigera vers l'encore invisible et inconcevable Métamorphose.

Le salut a commencé par la base.

Au-delà des alternatives

Pour élaborer les voies qui se rejoindraient dans la Voie, il nous faut nous dégager des alternatives :

mondialisation/démondialisation
croissance/décroissance
développement/enveloppement
conservation/transformation

Il faut *à la fois* mondialiser et démondialiser, croître et décroître, développer et envelopper, conserver et transformer.

L'orientation *mondialisation/démondialisation* signifie que s'il faut multiplier les processus de communication et de planétarisation culturelles, s'il faut que se constitue une conscience de Terre-Patrie, conscience d'une communauté de destin, il faut aussi promouvoir le développement du local dans le global. La démondialisation donnerait une nouvelle viabilité à l'économie locale et régionale[1]. Elle renouvellerait l'alimentation de proximité, les artisanats et les commerces de proximité, le maraîchage périurbain, les communautés locales et régionales. La restauration de services sanitaires, scolaires et postaux de proximité, la revitalisation des villages par réinstallation de bistrots, boulangeries, épiceries devraient constituer des processus de réhumanisation des campagnes. La valorisation des ressources endogènes, matérielles et immatérielles, assurerait autonomie et qualité

1. La délocalisation économique provoque, par multiplication des transports par camions, navires, avions, des gaspillages d'énergie et une grande production de gaz à effet de serre. La production d'un blue-jean nécessite, au total, un périple de 30 000 km pour réunir matériaux et composants ; celle d'un yaourt aux fruits, 10 000 km.

alimentaires, hygiène écologique ; elle susciterait la reconquête de l'agriculture vivrière au Sud, et celle de l'agriculture paysanne au Nord, ainsi que le rétablissement de services publics locaux.

Dans le même temps, les relocalisations et les reterritorialisations des activités devraient aller de pair avec la démocratie participative locale et régionale, ainsi qu'avec la mise en œuvre d'une politique de civilisation qui revitaliserait la convivialité et régénérait les solidarités.

Ajoutons que si elles s'imposent en période de développement mondial, elles s'imposent encore davantage dans l'hypothèse, qui n'est plus à exclure, d'une gigantesque crise de l'économie dont les conséquences sociales, politiques, voire guerrières seraient gravissimes. En cas de désastre planétaire, la souveraineté alimentaire et un minimum d'autosuffisance économique seraient des facteurs de survie pour d'innombrables populations.

Enfin la démondialisation signifie également le retour d'une autorité des États, abandonnée dans les privatisations au profit d'un capitalisme déterritorialisé, comportant le retour aux services publics des postes et communications, des chemins de fer, des hôpitaux, des écoles.

Ainsi la démondialisation constitue un antagonisme nécessaire, c'est-à-dire complémentaire, à la mondialisation. Cela signifie qu'on ne devrait pas opposer de façon absolue la liberté internationale des échanges aux protections douanières. Celles-ci s'imposent dans les cas et les cadres de sauvegarde de l'autonomie vivrière et de protection d'une branche économique vitale pour une nation. Les protections partielles ne sauraient cependant virer au protectionnisme. Autrement dit, il faut développer à la fois le global et le local sans que l'un dégrade l'autre. Il faut développer à la fois le déterritorialisé et le reterritorialisé. Du même coup, le monde humain évoluerait en spirale, retournant partiellement au passé (c'est-à-dire aux paysans, aux villages, à l'artisanat) pour mieux aller vers le futur.

L'orientation *croissance/décroissance* signifie qu'il faut faire croître les services, les énergies vertes, les transports publics, l'économie plurielle, dont l'économie sociale et solidaire, les aménagements visant à l'humanisation des mégapoles, les agricultures et élevages fermiers et biologiques, mais faire aussi décroître les intoxications consommationnistes, la nourriture industrialisée, la production d'objets jetables et non réparables, la domination des intermédiaires (notamment les grandes surfaces) sur la production et la consommation, le trafic automobile des particuliers, le trafic routier des marchandises (au profit du ferroutage).

L'orientation *développement/enveloppement* signifie que l'objectif n'est plus fondamentalement le développement des biens matériels, de l'efficacité, de la rentabilité, du calculable ; il est aussi le retour de chacun sur ses besoins intérieurs, la stimulation des aptitudes à comprendre autrui, prochain et lointain, le retour au temps long de son rythme intérieur, non haché et non strictement chronométré. L'enveloppement signifie le maintien de l'insertion dans sa culture, ses communautés, le primat de la qualité poétique du vivre. Le développement favorise l'individualisme. L'enveloppement favorise la communauté. Comme nous le verrons, le développement/enveloppement tend à répondre à l'aspiration de l'être humain à associer autonomie et communauté.

L'orientation *conservation/transformation* signifie que bien des perspectives d'avenir, comme l'agriculture et l'élevage fermier, le redéveloppement des artisanats, l'abandon des produits jetables pour des produits réparables, nécessitent la conservation de savoirs et de pratiques hérités du passé. Une grande partie des technologies « propres » gisent dans des savoirs ancestraux et des communautés marginales. Et surtout, il nous faut conserver la vie de la planète, les diversités biologiques, humaines, continuer à nous émouvoir et à nous enrichir des trésors sublimes des grandes cultures et des grands penseurs.

Il ne suffit plus de dénoncer. Il nous faut désormais énoncer.

Il ne suffit pas de rappeler l'urgence. Il faut aussi savoir commencer, et commencer par définir les voies susceptibles de conduire à la Voie. Le message qui indique la Voie est en cours d'élaboration, c'est ce à quoi nous essayons ici de contribuer.

L'origine est devant nous, disait Heidegger. La Métamorphose serait bel et bien une nouvelle origine.

LES VOIES VERS LA VOIE

Les réformes politiques seules, les réformes économiques seules, les réformes éducatives seules, les réformes de vie seules ont été, sont et seront condamnées à l'insuffisance et à l'échec. Chaque réforme ne peut progresser que si progressent les autres. Les voies réformatrices sont corrélatives, interactives, interdépendantes.

Pas de réforme politique sans réforme de la pensée politique, laquelle suppose une réforme de la pensée elle-même, qui suppose une réforme de l'éducation, laquelle suppose une réforme politique. Pas de réforme économique et sociale sans réforme politique, qui suppose une réforme de la pensée. Pas de réforme de vie ni de réforme éthique sans réforme des conditions économiques et sociales du vivre, et pas de réforme sociale et économique sans réforme de vie et réforme éthique.

Plus profondément encore, la conscience de la nécessité vitale de changer de voie est inséparable de la conscience que le grand problème de l'humanité n'a cessé d'être celui de l'état souvent misérable et monstrueux des relations entre individus, groupes, peuples. La question très ancienne de l'amélioration des relations entre humains, qui a suscité tant d'aspirations révolutionnaires, tant de projets politiques, économiques, sociaux, éthiques, est désormais indissolublement liée à la question vitale du XXIe siècle, qui est celui de la Voie nouvelle et de la Métamorphose.

J'ai déjà indiqué qu'à la base, dans toutes les sociétés civiles, il y a multiplicité d'initiatives dispersées, ignorées des partis, des administrations, des médias. Indiquons ici que les reliances, développements et convergences des innombrables initiatives permettraient de frayer des voies qui convergeraient pour former la Voie.

Première partie

LES POLITIQUES DE L'HUMANITÉ

Chapitre premier

Regénération de la pensée politique

La politique est un art ; si nombreuses que soient les connaissances sur lesquelles elle s'appuie, elle demeure un art, non seulement par les qualités inventives et créatrices qu'elle exige, mais aussi par sa capacité d'affronter l'écologie de l'action[1]. Saint-Just en a révélé les difficultés, qui a dit : « Tous les arts ont produit leurs merveilles ; seul l'art de gouverner n'a produit que des monstres. » L'art politique comporte inévitablement un pari, donc le risque d'erreur. Comme toute stratégie, il

1. Voir *La Méthode*, t. 6, *Éthique*, I, III. Par « écologie de l'action » on entend que toute action, une fois engagée, entre dans un jeu d'inter-rétro-actions dans le milieu où elle se déroule, et peut non seulement dévier de sa voie, mais déclencher des forces adverses plus puissantes que celles qui l'ont initiée pour finir par revenir comme un boomerang frapper la tête de ses auteurs.

doit savoir allier un principe de risque à un principe de précaution. Aucun dosage entre ces deux principes ne peut être indiqué *a priori*. La prééminence tantôt de l'un, tantôt de l'autre relève de l'art de la politique. En même temps, l'art politique, celui qui se donne pour mission non seulement de réaliser un idéal humain de liberté, d'égalité, de fraternité, mais aussi d'ouvrir la Voie qui sauverait l'humanité du désastre, doit composer avec le réel pour le modifier. Il doit se garder du rêve utopique d'harmonie sur terre, mais aussi du réalisme qui ignore que l'aujourd'hui est provisoire. L'art politique est donc contraint de naviguer entre « realpolitik » et « ideal politik[1] ». Il doit donc être en auto-examen et en autocritique permanents[2].

L'action politique s'est toujours fondée implicitement ou explicitement sur une conception

1. Châteauvallon, *Pour une utopie réaliste. Autour d'Edgar Morin*, Arléa, 1996.

2. J'avais écrit en 1958 : « La politique est l'art le plus barbare de tous. La justice pénale est déjà très barbare, mais elle ne punit de mort que pour un crime commis. La politique est plus barbare encore : elle peut tuer pour un vague danger, une précaution (...). Il suffit de peu pour que l'art politique se dégrade en boucherie (...). Mais si dégoûtante soit-elle de sanie et de sang, et du pus jaunâtre de la bêtise, elle est également le grand art (...). Le profond art politique, qui joue avec nos vies dans

du monde, de l'homme, de la société, de l'histoire, c'est-à-dire sur une pensée. C'est ainsi qu'une politique réactionnaire a pu se fonder sur Bonald, Joseph de Maistre, Maurras, qu'une politique modérée a pu se fonder sur Tocqueville, que des politiques révolutionnaires ont pu se fonder sur Marx, Proudhon, Bakounine. Une politique qui vise à l'amélioration des relations entre humains (peuples, groupes, individus) doit plus qu'une autre se fonder non seulement sur une conception du monde, de l'homme, de la société, de l'histoire, mais aussi sur une conception de l'ère planétaire. Je me suis essayé à le faire dans *Introduction à une politique de l'homme. Pour une politique de civilisation, Terre-Patrie*[1].

Il nous faut donc un diagnostic pertinent sur le cours actuel de l'ère planétaire qui emporte l'espèce l'humaine dans sa course : c'est ce que j'ai tenté dans *Vers l'abîme ?* et c'est un renouvellement de ce diagnostic qui figure dans l'Introduction du présent ouvrage.

---

un jeu nécessaire et attentif, exige des artistes d'une patience et d'une intransigeance prodigieuses, d'une bonté infinie… » (« La dialectique et l'action », *Arguments*, 1958, repris dans *Pour et contre Marx*, Temps présent, 2010).

1. Les références des œuvres d'Edgar Morin sont aux pages 517-521.

Or la pensée politique en est au degré zéro. Elle ignore les travaux sur le devenir des sociétés et sur le devenir du monde. « La marche du monde a cessé d'être pensée par la classe politique », dit l'économiste Jean-Luc Gréau. La classe politique se satisfait des rapports d'experts, des statistiques et des sondages. Elle n'a plus de pensée. Elle n'a plus de culture. Elle ne sait pas que Shakespeare la concerne. Elle ignore les sciences humaines. Elle ignore les méthodes qui seraient aptes à concevoir et traiter la complexité du monde, à lier le local au global, le particulier au général.

Privée de pensée, elle s'est mise à la remorque de l'économie. Comme disait Max Weber, l'humanité est passée de l'économie du salut au salut par l'économie. Celle-ci croit résoudre les problèmes politiques et humains par la compétition, la dérégulation, la croissance, l'augmentation du PIB, et, en cas de crise, par la rigueur, c'est-à-dire les sacrifices imposés aux peuples. Et, de même que la chouette fuit le soleil, la classe politique se détourne de toute pensée qui pourrait éclairer les chemins du bien commun.

La régénération de la pensée politique suppose conjointement une réforme de la pensée que nous présenterons plus loin. Disons déjà que la pensée politique ne peut qu'être complexe, c'est-à-dire qu'elle doit tenir compte des contextes, des interactions, des rétroactions, reconnaître les ambivalences et les contradictions, concevoir les émergences[1], envisager les relations en boucle du global au local et du local au global. Elle devrait se fonder sur une conception trinitaire de l'humain (inséparablement individu-société-espèce), complexe de l'individu (*sapiens/demens*, *faber/mythologicus*, *economicus/ludens*[2]). Elle devrait être apte à penser l'ère planétaire et à préparer la Voie du salut commun.

La nouvelle politique obéirait à une double orientation : celle d'une politique de l'humanité, celle d'une politique de la civilisation. Et elle veillerait à penser en permanence et simultanément le planétaire, le continental, le national et le local.

---

1. C'est-à-dire les qualités et propriétés nouvelles d'un tout, absentes des éléments pris isolément, que produit la conjonction de ces éléments. Ainsi ce qu'on appelle vie est constitué par les émergences de l'organisation complexe nucléo-protéinée de molécules physico-chimiques que sont l'autoreproduction, l'autoréparation, l'auto-éco-organisation, les aptitudes cognitives.
2. Voir *La Méthode*, t. 5, « L'identité humaine ».

CHAPITRE 2

Politique de l'humanité

La communauté de destin de l'espèce humaine face à des problèmes vitaux et mortels communs appelle une politique de l'humanité ; celle-ci se fonderait sur le concept de Terre-Patrie, qui porte en soi la conscience du destin commun, de l'identité commune, de l'origine terrienne commune de l'humanité. La Terre-Patrie, loin de nier les patries singulières, les intégrerait dans une grande patrie commune. Les internationalismes ignoraient l'importance des diversités culturelles et nationales. La Terre-Patrie engloberait le souci de sauvegarder indissolublement l'UNITÉ/DIVERSITÉ humaine : le trésor de l'unité humaine est la diversité humaine, le trésor de la diversité humaine est l'unité humaine[1].

1. Voir *Terre-Patrie* avec Anne-Brigitte Kern, Le Seuil, 1993.

La politique de l'humanité obéirait aux normes complémentaires-antagonistes que nous avons indiquées dans l'Introduction :

Mondialisation/démondialisation

Croissance/décroissance

Développement/enveloppement

Transformation/conservation

Elle partirait du constat que la globalisation a créé le substrat d'une société-monde (réseau de communications multiples et immédiates sur le globe, économie désormais planétaire), mais sans créer des institutions propres ni une conscience commune. Il serait d'abord nécessaire d'élaborer, à partir d'une ONU réformée, non pas un gouvernement mondial mais une gouvernance globale qui disposerait de premières institutions dotées de pouvoirs effectifs pour la prévention des guerres, (dont l'ordonnancement d'un désarmement progressif et généralisé, à commencer par les armes de destruction massive), l'application de normes écologiques vitales et celle de normes économiques d'intérêt planétaire.

De plus, il s'agirait d'instituer des instances de mise à l'étude de la réduction des énormes inégalités existant dans le monde, ainsi que de la régulation des flux migratoires.

L'ensemble de ces instances pourrait par la suite constituer l'embryon d'une première forme de gouvernance confédérale pour une société-monde en formation.

Au-delà du développement

La politique de l'humanité opérerait le dépassement de l'idée de développement, même supportable (dit « durable » évoquée p. 27), et, inséparablement, le rejet de l'idée de sous-développement.

On appelle sous-développées des cultures qui comportent des savoirs, des savoir-faire (en médecine, par exemple), des sagesses, des arts de vivre souvent absents ou disparus chez nous ; elles recèlent des richesses culturelles, y compris dans leurs religions aux belles mythologies, certaines ignorant les fanatismes des grands monothéismes, préservant la continuité des lignées dans le culte des ancêtres, maintenant l'éthique communautaire, entretenant une relation d'intégration à la Nature et au Cosmos.

Bien entendu, elles comportent des superstitions, des illusions, mais nous-mêmes n'avons-nous pas nourri de nombreuses illusions, dont le mythe du Progrès en tant que loi de l'Histoire, la dernière de ces illusions étant la capacité de l'économie libérale à résoudre tous les problèmes humains ? Nous avons à nous défaire de l'arrogance intellectuelle occidentalo-centrique.

Il ne s'agit nullement, ici, d'idéaliser les sociétés traditionnelles qui ont leurs carences, leurs fermetures, leurs injustices, leurs autoritarismes. Il faut considérer leurs ambivalences, donc voir aussi leurs qualités. Nous devons également cerner toutes les ambivalences du développement et promouvoir les aspects positifs de l'occidentalisation (les droits de l'homme, ceux de la femme, les autonomies individuelles, la culture humaniste, la démocratie). Ces éléments positifs peuvent et doivent féconder une politique de l'humanité tandis qu'une politique de civilisation, telle que nous l'énoncerons plus loin (p. 53 et suiv.), devrait refouler au second plan le négatif qui aujourd'hui occupe le premier plan, c'est-à-dire l'hégémonie du profit, la réduction de la politique à l'économie, la réduction de la connaissance au calcul (lequel ignore la multidimensionnalité de l'existence humaine), la domination de la rationalisation (qui écarte tout ce qui échappe à sa logique close) sur une rationalité ouverte.

La politique de l'humanité implique par là même le respect des savoirs, des savoir-faire, des arts de vivre des diverses cultures, y compris orales. Elle intègre ce qu'il y a de valable dans l'idée actuelle de développement, mais pour l'insérer dans les contextes singuliers de chaque culture ou nation. En outre, comme je l'ai déjà indiqué, il faut compléter la notion de développement par celle d'enveloppement, c'est-à-dire de conservation des protections communautaires, de sauvegarde des qualités que le développement tend à détruire, de retournement vers les valeurs non matérielles de sensibilité, de cœur et d'âme.

La politique de l'humanité implique le respect de l'autonomie des sociétés tout en les incluant dans les échanges et interactions planétaires. Ainsi elle incite à l'autonomie alimentaire pour les produits de base et, comme nous l'avons déjà indiqué, à renforcer le local, le régional, le national en même temps que le mondial.

La voie symbiotique

Une politique de l'humanité peut et doit prendre en charge des problèmes que devrait normalement résoudre le développement, par exemple le problème accru de la faim (que nous traitons plus loin, au chapitre « L'alimentation »), celui de l'eau, celui de la santé, qui exige l'envoi gratuit de médicaments aux pays du Sud, notamment contre le sida. Une politique de l'humanité devrait inciter à fournir gratuitement à ces mêmes pays tous les dispositifs producteurs d'énergie verte, dont les éoliennes, les centrales solaires et marémotrices. La politique de l'humanité est aussi une politique humanitaire à l'échelle de la planète qui devrait mobiliser non seulement les ressources matérielles, mais aussi la jeunesse des pays qu'on appelle développés, pour l'engager dans un service civique planétaire qui remplacerait les services militaires afin d'aider sur place les populations dans le besoin.

Une politique de l'humanité embrasserait les différents problèmes qui se posent dans les différentes régions du globe et, au lieu d'une formule standard appliquée dans les contextes les plus divers, elle élaborerait des actions convenant à ces contextes. Ainsi, par exemple, les pays riches devraient combiner les croissances nécessaires avec les décroissances non moins nécessaires, tandis qu'il s'agirait, dans le reste du monde, d'adopter des croissances différenciées au gré des besoins vitaux et urgents.

Enfin, une politique de l'humanité serait la symbiose entre ce qu'il y a de meilleur dans la civilisation occidentale et les apports extrêmement riches des autres civilisations ; en ce sens, elle serait génératrice de *la nouvelle civilisation*.

La civilisation occidentale peut et doit propager ce qu'elle a de meilleur : la tradition humaniste, la pensée critique et la pensée autocritique, les principes démocratiques, les droits de la femme, de l'enfant et de l'homme. Les sociétés traditionnelles entretiennent une relation avec la Nature, un sens de l'inclusion dans le Cosmos, des liens sociaux communautaires qu'elles doivent conserver tout en introduisant en elles le meilleur de l'Occident.

La politique de l'humanité est une politique de symbioses planétaires : elle prône le grand rendez-vous du donner et du recevoir dont parlait Léopold Sédar Senghor. Ainsi pour les médecines : elle implique l'apport des médecines occidentales en matière d'hygiène, de traitements antisida, etc., mais aussi leur symbiose avec les médecines indigènes, non seulement dans les nations de traditions médicales millénaires (Inde et Chine), mais aussi chez les peuples archaïques connaissant les vertus et des plantes et des venins ainsi que les thérapies chamaniques. Dans le même temps, l'Occident pourrait intégrer – il a commencé à le faire en matière d'acupuncture – les vertus de ces pratiques et de ces ressources médicinales.

La voie métisse

La planète offre une extrême diversité de cultures singulières. Mais, à l'exception des ultimes peuples premiers, témoins de notre préhistoire, toutes les cultures historiques, y compris les plus anciennes, ont subi des métissages génétiques et culturels. Les métissages génétiques sont issus d'une part des guerres (viols), d'autre part d'asservissements conduisant à des accouplements clandestins ou ouverts comme ceux entre maîtres et esclaves dans les fazendas du Brésil (lesquels ont conduit à la civilisation métisse de cette grande nation). Ils sont également issus de l'intégration d'ethnies très diverses dans des empires durables (comme l'Empire romain, l'Empire austro-hongrois, l'Empire ottoman, l'Empire russe), ou dans des nations modernes comme la France où se sont multipliées les unions entre ressortissants d'ethnies devenues provinces. Ils ont aussi résulté des grandes migrations qui ont déferlé au cours de l'histoire sur tous les continents. Ils sont issus des colonisations – notamment espagnole, portugaise, nord-européenne – dans les Amériques, suivies de migrations forcées (Africains déportés en esclavage) et d'immigrations d'Européens de toutes origines. Aussi les premières civilisations métisses sont-elles d'abord en formation en Amérique latine (notamment au Brésil, au Mexique, en Colombie) et sont-elles appelées à naître là où les peuples andins subjugués accéderont à l'égalité politique. La civilisation métisse démocratique nécessite en effet le préalable de l'émancipation des peuples subjugués ou minorisés. Désormais, la nation bolivienne issue des antiques civilisations aymara et inca a accédé à ses droits politiques et à l'affirmation de sa culture précolombienne, ainsi qu'en a témoigné la cérémonie d'investiture du président Morales.

Avec ses voyages et échanges multiples, ses nouveaux flux migratoires, l'ère planétaire ouvre une nouvelle ère de métissages. Aux métissages génétiques s'ajoutent ou se combinent en effet les métissages culturels. Les cultures originelles se sont montrées à la fois ouvertes et fermées aux influences étrangères. Elles ont souvent adopté des techniques, des idées, des mythes, des dieux venus de l'étranger. Ainsi, il n'est pas de culture « pure » qui se soit maintenue dans son intégrité initiale ; au contraire, tout en maintenant leurs fondements identitaires (langue et coutumes), les cultures traditionnelles ont assimilé de multiples apports extérieurs. Les cultures nationales, qui intègrent les cultures d'ethnies provincialisées au sein de la nation, ont parfois refoulé ou interdit les langues secondaires ; en France, on les a finalement reconnues dans les dernières décennies du XXe siècle après que la langue française se fut enracinée comme langue nationale commune.

L'ère planétaire a constitué et développé une réalité transculturelle qui associe les différentes cultures en une culture mondiale à la fois une et diverse. Ainsi le cinéma, qui ne s'est pas seulement diffusé à travers le monde selon un modèle à l'origine hollywoodien mais a permis l'efflorescence de multiples et remarquablement divers cinémas nationaux, d'abord français, allemand et italien, puis japonais, sud-coréen, chinois, iranien, égyptien, marocain, sénégalais, ivoirien, etc., chacun étant à la fois assimilateur, original et créateur.

Les métissages et symbioses (génétiques, ethniques, culturels) sont à la fois unifiants et diversifiants. Ceux de l'ère planétaire contribuent à la formation et au développement d'une vaste culture planétaire aux formes on ne peut plus diversifiées. Il y a certes une tendance à l'homogénéisation culturelle par dénaturation, voire dissolution des cultures originelles quand s'impose un impérialisme doté d'une arme économique puissante. Mais, même dans ce cas, d'innombrables cultures spécifiques résistent et se développent en utilisant la mondialisation : ainsi le flamenco a survécu alors qu'il était moribond en Andalousie, il s'y est ressourcé et redéveloppé grâce aux jeunes générations andalouses, aussi grâce à l'internationalisation des maisons de disques (*cf.* l'admirable anthologie du *cante flamenco* de Ducretet-Thomson portant les *recopilaciones* d'enregistrements des années 1930-1950). Ainsi nous voyons à l'œuvre trois tendances en antagonisme, complémentarité et concurrence au sein de notre ère planétaire : la tendance à l'homogénéisation, la tendance à la régénération des singularités culturelles, la tendance à de nouvelles symbioses (comme le flamenco rock et le flamenco raï). De même, des films réalisés en coproduction, tel, par exemple, *Le Guépard* de Luchino Visconti qui fit incarner des aristocrates siciliens par l'Américain Burt Lancaster et le Français Alain Delon, n'en demeurent pas moins profondément ancrés dans leur culture, italienne ici, grâce au génie de leur réalisateur.

Une politique de l'humanité et une politique de civilisation ont également pour mission de lutter contre les préjugés racistes, religieux, xénophobes, qui font obstacle aux tendances naturelles, créatrices de symbioses et de métissages, tout en veillant à encourager la protection des sources culturelles menacées par un impérialisme économique (comme le fait l'aide au cinéma national de qualité en France et en d'autre pays). Ici encore, il faut à la fois mondialiser et démondialiser, ce qui permet de diffuser internationalement le national, le régional, le local, tout en les protégeant.

Plus fondamentalement, de nouvelles diversités sont en germe ou en formation dans le devenir métissé de l'humanité. C'est plus que jamais le lien fondamental entre l'unité et la diversité humaines qui doit être forgé et encouragé dans la voie métisse. Celle-ci devrait élaborer un humanisme planétaire et incorporer le meilleur des cultures archaïques, le meilleur des cultures traditionnelles, le meilleur de la modernité occidentale.

CHAPITRE 3

Politique de civilisation

La politique de civilisation devrait s'exercer contre les effets négatifs croissants du développement de notre civilisation occidentale, tout en développant ses effets positifs. Elle ne saurait être limitée aux sociétés occidentales ; elle vaut aussi pour toutes les parties occidentalisées du monde.

Le problème posé par notre civilisation est d'une extrême complexité, parce qu'elle recèle de façon complémentaire des traits exceptionnellement positifs et exceptionnellement négatifs.

Je vais esquisser ici une sorte d'*ideal-type* à partir des traits négatifs que je décrirai ; si, dans un premier temps, je semble oublier les caractères positifs et les résistances aux processus négatifs, je les rappellerai dans un second temps.

Le mal de civilisation

Un problème de fond est posé par et pour ce qui semblait devoir apporter un progrès de civilisation généralisé et irréversible. Au-delà du malaise par lequel, selon Freud, toute civilisation développe les ferments de sa propre destruction, sont apparus des symptômes, spécifiques à la nôtre, d'un nouveau mal de civilisation.

La conjonction des développements urbains, techniques, bureaucratiques, industriels, capitalistes, individualistes ronge de l'intérieur la civilisation que cette même conjonction a produite et épanouie. De sorte que l'envers négatif des bienfaits dont nous continuons de jouir n'a cessé de grandir. Les maux de notre civilisation sont bien ceux qu'a fait apparaître l'envers de l'individualisation, de la technicisation, de la monétarisation, du développement, du bien-être.

Ainsi, la technique est ce qui permet aux humains d'asservir les énergies naturelles. Mais c'est aussi ce qui permet d'asservir les humains à la logique déterministe, mécaniste, spécialisée, chronométrée de la machine artificielle. Elle impose cette logique dans des secteurs de plus en plus étendus de la vie humaine, et substitue l'organisation anonyme aux communications de personne à personne dans les entreprises, les bureaux, la vie urbaine, les loisirs ; elle fixe des critères standardisés et impersonnels auxquels résistent plus ou moins les convivialités. Cette logique, qui a déjà remplacé les humains par des distributeurs dans les gares, les trains, le métro, les péages d'autoroute, les parkings, tend à faire de la vie sociale une gigantesque machinerie automatique.

Le développement industriel apporte une élévation des niveaux de vie en produisant en masse, à des prix de plus en plus accessibles, ses produits d'usage et de consommation. Mais ce développement, qui semblait providentiel il y a encore cinquante ans, fait désormais peser deux menaces sur les sociétés et les êtres humains : l'une, extérieure, résulte de la dégradation écologique des milieux de vie ; l'autre, intérieure, provient de la dégradation des qualités de vie.

De plus, la course à la croissance dans le cadre élargi de l'économie mondialisée tend à sacrifier ce qui n'obéit pas à la logique de la compétition.

Le développement capitaliste a certes entraîné le développement des productions, des échanges, des communications ; il a aussi engendré une marchandisation généralisée, y compris là ou régnaient les entraides, les solidarités, les biens communs non monétaires, détruisant ainsi de nombreux tissus de convivialité. Ainsi les biens les plus communs deviennent diversement marchandises : l'eau potable que l'on vend en bouteilles, l'eau de mer qui s'achète sur les plages privées, l'air « pur » et le soleil que vendent les agences de tourisme, etc. Les biens les plus personnels peuvent devenir marchandises : même des enfants s'achètent : un bébé brésilien pour 800 à 1 000 euros. Et les organes du corps humain : un rein s'achète 500 euros à un miséreux de l'Inde ou de Moldavie.

Le marché privilégie en toutes occasions le calcul d'intérêt, et désolidarise d'autant. L'envers de la monétarisation, c'est le rétrécissement de la part du service gratuit, du don, c'est-à-dire de l'amitié et de la solidarité, et la nécessité de disposer de sommes croissantes d'argent pour seulement survivre.

Les développements économiques et étatiques ont suscité et favorisé la formation d'énormes machineries techno-bureaucratiques qui, d'une part, dominent tout ce qui est individuel, singulier, concret, et, d'autre part, produisent de l'irresponsabilité. L'affaire du sang contaminé a été un cas exemplaire : s'y sont concentrés les carences et méfaits d'une organisation techno-bureaucratico-scientifique où le sang est devenu une marchandise soumise à la rentabilité économique.

Le développement urbain a apporté épanouissements individuels, libertés et loisirs, mais avec les contraintes du métro-boulot-dodo sur la vie quotidienne. La ville est englobée par l'agglomération, ensemble informe pour populations ségréguées en ghettos pauvres et ghettos riches.

Certes, la grande ville resplendit de ses lumières, néons, vitrines, cinémas, spectacles, concerts, mais elle subit de plus en plus les ravages de l'anonymisation. Les immenses villes-bureaux, les banlieues-dortoirs sont en expansion. Après la disparition des fontaines, des lavoirs, des chevaux, on a assisté au dépérissement des quartiers, à la compartimentation dans les grands ensembles, à la hâte et au stress. On remplace, dans les grands ensembles immobiliers, les concierges par des gardiens. Les cerbères remplacent les pipelct(te)s. Le commerce de proximité disparaît lentement, sauvé seulement çà et là, dans Paris, par des épiciers maghrébins. Le surgelé et les grandes surfaces, à quoi s'ajoute le télé-achat, diminuent les occasions d'échanges dans les rues commerçantes, détruisant les relations de confiance entre fournisseurs et clients, tarissent les propos et potins de quartier. « L'essence communautaire de la ville est en passe d'être mentalement rayée de la pensée et de la sensibilité humaines », constate

Michel de Sablet[1]. À cela s'ajoute l'asphyxie par la circulation automobile qui contribue elle-même à l'étouffement de la sociabilité, à l'irritabilité des esprits et à l'intoxication des poumons.

L'individualisation est à la fois cause et effet des autonomies, libertés et responsabilités personnelles, mais elle a pour revers la dégradation des anciennes solidarités, l'atomisation des personnes, l'égocentrisme et, tendanciellement, ce qu'on a pu appeler la « métastase de l'ego ».

Jacques Lévine parle de la déliaison entre famille et école, parents et enfants (le nourrisson d'abord couvé, puis placé à la crèche), la déliaison entre les savoirs, la perte du dialogue avec soi-même, le déverrouillage du Ça pulsionnel, la disjonction Surmoi/Moi/Ça[2]. Il y a crise dans la relation fondamentale entre l'individu et sa société, l'individu et sa famille, l'individu et lui-même. La pression de disjonction de notre civilisation développe une déliaison et une compartimentation généralisées.

La grande famille s'est désintégrée, les solidarités de village ou de voisinage se sont effri-

1. *Des espaces urbains agréables à vivre, places, rues, squares et jardins*, Éd. du Moniteur, 1991.
2. Voir J. Lévine, *Fiction et déliaison, Art et thérapie*, 1993, n° 48/49. Et J. Lévine et M. Develay « Pour une anthropologie des savoirs scolaires », ESF, Paris, 2003.

tées, les solidarités régionales se retrouvent très affaiblies, la solidarité nationale, qui a toujours eu besoin de la menace vitale de l'ennemi « héréditaire », s'est endormie et ne se réveille que pour les coupes du monde footbalistiques ; la protection mutuelle est laissée entre les mains d'administrations bureaucratisées, déchargeant chacun de toute initiative.

La dissolution des solidarités traditionnelles n'a pas suscité pour autant la formation de nouvelles solidarités. Certes, l'État assume de plus en plus les fonctions de ce type, mais de façon anonyme, impersonnelle et tardive. Il est devenu, selon l'expression d'Ottavio Paz, un « ogre philanthropique ». L'État assurantiel est de plus en plus indispensable, mais contribue à la dégradation des solidarités concrètes sans pour autant répondre aux problèmes chaque jour plus criants de la solidarité humaine.

Certes, le cocon de la famille nucléaire tend à se refermer de façon protectrice, mais il est également en crise, avec la fragilité du mariage, l'errance des amours. Aussi s'accroissent et s'aggravent les solitudes dans toutes les classes de la société, plus affreuses là où il y a pauvreté.

Le stress et le genre de vie qui prévalent dans notre civilisation jouent un rôle dans les maux chroniques – hypertension, lumbagos, sciatiques, arthrites, dépressions, etc. – et des affections aiguës en progrès – cancer et sida. Tout en accomplissant d'admirables réussites (greffe du foie, des reins, du cœur, réparation des blessures de guerre ou d'accident, refoulement de nombreuses maladies infectieuses), la *high-tech* médicale pâtit de son hyperspécialisation et fait souffrir les patients dont elle considère les organes séparément de leur organisme et leur organisme séparément de l'être global, à la fois biologique, psychique et social. Aussi bien des maux considérés comme purement privés, et contre lesquels chacun lutte comme il peut de façon individuelle, sont-ils des indicateurs du mal-être général d'une civilisation, et appellent une politique de civilisation.

Bien des problèmes existentiels naissent sur un tuf de civilisation comme le sentiment d'un divorce entre l'âme et le corps, la perte de contrôle de son propre corps. Il est frappant qu'une enquête sur les vœux des Américains, mais également des Français, ait indiqué que nombreux étaient ceux qui souhaitaient « maigrir », révélant par là que leur corps échappait désormais à leur mental. Le recours aux diverses gymnastiques, au jogging, à l'aérobic, l'appel aux professeurs de yoga, psychanalystes, psychothérapeutes, *coaches* divers traduisent un manque, un besoin de trouver conciliation et harmonie entre l'être psychique et l'être physique.

Un mal-être intérieur parasite le bien-être extérieur. Chez ceux qui en jouissent, l'élévation du niveau de vie est compensé par l'abaissement de la qualité de la vie.

Le mal-être général est diffus, intermittent, diversement vécu. Les problèmes de la jeunesse et de la vieillesse le révèlent sous une forme intensifiée. Prenons par exemple le mal des banlieues, localisé topographiquement, sociologiquement, générationnellement chez les adolescents. Il se développe dans une sphère extérieure à l'univers dit « normal » et requiert des solutions spécifiques. Cependant, ce que vit l'adolescent des banlieues constitue l'expression locale, périphérique et paroxystique d'un mal général et diffus : celui de la décomposition générale du lien social. La désintégration de la famille y est portée à l'extrême, et seule la bande et le gang rétablissent en eux une forme de solidarité, mais fermée et agressive vis-à-vis de l'extérieur. La déliaison entre le Moi, le Ça (la pulsion) et le Surmoi (l'autorité) y est devenue disjonction.

La conjonction de l'égocentrisme – qui réduit l'horizon à l'intérêt personnel –, de la spécialisation – qui dissout l'intelligence de ce qui est global – et de la compartimentation – qui isole dans le travail techno-bureaucratisé

– détermine l'affaiblissement du sens de la solidarité, lequel détermine l'affaiblissement du sens de la responsabilité.

La déresponsabilité favorise l'égocentrisme, qui, dans la perte de la responsabilité et de la solidarité, conduit à la dégradation du sens moral. Déresponsabilité et démoralité favorisent la propagation de l'irresponsabilité et de l'immoralité.

L'admirable progrès des connaissances s'accompagne d'une régression de la connaissance par la domination de la pensée parcellaire et compartimentée au détriment de toute vision d'ensemble.

Ainsi les développements de notre civilisation conduisent-ils à un nouveau sous-développement intellectuel, à un nouveau sous-développement affectif (les êtres n'arrivent que partiellement à trouver réponse à leurs besoins de communication, de compréhension, d'amour, de communauté), et à un nouveau sous-développement moral dans la dégradation conjointe de la responsabilité et de la solidarité.

Enfin l'épanouissement démocratique dans l'Europe occidentale d'après la Seconde Guerre mondiale, a été entamé par des régressions démocratiques : dépossession des citoyens par les experts et les techniciens, crise des « idéologies » – en fait, des idéaux et projets –, dégradation du civisme sous l'effet de la dégradation de la solidarité et de la responsabilité.

LES RÉSISTANCES COLLABORATRICES

Face à l'accroissement de la technique, de la bureaucratisation au sein des administrations comme dans les entreprises, de la tyrannie du profit, de l'efficacité, de la productivité, de la rentabilité, de l'atomisation des individus que le développement technique et économique ne fait qu'accélérer, on constate que les individus résistent, se défendent, et que la société civile développe des contre-tendances.

La première de ces contre-tendances se manifeste dans les résistances privées, de caractère spontané, à l'atomisation et à l'anonymisation. Ainsi les individus résistent par la recherche des amours et des plaisirs, l'entretien des amitiés, les bandes de copains, ce que Michel Maffesoli a appelé le « nouveau tribalisme ». Ils résistent à l'urbanisation et à la suburbanisation généralisée en multipliant week-ends, sorties, vacances au cours desquels ils changent radicalement de mode de vie et de comportements, devenant néo-ruraux ou néo-naturistes. En ville même, on en revient aux nourritures rustiques, on s'entoure de compagnons fidèles et d'âmes aimantes sous forme d'animaux domestiques, on garnit de plantes intérieurs et balcons. Les urbains résistent au mal-être par le recours aux médicaments, aux tranquillisants, aux divers gourous, et leur résistance s'exaspère, voire se désespère dans la drogue et l'alcoolisme. Contre le mal des banlieues, les jeunes créent des bandes ou reconstituent une communauté.

Les résistances de ce type sont fragiles : les amours se brisent, les bandes se dispersent, les plaisirs s'épuisent, la sexualité libérée est frappée par le sida, les néo-naturismes, néo-archaïsmes, néo-ruralismes ne dispensent que des rémissions périodiques.

D'autre part, l'économie de marché et le capitalisme n'apportent pas qu'homogénéisation et massification, ils ne font pas que créer artificiellement de nouveaux désirs et de nouveaux besoins, ils se mettent au service, dès qu'il y a profit, des pulsions de recherche d'une vie plus intense, ludique et poétique. L'univers télévisuel ou cinématographique contribue à prodiguer de la poésie esthétique, comme une drogue douce, aux individus soumis à la prose quotidienne. Il fournit une vie ludique, intense, amoureuse, aventureuse par procuration, de façon imaginaire ; par là même, il invite chacun à essayer de vivre sa propre vie amoureuse, et il incite les audacieux à s'évader.

Les grands matches de football ou de rugby offrent l'occasion de participer, dans de gigantesques stades, ou *via* la télévision, aux épopées des équipes locales et nationales.

Une aspiration de plus en plus profonde à une « vraie vie » est suscitée et entretenue par le caractère individualiste de notre civilisation ; inhibée dans le même temps par ses contraintes, elle dérive souvent vers l'imaginaire.

Une économie de l'évasion se met au service de la recherche de la « vraie vie » : les clubs de rencontres, de loisirs, de vacances, les agences touristiques, les gîtes ruraux s'emploient à proposer les conditions de cette autre vie, au soleil de la Méditerranée ou sous celui des tropiques, à la montagne ou à la campagne, à fournir les possibilités d'accomplissement de ce qui est brimé et inhibé dans la vie courante. Le Club Méditerranée réussit même à créer des communautés temporaires d'où la monnaie est bannie – à condition de payer au départ le prix de l'absence de prix – et où les différences sociales, chez les « gentils membres », s'effacent sous la garde tutélaire de « gentils organisateurs ».

Toutes ces ambivalences, tous ces mixtes d'invitation à la vraie vie et de détournement de la vraie vie, relèvent à la fois de la diversion, du divertissement, de l'évasion, du ressourcement mythico-imaginaire dans l'aspiration à la vie poétique, mais également permettant de vivre des fragments, des moments, des expériences de vraie vie.

Il s'agit souvent, en fait, d'un phénomène de résistance collaboratrice : notre société civile résiste en collaborant au système qui perpétue ses maux, et réussit par là à en atténuer certains. C'est aussi parfois un phénomène de résistance régénératrice qui porte en soi la promesse d'une réforme, voire d'une métamorphose de civilisation. Mais cette résistance est encore trop dispersée, insuffisamment mûrie. Le seuil est indiscernable et, sans doute, fluctuant entre ce qui ferait prédominer la résistance sur la collaboration, ou la collaboration sur la résistance. Une politique de civilisation aurait pour mission d'encourager et de relier toutes ces résistances en dessinant le visage de ce que pourrait être une réforme de nos vies (ce que nous examinerons dans la quatrième partie).

Les impératifs d'une politique de civilisation

Nous pouvons maintenant formuler les impératifs d'une politique de civilisation :

• solidariser (contre l'atomisation et la compartimentation) ;

• ressourcer (contre l'anonymisation) ;

• convivialiser (contre la dégradation de la qualité de vie) ;

• moraliser (contre l'irresponsabilité et l'égocentrisme).

Une politique de la solidarité

La solidarité anonyme de l'État providence, avec ses sécurités et ses assurances de tous ordres, est insuffisante. Il y a besoin de solidarité concrète et vécue, de personne à personne, de groupes à personne, de personne à groupes. Il existe en chacun et en tous un potentiel de solidarité – on le voit bien dans les circonstances exceptionnelles – et une minorité fait montre d'une pulsion altruiste permanente. Il ne s'agit donc pas de promulguer la solidarité, mais de libérer la force inemployée des bonnes volontés et de favoriser les actions de solidarité. Selon notre conception de l'individu-sujet, tout sujet humain porte en lui deux quasi-logiciels : l'un est celui de l'auto-affirmation égocentrique qu'exprime le Moi-Je, et qui est vitale pour se nourrir, se défendre, se développer ; l'autre est le logiciel du Nous qui inscrit le Je dans une relation d'amour ou de communauté au sein de sa famille, de sa patrie, de son appartenance religieuse, de son parti. Notre civilisation a surdéveloppé le premier « logiciel » et a sous-développé le second. Mais celui-ci n'est qu'assoupi ; il s'agit de l'inciter à se réveiller.

J'ai suggéré d'expérimenter des « maisons de solidarité » qui pourraient être généralisées dans villes et quartiers ; elles concentreraient en un même lieu les associations humanitaires et elles comporteraient un « *crisis center* » spécifique, centre d'accueil pour toutes les détresses urgentes, avec un corps de volontaires et de professionnels disponibles et mobilisables en permanence pour tous besoins autres que ceux auxquels répondent le Samu et Police-Secours. Dans cette logique, on pourrait disposer d'agents solidaristes dans chaque administration, en tous lieux stratégiques.

Dans le même temps, on favoriserait une « économie solidaire » qui prolongerait sous de nouvelles formes l'économie mutualiste : initiatives s'appuyant sur des solidarités locales, ou, à l'inverse, suscitant ces solidarités ; formation de coopératives et d'associations sans but lucratif pour assurer des services sociaux de proximité.

Une société ne peut progresser en complexité, c'est-à-dire à la fois en liberté, en autonomie et en communauté, que si elle progresse en solidarité : en effet, la complexité croissante comporte des libertés croissantes, des possibilités d'initiative accrues, possibilités aussi bien fécondes que destructrices et génératrices de désordre. L'extrême désordre devient principalement destructeur, et l'extrême complexité se dégrade alors en désintégration du tout en éléments disjoints. La seule façon de sauvegarder la complexité d'une société, c'est-à-dire ses libertés, avec un minimum d'autorité répressive, ne peut être autre chose que le sentiment vécu d'appartenance à la communauté.

Une politique de qualité de la vie

La qualité de la vie a plusieurs entrées. L'une, écologique, est désormais reconnue ;

l'autre, conviviale, a été énoncée il y a plus de quarante ans par Ivan Illich, mais son message a été oublié. La politique écologique est une composante de la politique de convivialité, mais elle n'en est pas le tout. La convivialité comprend les cordialités de personne à personne, le partage et la participation aux jouissances, plaisirs et souffrances d'autrui, voisin, proche ou visiteur.

La qualité de la vie se traduit par du bien-être au sens existentiel et non principalement au sens matériel. Elle implique la qualité de la communication et des participations affectives et affectueuses avec autrui.

Bien entendu, la politique ne peut créer de l'amitié et de l'affection. Il faut même cesser de croire que le but de la politique soit le bonheur, selon l'idée formulée dans la Constitution des États-Unis et reprise en France par Saint-Just. Elle peut et se doit d'éliminer les causes publiques de malheur (guerre, famine, persécutions), mais ne peut engendrer le bonheur. Elle doit donc viser non pas à créer les conditions du bonheur, qui lui échappent, mais favoriser et faciliter la possibilité pour chacun de jouir des qualités de la vie, c'est-à-dire de vivre poétiquement.

L'état prosaïque et l'état poétique sont nos deux polarités de vie : s'il n'y avait pas de prose, il n'y aurait pas de poésie. L'une est celle que nous subissons par obligation ou contrainte en situation utilitaire et fonctionnelle ; l'autre est celle de nos états amoureux, fraternels, esthétiques. Vivre poétiquement, c'est vivre pour vivre. Il est vain de rêver d'un état poétique permanent, lequel, du reste, s'affadirait de lui-même. Nous sommes voués à la complémentarité et à l'alternance poésie/prose.

En ce début de IIIe millénaire, l'hyperprose a progressé avec l'invasion de la logique de la machine artificielle sur tous les secteurs de la vie, l'hypertrophie du monde techno-bureaucratique, l'invasion du profit, les débordements d'un temps à la fois chronométré, surchargé, facteur de stress, aux dépens du temps naturel de chacun.

La politique de civilisation nécessite une pleine conscience des besoins poétiques de l'être humain. Elle doit s'efforcer d'atténuer les contraintes, servitudes et solitudes, de s'opposer à l'envahissement grisâtre de la prose, de façon à permettre aux humains d'exprimer leurs virtualités poétiques. Elle comporte une dimension esthétique : l'esthétique, nous y reviendrons, n'est pas un luxe ; les émotions suscitées par la beauté face à la nature, à l'architecture, aux œuvres d'art, font partie intégrante de la poésie de la vie.

La politique de civilisation viserait à restaurer les solidarités, à ré-humaniser les villes, à revitaliser les campagnes, elle renverserait l'hégémonie du quantitatif au profit du qualitatif en privilégiant la qualité de la vie, elle prônerait le mieux plutôt que le plus, et contribuerait par là à la réforme de vie.

Elle dépasserait les alternatives mondialisation/démondialisation de par son attention au concret local et au concret planétaire (en les développant l'un et l'autre), elle dépasserait l'alternative développement/enveloppement et l'alternative croissance/décroissance dans la considération de ce qui doit croître/décroître.

Ainsi, tout en étant de portée planétaire, la politique de civilisation peut déjà être entreprise à l'échelle d'une nation et, du même coup, contribuer à propager, en devenant un exemple, sa réforme auprès des autres.

CHAPITRE 4

La question démocratique

Il ne suffit pas qu'une démocratie soit instaurée après le renversement d'une dictature. La démocratie est un système fragile que de graves crises peuvent renverser et qui a besoin d'un long enracinement historique pour se consolider. Les crises des démocraties font le lit des dictatures, mais, heureusement, les crises des dictatures font le lit des démocraties, comme on l'a vu en de nombreuses nations d'Amérique latine. Je n'évoquerai pas ici les difficultés pour arriver à un enracinement généralisé des démocraties dans le monde. Je me bornerai à remarquer que la voie démocratisante ne peut qu'être longue et aléatoire.

La démocratie a besoin non seulement d'un parlement représentatif issu d'élections, non seulement d'une séparation entre pouvoir exécutif, pouvoir législatif et pouvoir judiciaire, mais aussi d'une pluralité de conceptions et d'opinions antagonistes dans l'arène politique, de liberté de la presse, de médias et d'opinion, de respect des droits individuels, de la protection des minorités d'idées ou d'origines.

La démocratie parlementaire, si nécessaire soit-elle, est insuffisante. Elle est même en voie de dévitalisation là où il y a aplatissement de la pensée politique, désintérêt des citoyens, incapacité à affronter les grands défis de l'ère planétaire.

Il faudrait concevoir et proposer les modalités d'une démocratie participative, notamment aux échelles locales. Il serait utile de favoriser les éveils et réveils citoyens, lesquels sont eux-mêmes inséparables d'une régénération de la pensée politique, laquelle régénérerait à son tour les vocations militantes et les vouerait à l'appréhension des grands problèmes. Il serait également utile de multiplier les universités populaires qui offriraient aux citoyens une initiation à la pensée complexe, permettant d'embrasser les problèmes fondamentaux et globaux et de dispenser une connaissance non mutilée, d'une part, et, d'autre part, une initiation aux sciences historiques, politiques, sociologiques, économiques, écologiques.

La démocratie participative est à inventer à partir de diverses expériences locales comme celle de Porto Alegre où fut inaugurée la participation des citoyens à l'examen du budget municipal, notamment pour ce qui concerne l'investissement. Elle peut prendre la forme de débats publics à l'échelle locale ou régionale pour soumettre aux citoyens des projets prêtant à controverse (tracé d'autoroute, barrage, installation d'une usine polluante, déforestation). Elle peut donner lieu non seulement à des réunions liées à des projets publics, mais aussi à des conseils périodiques de quartier, de commune. Enfin, elle peut revêtir la forme de jurys citoyens qui auditionnent élus et experts sur des projets d'intérêt (ou de danger) public. La démocratie participative permettrait de discuter au niveau local de problèmes d'intérêt national, voire planétaire. Ce type de démocratie peut effectivement remédier aux scléroses et insuffisances de la démocratie représentative. Mais il comporte aussi ses propres dangers, qui sont la sous-représentativité s'il y a un trop grand nombre de citoyens abstentionnistes, le risque très fréquent d'absence des femmes, des jeunes, des vieux, des immigrés, le risque de noyautage par un parti politique. Existe aussi le risque d'un leadership de fait des « forts-en-gueule ». La démocratie participative, faite pour retrouver une vitalité citoyenne, ne peut susciter automatiquement des citoyens actifs et bien informés. Sa vertu est de pouvoir rendre concrètes des décisions sur des problèmes eux-mêmes concrets, revitaliser l'esprit de communauté, solidarité et responsabilité, régénérer le civisme à la base, là où fermentent tant de bonnes volontés sous-employées.

Un nouveau type de gouvernance pourrait s'instituer à partir de la conjonction des instances participatives citoyennes, des instances politiques et administratives, locales et régionales, des professionnels compétents dans les domaines à débattre et à trancher.

L'instauration et la vitalisation de la démocratie participative correspondent à l'impératif de politique de l'humanité déjà indiqué : mondialiser et démondialiser, c'est-à-dire, dans ce dernier sens, localiser et relocaliser, étant bien entendu que les problèmes planétaires doivent faire partie de la réflexion et du débat aux niveaux locaux.

Il faudrait également adopter et adapter une sorte de conception néo-confucéenne dans les carrières d'administration publique et les professions comportant une mission civique (enseignants, médecins, juges, policiers), c'est-à-dire promouvoir un mode de recrutement tenant compte des valeurs morales du candidat, de ses aptitudes à la « bienveillance » (attention à autrui), à la compassion, de son dévouement au bien public, de son souci de justice et d'équité. Mais nous retrouvons là le problème permanent du jugement et de l'évaluation. Qui jugera les juges en éthique ? Qui les évaluera ? Cette réforme est inséparable d'une réforme de l'éducation qui intégrerait la problématique éthique (voir plus loin, le chapitre « Réforme de l'éducation », notamment p. 151), de l'introduction de cette problématique dans la formation des administrateurs, médecins, enseignants, et sans doute de l'institution d'un haut conseil de l'éthique civique constitué par recrutement ou élection de personnalités dont les qualités morales auraient été reconnues.

CHAPITRE 5

La démographie

La démographie n'étudie pas seulement les conditions biologiques de la croissance ou de la décroissance des populations – croissance et décroissance dépendent aussi du niveau de vie, des revenus, de l'éducation, de la condition féminine au sein des sociétés. Elle comporte toutefois des imprévus : les poussées démographiques inattendues, comme en France à partir de 1940, un pays dont un million d'hommes étaient prisonniers, les soudains déclins démographiques tel celui amorcé à Berlin en 1957 et qui s'est partout répandu en Europe, excepté en Pologne.

Le problème démographique doit être posé aujourd'hui sous deux aspects : le premier est celui de l'accroissement de la population mondiale ; le second, celui des flux migratoires.

L'accroissement démographique de l'humanité est un objet de crainte depuis que Malthus semblait avoir établi que la population croît plus vite que les ressources alimentaires. Cette peur est réapparue dans la seconde moitié du XXe siècle et perdure dans les projections actuelles concernant le milieu du XXIe siècle. La population mondiale est passée de 3 milliards et quelques à 6 milliards en cinquante ans, et atteindrait 9 milliards en 2040, puis se stabiliserait. Ces prévisions devraient être tempérées par la constatation suivante : la fertilité décroît partout où se développent des classes moyennes à l'occidentale et l'éducation des filles. L'Europe est en décrue de natalité depuis la seconde moitié du XXe siècle. La Chine impose des restrictions de naissances drastiques à sa population. Seule l'Afrique conserve une moyenne de 5 enfants par couple.

La crainte que la croissance démographique provoque pénurie alimentaire et famine est-elle fondée ? Hervé Le Bras le conteste, qui soutient que le volume des vivres produits croît plus vite que la population. De fait, dans la seconde moitié du XXe siècle, l'agriculture mécanisée et industrialisée a engendré la « révolution verte » qui a répondu par un surcroît alimentaire au surcroît de population. Mais, désormais, l'agriculture et l'élevage industrialisés gaspillent une eau devenue de plus en plus vitale, en absorbant les deux tiers de l'eau consommée sur la planète, ils polluent les nappes phréatiques et désertifient les terres par surexploitation. Le développement des biocarburants réduit par ailleurs la part agricole réservée à la nourriture. L'urbanisation croissante (plus de la moitié des humains vivent désormais dans les villes) se fait au détriment des terres cultivées. Par ailleurs, si l'humanité se nourrissait au régime danois, extrêmement carné, on ne pourrait nourrir que 4 milliards d'humains ; si elle se nourrissait au régime bangladais, la Terre pourrait nourrir 9 milliards d'individus. De fait la suralimentation des pays riches produit aussi la sous-alimentation du monde pauvre. Finalement, le problème des subsistances et des nouvelles famines qui surviennent en Afrique relève des complexes politiques, économiques, sociologiques. Le déficit de nourriture dont souffrent 800 millions de personnes de par le monde dépend de façon certaine de la spéculation, de la corruption, de la destruction des cultures vivrières, de la suralimentation des pays riches.

Ici encore, nous voyons comment des problèmes apparemment distincts sont liés, nécessitent des voies de réformes simultanées qui se conjugueraient : d'une part, la voie d'une réforme de la répartition et de la distribution qui diminuerait la surconsommation des riches et accroîtrait la consommation des pauvres ; d'autre part, la voie de réformes agricoles qui développeraient l'agriculture vivrière dans les nations dépendantes en subsistances essentielles, et, plus généralement, l'alimentation de proximité, les agricultures fermières et bio, l'utilisation d'engrais qui ne stérilisent pas les sols, l'élimination des pesticides les plus nocifs, le développement des énergies vertes. Enfin s'impose une politique planétaire de l'eau qui va en se raréfiant, en se polluant, ressource vitale dont déjà des États privent d'autres (Israël et Palestine).

Il ressort donc que le problème démographique est complexe : il relève d'une diversité d'éléments qu'il convient de relier pour le prendre correctement en considération ; il réclame non seulement des mesures en faveur de la limitation des naissances là où il y a surpopulation, et de stimulation de la fécondité là où il y a sous-population, mais aussi une politique de l'humanité qui favorise les courants sociologiques de régulation des naissances et agisse entre autres sur la consommation, l'alimentation, l'agriculture, l'eau.

Venons-en aux migrations. Celles-ci sont à la fois cause et effet de la diaspora d'*Homo* dit *sapiens* sur tous les continents durant la préhistoire, y compris dans les îles de l'Océanie. Elles n'ont jamais cessé durant toute l'histoire humaine, tantôt se fixant pour créer des nations, tantôt envahissant des États pour y substituer leur pouvoir. Ce sont les invasions « barbares » qui ont érigé les nations européennes sur les décombres de l'Empire romain. Les migrations sont en fait un phénomène ininterrompu, soit qu'un peuple en chasse un autre, soit qu'un peuple nomade se lance à la conquête de sociétés sédentaires, soit que des populations pauvres ou opprimées partent en quête de terres sinon promises, du moins prometteuses. Rappelons que les deux Amériques sont des produits de migrations européennes.

Les migrations continuent de nos jours sous forme non pas de déplacements de peuples entiers, mais de départs individuels plus ou moins regroupés, et, dans le cas des Africains, en subissant l'exploitation de passeurs pour accéder subrepticement à des pays où ils demeureront clandestins.

On a décompté 200 millions de migrants en 2005, dont 34 % à destination de l'Europe, 28 % de l'Asie, 23 % de l'Amérique du Nord, 4 % de l'Amérique latine – donc 57 % en tout pour le monde occidental. Notons que parmi ces migrants, 7 %, soit 14 millions, ont fui des conflits (Africains, Libanais, Afghans, chrétiens du Moyen-Orient), qu'il y a eu des « réfugiés environnementaux » en raison des désertifications, inondations, séismes, dégradation climatique ; qu'il y a des migrants chinois en Afrique et des migrants de toutes provenances dans les pays pétroliers du Golfe (où ils fournissent 80 % de la main-d'œuvre). Ajoutons qu'il y a un exode des cerveaux (médecins, ingénieurs diplômés) : cerveaux africains vers l'Europe, cerveaux européens vers l'Amérique du Nord. Les émigrations les plus massives se font à destination du Canada, de l'Australie, de l'Arabie Saoudite et des autres États pétroliers.

Dans quasiment tous les cas, y compris en Europe, les immigrants n'évincent nullement les travailleurs autochtones qui, en général, répugnent aux métiers bas et sales qu'acceptent les arrivants, et ceux-ci contribuent au dynamisme économique des pays où ils travaillent, souvent dans des conditions d'exploitation éhontées (travail au noir, très bas salaires). Aujourd'hui, en France, les sans-papiers sont indispensables à de nombreuses corporations comme la restauration.

Un rapport de l'OCDE (Organisation pour la coopération et le développement économiques) assure que l'immigration jouera un rôle vital dans la future économie des pays du Nord afin d'y maintenir croissance et prospérité. Après la baisse des années 2008 et 2009, les flux migratoires retrouveront donc sans doute leur élan... Les gouvernements devraient aider les immigrés à s'intégrer, leur assurer les mêmes droits que ceux des travailleurs locaux, rendre moins restrictives les barrières mises à leur naturalisation.

De plus, dans les pays disposant de procédures d'intégration par naturalisation et offrant la nationalité aux enfants nés sur leur sol, les immigrants successifs ont non seulement donné une consistance démographique à la nation, mais apporté des richesses par leurs diversités culturelles.

Toutefois, en Europe, dans les pays où ont persisté des sentiments de supériorité racistes, post-colonialistes et xénophobes, les immigrés sont de plus en plus souvent victimes de recroquevillements nationalistes, eux-mêmes exacerbés par les nouvelles angoisses nées des incertitudes liées au lendemain, des difficultés économiques, de la crainte de perdre son identité[1] ; ils deviennent des boucs émissaires.

---

1. Il est certain qu'il y a un seuil de tolérance pour l'installation d'étrangers sur son territoire à ne pas dépasser pour une ethnie close, vivant dans la certitude absolue de ses croyances et de ses rites ; mais, pour une nation moderne, vivant dans le polythéisme et la pluralité des valeurs, comportant esprit critique et scepticisme, entretenant des idées universalistes, on ne saurait concevoir un quelconque seuil de tolérance. En revanche, le réflexe anti-immigrés qu'on ressent actuellement en France tient non seulement aux angoisses croissantes que j'ai évoquées, mais aussi à un retard dans la conscience du caractère nouveau de notre pays, devenu multiculturel non seulement par la variété ethnique de ses provinces, mais aussi par l'implantation d'Africains, d'Asiatiques, de Maghrébins, ce qui le fait ressembler, par certains traits, aux républiques latino-américaines. Rares sont ceux qui ont cherché à éclairer l'esprit public dans ce domaine.

Alors que rien n'indique une montée invasive, la volonté de séduire l'électorat xénophobe entraîne les pouvoirs publics à prendre des mesures cruelles de refoulement et d'expulsion. La France républicaine, qui jamais n'avait cédé à l'hystérie anti-immigrés de l'extrême droite, perd sa figure hospitalière au profit d'une politique du rejet, alors que la dénatalité requerrait sur son sol l'arrivée de forces neuves et jeunes.

S'il est vrai que les immigrés en Europe ne menacent en rien les identités nationales, mais au contraire enrichissent l'économie, la démographie et la culture des nations, il faudrait alors concevoir pour l'Europe, une instance compétente qui examinerait le problème des migrations, notamment en fonction des éventuels accroissements migratoires à venir qu'engendreraient l'accroissement du réchauffement climatique, les multiples perturbations dues à l'aggravation des conditions de vie dans les zones sujettes à la désertification, à la raréfaction et à la pollution de l'eau, aux inondations et à la trop probable exacerbation des conflits actuels (Moyen-Orient et Asie). Mais, tant que ces aggravations probables (mais évitables) ne surviennent pas, il conviendrait d'abolir les prohibitions aux frontières (ce qui ferait disparaître les mafias organisant le transport clandestin des migrants) et laisser aux humains la liberté de circuler qu'on accorde si volontiers aux marchandises et aux capitaux.

Corrélativement, si devaient se réaliser dans les pays pauvres le redéveloppement de l'agriculture vivrière ainsi que les réformes économiques et sociales que nous indiquons dans ce livre, les taux d'émigration diminueraient progressivement d'eux-mêmes.

CHAPITRE 6

Les peuples indigènes

Il subsiste sur tous les continents, y compris en Europe (le peuple des Roms), au sein des nations modernes, une myriade de peuples dotés chacun d'une forte identité, de sa langue, de ses mythes, de ses croyances, les plus importants comportant des centaines de milliers d'individus, les plus petits des centaines d'individus. Parmi eux, les sociétés de chasseurs-ramasseurs sont les ultimes témoins de l'humanité première d'*Homo sapiens*, qui s'est diasporée sur le globe durant 50 000 ans de préhistoire et que les sociétés historiques apparues il y a neuf à huit millénaires, dotées d'une agriculture, de villes, d'un État, d'une armée, disposant de puissants moyens techniques, ont anéanties ou reléguées au cours de leur expansion.

Cet ethnocide, devenu planétaire, s'est accéléré et intensifié au XIXe siècle avec le déferlement colonial des Occidentaux, et il ne reste, dans des montagnes reculées, des déserts, des forêts profondes, comme celles d'Amazonie, que des vestiges de cette humanité que tout voue à une mort certaine si nous ne pouvons arrêter ce processus.

Ce sont donc des micro-nations, des petits peuples, des micro-ethnies dispersés, sans défense. Lévy-Bruhl ne voyait en eux que pensée mystique et magique, infantile et irrationnelle. En fait, ils disposent d'une pensée rationnelle technique, pratique, qui les rend capables de fabriquer arcs, flèches, sarbacanes, de mettre en œuvre des stratégies raffinées pour chasser leur gibier, de connaître les qualités et vertus des plantes pour s'alimenter et se soigner. Comme chez nous, qui avons d'autres mythes, d'autres illusions, la pensée symbolique-mythique-magique ne se confond pas chez eux avec la pensée rationnelle-technique-pratique, mais se combine avec elle.

Il y a, chez les peuples dits « premiers », une richesse inouïe de savoirs et savoir-faire que les ethno-pharmacologues commencent seulement à explorer. Leurs chamans ou sorciers disposent de capacités psychiques que nous n'avons su conserver et que nous ne savons pas comprendre.

Ces sociétés sont des modèles de solidarité communautaire évidemment fermée. S'il n'y existe pas d'individualisme à la manière occidentale, chaque individu y accomplit le plein emploi de ses aptitudes sensorielles – vue, ouïe, odorat, toucher. Chacun y est poly-compétent : l'homme taille ses outils, fabrique ses armes et ses projectiles, sait trouver la trace du gibier, le traquer, l'abattre ; il construit sa maison, confectionne des jouets pour ses enfants. La femme s'occupe des enfants, ramasse le fourrage et les végétaux pour l'alimentation, fait la cuisine, confectionne poteries, tissus, bijoux. Dans notre monde occidentalisé, le développement des techniques et celui des spécialisations a atrophié les aptitudes sensorielles et inhibé les potentialités en poly-compétence, qui ne sont plus réalisées que chez les démunis des bidonvilles d'Afrique et chez les bricoleurs.

On ne saurait se borner à recenser les qualités de civilisation acquises notamment par les sociétés européennes, car il faudrait aussi recenser par ailleurs les qualités de solidarité et de communauté perdues, sans parler des barbaries et cruautés sur lesquelles se sont fondées et épanouies nos civilisations qui poursuivent l'anéantissement culturel et physique de l'humanité première.

La conquête militaire qui se paracheva à la fin du XIXe siècle s'accompagna d'une conquête spirituelle : les missionnaires ont en fait désintégré des cultures indigènes sans intégrer les peuples dans la civilisation dominante. L'exploitation économique s'est effectuée par l'esclavage, le transfert des populations, l'expropriation des terres. L'esclavage a très souvent disparu (pas toujours), mais l'exploitation économique s'étend : en Amazonie, après les *seringueiros*, le défrichage par et pour l'agriculture moderne chasse les indigènes, et la prospection minière et pétrolière s'empare de leurs territoires convoités pour leurs richesses. En dépit de la loi qui reconnaît ces territoires, les Amazoniens du Brésil sont à peine protégés par la FUNAI[1] qui ne dispose pas d'effectifs suffisants. Ils sont attaqués, tués. Ceux qui sont arrachés par la force à leurs cultures se laissent mourir, comme le firent les Alakalufs de la Terre de Feu, ou comme l'a fait ce peuple amazonien dont les missionnaires détruisirent les objets sacrés, les contraignant à s'habiller et à adorer une croix.

Comment sauvegarder cette humanité, si riche dans son dénuement, si pathétique, si innocente ?

Il nous faut tout d'abord reconnaître que ces êtres apparemment bizarres sont nos pères et nos mères, nos frères et nos sœurs, dépositaires de tant de vérités essentielles perdues par nous et que nous pourrions retrouver si, au lieu d'user de mépris, nous savions échanger et recevoir aussi des leçons de leur part.

---

1. Département des Affaires indiennes du Brésil.

Faut-il, pour les sauver, les enfermer dans des réserves, qui seraient ainsi de véritables zoos humains, et où ils seraient prisonniers plutôt que protégés ? La folklorisation qui fait de leurs rites et danses des objets de cirque leur permettrait-elle de vivre ou ne constitue-t-elle qu'un misérable moyen de survie ?

L'intégration alors ? Mais elle désintègre. Ce fut entre autres le cas des Alakalufs[1], c'est aussi celui des Indiens Krees du nord du Québec[2].

---

1. Les Alakalufs de la Terre de Feu, nomades de la mer, furent victimes des prédateurs blancs qui s'emparèrent de leurs jeunes filles et jeunes hommes. Sédentarisés par le gouvernement chilien, privés de toute forme de vie nomade et de leurs rites, ils se laissèrent mourir les uns après les autres.

2. La société Hydro-Québec leur a acheté leur territoire pour construire un barrage et un lac artificiel. Le lac a coupé la route des caribous qui nourrissaient les Krees et le poisson, infecté de mercure, n'a plus été comestible. Les hommes ont trouvé un travail temporaire à la construction du barrage, puis se sont retrouvés chômeurs, tout en étant désormais privés de leur mode de vie traditionnel. Les femmes, installées dans des maisons à l'occidentale, ont trouvé fourneaux, réfrigérateurs, confort, mais, changeant de nourriture et de mode de vie, elles sont devenues obèses. L'alcoolisme a ravagé les jeunes, beaucoup se sont tués dans des accidents de voiture, et des enfants s'enivrent à la bière. Plus largement, la drogue, la prostitution, la délinquance, la déchéance rongent les populations qu'on désintègre en prétendant les intégrer.

La voie de sauvegarde est la difficile voie de l'intégration autonomisante de ces peuples témoins. Celle-ci comporte la remémoration de leur histoire, le respect de leurs traditions identitaires, la reconnaissance des vertus de leur culture, l'accession à une conscience d'humanité planétaire. (L'utilisation du tournage vidéo ou du film par des jeunes indigènes à qui ces techniques ont été enseignées permet de préserver la connaissance et le respect des traditions identitaires.)

Cette voie comporte l'utilisation des institutions démocratiques des nations pour faire reconnaître leurs droits, légaliser leurs territoires, leur accorder des porte-parole au sein des parlements. Elle favoriserait l'association des micro-nations en confédérations où se formerait la conscience d'une identité commune de grande nation, comme cela s'est fait au Canada et aux États-Unis.

Il faut être constamment conscient des risques désintégrateurs (peuples démissionnés par les missions, peuples « show-businessisés » par la folklorisation, peuples dégradés par l'irruption brutale de l'argent). Il faut être conscient de l'insigne difficulté de ces peuples à se faire reconnaître : ils n'ont pas (encore) d'intelligentsia qui parle en leur nom, d'avocats qui défendent leurs droits, ils sont dépourvus d'État national et d'institutions protectrices au niveau international. Et pourtant, la cause de ces minorités dispersées et mortellement menacées est sacrée. Ces humains, les plus déshérités de la Terre-Patrie, sont nos alter ego.

Nous devrions lier à la défense de ces peuples-racines celle des nomades, Roms, Saharouis et autres, laminés entre les États avec leurs frontières artificielles, celle des sociétés tribales menacées elles aussi d'intégration désintégrante, celle des petites ethnies refoulées dans des régions reculées ou déshéritées, forestières ou montagnardes – au total 300 millions d'humains menacés dans leurs cultures et souvent leurs vies.

Nous devrions créer des instances planétaires qui puissent sauvegarder ces peuples et sociétés de l'humanité archaïque. Il y a un patrimoine culturel de l'humanité protégé par l'Unesco ; or le patrimoine culturel n'est pas seulement fait de monuments, d'architecture, d'art, de paysages, il est aussi fait de l'existence des sociétés humaines mères, riches de qualités que nous avons perdues et que nous pourrions, que nous devrions recueillir d'elles. Leur existence, qui est en elle-même résistance à la barbarie de la civilisation évoluée, est une résistance civilisatrice.

CHAPITRE 7

La voie écologique

LA SITUATION

La grande disjonction d'Occident

Alors que les sociétés archaïques, puis les sociétés traditionnelles se sentaient intégrées à la vie du Cosmos, et que la plupart des religions, dont l'hindouisme et le bouddhisme, immergent l'humain dans le cycle des reproductions du monde vivant, le monothéisme, juif, puis chrétien et islamique, a disjoint l'être humain du monde animal en lui attribuant le privilège suprême d'avoir été créé à l'image divine. En annonçant la bonne nouvelle – la résurrection des corps –, Paul confère un statut inouï à l'être humain qui a la capacité de résurrection, alors que les animaux sont voués à la putréfaction définitive.

Le développement de la civilisation occidentale opère une deuxième disjonction au

XVIIe siècle : pour Descartes, l'homme est l'unique sujet dans l'univers, le seul à posséder une âme dont les animaux seraient dépourvus, et il a vocation à devenir « comme maître et possesseur de la nature ». Le développement technique, économique, capitaliste de la civilisation occidentale entreprend dès lors la conquête de cette nature où tout ce qui est vivant est objet à asservir, manipuler ou détruire.

Tandis qu'au XIXe siècle écrivains et poètes, à la suite de Rousseau, inscrivent l'être humain dans une Nature maternelle, les sciences la réduisent et la découpent en physique, chimie, biologie. L'idée même de vie est niée au XXe siècle par la biologie moléculaire, qui ne conçoit qu'interactions entre molécules, et par la génétique pour laquelle l'être vivant est un automate actionné par ses gènes. La science réductionniste est aveugle à l'auto-éco-organisation qui produit, et que produit, l'autonomie vivante.

Le Cosmos avait lui-même été balayé par la notion d'espace-temps. En dépit de Darwin qui montra que l'homme est un primate issu d'une longue évolution animale, les sciences du XXe siècle maintiennent la disjonction homme/animal et culture/nature. Ce qui, chez l'homme, est corporel, animal, relève de la biologie ; ce qui est spirituel, social, relève des sciences humaines. La biologie s'empare du cerveau ; la psychologie, de l'esprit. Les récentes sciences cognitives essaient tant bien que mal de faire le lien.

Il aura fallu qu'apparaisse, dans le dernier tiers du XXe siècle, la science écologique, que progressent la cosmologie, les sciences de la Terre, la connaissance de la préhistoire, pour concevoir que s'il se distingue de l'animalité par sa conscience et sa culture, l'être humain porte en lui toute l'histoire de l'univers et de la vie, puisque ses particules sont apparues dès les premières secondes d'existence du monde, que ses atomes ont été forgés dans des soleils antérieurs au nôtre, que ses molécules se sont assemblées sur une Terre primitive pour former le premier unicellulaire dont, à travers créations et métamorphoses, descendent tous les vivants, y compris l'être humain. Ainsi l'auto-éco-organisation du vivant est inscrite à l'intérieur de notre propre organisation humaine. Le monde est en nous en même temps que nous sommes dans le monde. Nous ne sommes pas des extra-vivants, des extra-animaux, ou des extra-primates, mais bel et bien des super-vivants, des super-animaux, des super-primates. L'organisation biologique, animale, mammifère, se trouve dans *la* nature, à l'extérieur de nous, mais aussi dans *notre* nature, à l'intérieur de nous.

L'avènement d'une conscience écologiste

Avec l'écologie apparaît la première science systémique et transdisciplinaire. La nature terrestre est constituée d'écosystèmes, ensembles géographiquement localisables constitués par les interactions entre animaux, végétaux, unicellulaires, sols et climats. L'écosystème est une organisation spontanée qui ne dispose d'aucun cerveau central, d'aucun poste de commandement, mais trouve ses modes de régulation dans ses complémentarités (parasitismes, symbioses) et ses antagonismes (concurrences ou prédations entre espèces). Son processus d'autorégulation intègre la mort dans la vie, la vie dans la mort. Le cycle trophique qui nourrit l'écosystème est un cycle qui se nourrit de mort ; il y a un lien étroit entre la vie et la mort, que l'écologie reconnaît. La Nature est donc mère et infanticide en même temps.

La notion d'éco-organisation vivante aura été élargie à la biosphère par Paul Ehrlich, professeur à l'université de Stanford (États-Unis), puis par le rapport Meadows (1972) qui, le premier, alerta sur la menace de dégradation de la biosphère, enfin par James Lovelock qui a reconnu dans la biophère un super-organisme vivant qu'il a nommé Gaïa.

Science d'un type nouveau, l'écologie porte donc sur un complexe où les interactions entre parties constituent un système global dont les qualités (émergences) rétro-agissent sur les parties. C'est la première science qui ressuscite la relation entre les hommes et la nature. En révélant notre relation de vie et de mort avec la biosphère, elle nous oblige à repenser notre planète, à y lier notre destin et, finalement, à nous repenser nous-mêmes.

La menace

C'est le processus déchaîné aux trois faces (mondialisation, occidentalisation, développement) qui dégrade la biosphère de façon irrésistible, aussi bien globalement que localement ; c'est tout le dynamisme d'une civilisation issue de l'Occident, comportant les développements *non stop* de la science, de la technique, de l'industrie, de la production, de la consommation, qui se trouve en manque de régulations. Ce dynamisme peut être assimilé à un *feed-back* positif, un déchaînement finalement désintégrateur s'il ne trouve pas ses contrôles et ses régulateurs, et surtout si le système qui le produit ne se métamorphose pas.

De fait, se sont multipliées pollutions urbaines, pollutions agricoles, pollutions atmosphériques, de rivières, de lacs, de mers (multiples marées noires, les deux dernières en date dans le golfe du Mexique et en

Chine), dégradations des sols et des nappes phréatiques, déforestations massives, catastrophes nucléaires (Tchernobyl, Three Miles Island), réchauffement climatique[1]. Dans le même temps, les énergies fossiles font problème à la fois par leurs effets polluants et par la perspective de leur raréfaction, d'où la nécessité des énergies renouvelables. La conjonction de ces menaces sur la biosphère constitue une menace pour l'humanité entière.

Ainsi le processus a de multiples aspects et affecte toutes les facettes de la vie naturelle et humaine : urbaines, rurales, aquatiques, océaniques (notamment la destruction des réserves de pêche, mal compensée par les élevages piscicoles), il détruit la biodiversité et altère la diversité culturelle, il produit ou à tout le moins accélère le réchauffement climatique.

Les très grands progrès en hygiène et médecine sont entachés par de très grands accroissements des multiples pollutions et des sources de stress agissant sur la santé.

---

1. La canicule de l'été 2003 a fait pressentir aux Français le complexe de perturbations énergétiques, humaines, sanitaires, économiques, sociales que déterminerait un réchauffement climatique de notre zone tempérée. À ce contexte écologique déréglé s'ajoutent un contexte économique problématique et un contexte géopolitique dangereux où s'exaspèrent les antagonismes.

Le capital financier mondial, dont le dynamisme coproduit la globalisation, aggrave la crise écologique. Il conduit à la surexploitation des ressources naturelles partout dans le monde, surtout dans l'hémisphère Sud ; il a incité à multiplier les « externalités », dommages collatéraux écologiques, dont le déversement de déchets toxiques dans les pays pauvres ; il a stimulé ces pays à orienter leur agriculture vers l'exportation au détriment de leur agriculture vivrière, de leurs forêts, de leur biodiversité. La raréfaction des ressources naturelles a aiguillonné l'esprit spéculatif, d'où des hausses de prix qui ont accru les difficultés des ménages pauvres du monde riche, lesquels se sont surendettés sous les incitations du même capitalisme financier. D'où, enfin, la crise de 2008, « première crise socio-écologique du capitalisme financier et boursier, la première où la raréfaction des ressources et les dégâts écologiques ont eu une influence » (Jean Gadrey, économiste, professeur à l'université de Lille).

La nécessité d'une politique planétaire et d'une instance de décision planétaire a suscité les conférences de Rio, Kyoto, Johannesburg, Copenhague, lesquelles ont confirmé les diagnostics alarmistes sans pouvoir encore imposer des mesures réformatrices.

LES VOIES ÉCO-RÉFORMATRICES

Les voies pour répondre à la menace écologique ne sont pas seulement techniques, elles nécessitent prioritairement une réforme de notre mode de pensée pour embrasser dans sa complexité la relation entre l'humanité et la nature, et concevoir des réformes de civilisation, des réformes de société, des réformes de vie.

Réforme de pensée : la conception du monde

Il nous faut revenir sur la disjonction absolue entre l'humain et le naturel qui a résulté de l'essor du rationalisme technique occidental et de la prégnance de l'anthropocentrisme judéo-chrétien. *La chimère de maîtrise totale du monde, encouragée par le prodigieux développement des sciences et des techniques, se heurte aujourd'hui à la prise de conscience de notre dépendance à l'égard de la biosphère et à celle des pouvoirs destructeurs de la techno-science pour l'humanité elle-même.* Comme la voie suivie par l'humanité conduit à l'aggravation de tous ces maux et périls, il s'agit, par prises de conscience et par réformes, de changer de voie. *Homo sapiens* ne doit plus chercher à dominer la Terre, mais à la ménager et à l'aménager.

Dès lors, répétons-le, le développement, même sous sa forme adoucie de « durable », doit être problématisé.

Pour ce faire, une réforme de la connaissance s'impose. Nous vivons sous l'emprise d'une pensée disjonctive (qui sépare ce qui est inséparé) et d'une pensée réductrice (qui réduit le complexe au simple). Or nous sommes arrivés à un point où l'organisation disjonctive de la connaissance scientifique et technique produit des connaissances morcelées et séparées qui empêchent leur association en connaissances fondamentales et globales ; d'où le paradoxe d'une connaissance qui produit plus de cécité que de lucidité.

Une réforme de la pensée, inséparable d'une réforme de l'éducation (voir, plus loin, le chapitre « Réforme de pensée », p. 145 et suiv.), nous amènerait à nous reconnaître comme enfants de la Terre, enfants de la Vie, enfants du Cosmos. Elle nous ferait prendre conscience de notre communauté de destin d'êtres humains de toutes origines, menacés des mêmes dangers mortels. Nous saurions alors que la petite planète perdue qui a nom Terre est notre maison – *home, Heimat* ; qu'elle est notre matrie, notre Terre-Patrie. Tous les humains habitent la maison commune de l'humanité. Tous les humains subissent la situation agonique de ce début de millénaire. Tous les humains partagent un destin de perdition.

La prise de conscience de cette communauté de destin terrestre doit devenir l'événement clé du XXIe siècle : nous devons nous sentir solidaires de cette planète dont la vie conditionne la nôtre. Il faut sauver le soldat Terre ! Il nous faut sauver notre Pachamama, notre Terre mère ! Pour devenir pleinement citoyens de la Terre, nous devons impérativement changer notre façon de l'habiter !

Certes, notre conscience écologique progresse, localement et globalement, par sauts, à l'occasion de dégâts, dégradations et catastrophes. Mais cette progression est freinée par des structures institutionnelles et mentales sclérosées, par d'énormes intérêts économiques, et de nombreux verrous subsistent en dépit des grandes conférences internationales qui ont jalonné ces dernières décennies. De plus, on voit que l'inconscience progresse aussi. La prise de conscience écologique ne s'est pas logée dans une grande pensée politique, elle ne suscite pas encore la montée d'une force planétaire, seule capable d'entamer les changements nécessaires.

Une éco-politique planétaire

Une éco-politique s'impose localement, régionalement, nationalement, en même temps que globalement, au niveau de la planète. Elle doit énoncer des normes pour sauvegarder les bio-diversités, les forêts, réduire les agricultures et élevages industrialisés pollueurs des sols, des eaux, des aliments, protéger les cultures vivrières, proposer des réponses au réchauffement climatique. Elle considérerait à la fois dans leur ensemble et dans leur diversité les facteurs de pollution, dégagerait les grandes lignes des réformes les plus importantes et les plus urgentes.

Énergies renouvelables

Une politique de l'énergie peut et doit être formulée à tous les niveaux : domestique, local, national, continental, planétaire.

Une réforme doit développer les énergies renouvelables. Celles-ci doivent être considérées non seulement chacune dans sa spécificité propre, mais aussi comme un ensemble où il faudrait associer et combiner autant que possible l'hydraulique (pas seulement les barrages, mais aussi le retour des moulins à eau, selon de nouveaux modèles micro-hydroélectriques), l'éolien, le solaire, le photovoltaïque, le géothermique, le marémoteur. Notons déjà le grand développement de ces énergies en Espagne (où les éoliennes atteindront 46 % du potentiel total en 2011) et en Allemagne (100 000 panneaux solaires, contre 5 000 en France). Ajoutons à cela la production d'énergie à partir de la combustion et de la fragmentation des déchets, ou à partir de la bouse de vache (centrale thermique de Leeuwarden aux Pays-Bas), des pompes à chaleur aérothermiques (qui puisent la chaleur dans l'air ambiant). En ce qui concerne le solaire, il est prévu d'installer une centrale thermique géante dans le Sahara (projet Desertec) ; il en existe déjà dans le désert de Mojave, en Californie. Il est également envisagé d'utiliser des satellites pour capter l'énergie solaire dans l'espace (société Astrium).

De plus, les cultures de biocarburants pourraient être développées à condition que ce ne soit pas au détriment des cultures vouées à l'alimentation.

Par ailleurs, l'utilisation utile et sans danger de l'hydrogène à des fins énergétiques est une possibilité dont on ne peut prévoir l'avènement.

De même, la formule de séquestration du CO_2 reste à trouver.

Habitat (voir aussi le chapitre « Ville et habitat »)

La réforme énergétique destinée à l'habitat nous amène à concevoir ensemble et non de façon séparée les énergies renouvelables (éolienne, solaire, photovoltaïque, géothermique et, dans le cas de sources ou rivières privées, hydraulique) ; celles-ci, de façon complémentaire et combinée, devraient pouvoir assurer chauffage et éclairage de l'habitat[1].

Une politique de l'habitat devrait donc tendre à favoriser à la fois le développement de chacune de ces énergies et leur combinaison. Actuellement, l'installation d'un chauffage géothermique est d'un coût immédiat trop élevé, comparé au chauffage électrique, alors que son amortissement dans la durée, en termes de coût mais aussi de respcct de l'environnement, est assuré ; il faut dès lors prévoir des mesures fiscales pour favoriser ces équipements. Elles devraient du même coup favoriser la cogénération.

---

1. La Ville de Paris prévoit l'installation d'une centrale photovoltaïque de 3 500 m^2 de panneaux sur le toit de la halle Pajol (18e arrondissement). D'ici 2014, 200 000 m^2 de panneaux solaires photovoltaïques seraient en place et pourraient contribuer à fournir 25 % de la consommation énergétique de la capitale.

La politique de l'habitat devrait donner toute liberté aux particuliers de produire leur électricité domestique et imposer certaines économies, dont la réduction progressive du chauffage électrique et de la climatisation, la généralisation du double vitrage, la mise en marche des chauffages d'immeubles en fonction de la température extérieure et non de programmes saisonniers à dates fixes.

Transports

C'est dans le domaine des transports qu'on constate à la fois la plus grande dépendance énergétique et la plus grande pollution matérielle. Les transports de marchandises par camions sur de longues distances (parfois des milliers de kilomètres) et la moitié des déplacements en voiture ne dépassant pas trois kilomètres pourraient être évités et remplacés, les premiers par le ferroutage, les seconds par l'utilisation des transports publics ou de vélos.

D'où la nécessité de diminuer les transports polluants par :

• des incitations à la production de voitures hybrides[1] ou électriques ;

1. La région Poitou-Charente a encouragé la production de « Simplicity », un petit véhicule électrique propre, à bas coût.

• le développement du réseau TGV pour diminuer les transports par avions et par voitures ;

• le développement de l'usage des canaux ;

• le ferroutage pour les camions (dans l'urgence sur les axes Lyon-Turin et Centre-Pyrénées) ;

• le développement de transports maritimes mixtes à voile et à moteur (déjà diversement inaugurés) ;

• la réduction des voyages intercontinentaux en avion par généralisation des téléconférences.

D'où aussi la nécessité de réguler la circulation urbaine par :

• une ceinture de parkings autour des villes et des centres-villes ;

• la piétonnisation des centre-villes avec privilège accordé aux transports publics, de préférence électriques (tramways), et réintégration de la bicyclette ;

• l'incitation au covoiturage, l'installation de navettes.

La problématisation du nucléaire

Le nucléaire présente des avantages (pas de pollution dans l'atmosphère), des inconvénients (nécessité d'une très grande sécurité) et des risques (accidents graves improbables mais possibles, risques terroristes – les centrales sont des cibles d'attentats idéales –, perturbation des centrales en période de forte canicule, rayonnement radioactif des déchets).

Il existe des protections fiables seulement à court et moyen terme pour les déchets radioactifs à très longue durée de rayonnement. Sur le long terme, les effets néfastes de ces déchets se poursuivraient sur des milliers, voire des millions d'années alors qu'on ne peut envisager de prévision ou de contrôle au-delà d'un siècle. Toutefois, on ne peut exclure que l'on puisse trouver des moyens de neutraliser la nocivité des déchets radioactifs, par exemple en créant des centrales alimentées par ces déchets eux-mêmes.

Il y a aussi dépendance du nucléaire vis-à-vis de l'étranger par importation pour la France de l'uranium nigérien ou canadien (l'exploitation de la mine d'uranium canadienne a été un temps suspendue à la suite de fortes inondations).

Le nucléaire est ainsi soumis à des risques spécifiques et, désormais, à des menaces externes.

Le procédé de fusion nucléaire résoudrait bien des problèmes, mais le premier réacteur de recherche, ITER[1], rencontre des difficultés

1. Réacteur thermonucléaire expérimental international.

de production et ne saurait être prêt avant au moins une vingtaine d'années.

Aussi semble-t-il beaucoup plus opportun d'investir massivement dans les énergies renouvelables plutôt que dans le nucléaire. La priorité accordée au nucléaire a entraîné le sous-investissement français dans le solaire, l'éolien et les autres énergies renouvelables.

Politique de l'eau

Bornons-nous à examiner ici les aspects écologiques d'une politique de l'eau.

L'eau, ex-bien commun à la disposition de tous, est devenue un bien payant avec l'adduction d'eau dans les foyers, et un bien marchand coûteux avec le développement de l'eau potable en bouteille.

L'usage massif de l'eau dans l'agriculture industrialisée, la pollution des nappes phréatiques par les déjections de l'élevage industrialisé, la pollution des rivières, fleuves, lacs, mers, sous l'effet des ordures et des déchets nocifs des villes et des industries, tout cela transforme le bien le plus abondant en bien se raréfiant. Enfin, dans les régions du monde en butte aux sécheresses endémiques et dans celles où l'on prévoit que le réchauffement climatique fera de l'eau un bien capital pour les nations, l'aggravation des conditions d'approvisionnement en eau et la multiplication des antagonismes entre nations laissent présager d'éventuelles guerres de l'eau.

D'autre part, le phytoplancton, élément de base de la chaîne trophique, diminue dramatiquement dans les océans, de plus en plus pollués et soumis à la surpêche.

Les problèmes de société

L'écologie nous pose directement des problèmes d'énergie d'ordre technique et économique, et indirectement des problèmes de transports, d'habitat. Elle nous amène par là à considérer des problèmes clés de société.

La société est un « complexe » au sens du mot latin *complexus* qui signifie « ce qui est tissé ensemble » ; si nous suivons les fils énergétiques, nous en arrivons au complexe d'ensemble. Ce complexe comprend la production, la consommation, la ville, la campagne, et, corrélativement, les comportements et finalités individualistes qui marquent nos habitudes de vie, nos genres de vie, nos styles de vie, autrement dit notre existence quotidienne et personnelle. Il nous faut donc nous situer dans le complexe :

Parler de complexe signifie que nous devons toujours considérer les données particulières en relation avec l'ensemble dont elles font partie, et de même toujours considérer l'ensemble en relation avec les parties. Il faut décompartimenter les expertises et toujours situer l'objet d'examen dans son contexte et son complexe.

Ce complexe comporte des problèmes propres à notre civilisation que caractérise le développement ininterrompu de son caractère technico-économico-industriel impliquant une croissance ininterrompue des besoins, productions et consommations – notamment la croissance de la consommation énergétique. Nous commençons seulement à prendre conscience que cette consommation entraîne gaspillages et dilapidations, et qu'elle détermine dégradations et raréfactions ; nous devons sans tarder en conclure que cette situation nécessite des innovations et des réformes en tous domaines.

En effet, au-delà d'un certain seuil, la modification de nos comportements énergétiques signifie la modification de nos genres et modes de vie, que ce soit dans les transports, l'habitat, la consommation ou la vie urbaine.

Ville/Campagne

Le problème de la ville a déjà été abordé sous l'angle des transports et de l'habitat. Nous le retrouverons dans un chapitre spécifique (p. 191). Ce que nous abordons ici est le problème des mégapoles où la ville en tant que telle étouffe sous une agglomération informe. Une politique de désengorgement, par piétonnisation et développement des transports publics non polluants dans les centres-villes, a déjà été évoquée. Disons, de surcroît, qu'il est possible d'envisager une dé-mégapolisation au profit des villes moyennes, et le repeuplement des villages et des bourgs. Les villages mourants peuvent être revitalisés par l'installation de retraités jeunes, le développement du télé-travail. Ici se dégage le double et corrélatif problème de l'humanisation des villes et de la revitalisation des campagnes que requiert la politique de civilisation.

La tendance à la concentration économique, administrative, scolaire et hospitalière, inspirée par des motivations purement quantitatives, devrait être inversée. Chaque village aurait besoin d'une épicerie-boulangerie-bistrot et d'un office polyvalent de liaison postale et bancaire. L'extrême centralisation hospitalière pourrait être corrigée par la création de cellules médicales ambulantes et de petits postes de soins locaux.

Nous examinerons dans la partie consacrée à l'agriculture les réformes nécessaires pour réduire progressivement la part de l'agriculture et de l'élevage industrialisées, développer les agricultures fermière et biologique, pratiquer la reforestation, utiliser des engrais qui ne dégradent pas le sols, dont le biochar[1].

Nature

Toute politique de préservation de la nature nécessite évidemment des réformes agricoles par diminution de l'agriculture et de l'élevage industrialisés. Plus largement, elle doit tendre à sauvegarder ou restaurer la biodiversité, à promouvoir les reforestations, à développer les parcs naturels, les espaces verts, les jardins, et à introduire du mieux possible, comme nous le verrons au chapitre « Ville », la nature au sein des cités.

Écologie et politique de civilisation

Une politique de sauvegarde écologique ne saurait se borner à varier taxations, détaxations, contrôles. Elle doit être définie à partir des impératifs de promotion de la qualité de la vie tels que nous les définissons plus loin, en quatrième partie.

Ce devrait être une politique où la restriction serait synonyme non pas de privation, mais de tempérance, non pas de manque,

1. Proposé et propagé par l'association Pro-Natura, le biochar est un charbon obtenu par la combustion de résidus et déchets végétaux, qui fertilise les sols.

mais de qualité. Elle comporterait une action persévérante contre les « intoxications de civilisation » et les dilapidations, pour les recyclages et la promotion du qualitatif par rapport au quantitatif.

Une telle politique, qui dépasserait les simples économies et les simples aménagements, comporterait réorientation et réorganisation concernant tous les secteurs de la vie sociale et individuelle.

Cette politique réformatrice nécessiterait certes des dépenses considérables (grands travaux urbains, lourds investissements dans les transports [ferroutage] et l'habitat). Cependant, toutes ces dépenses non seulement seraient susceptibles de relancer une activité économique en époque de stagnation et de chômage, mais entraîneraient à terme d'énormes économies dans les dépenses de santé. La réduction massive, sous l'effet d'une nouvelle politique urbaine, des asthmes, bronchites, fatigues et maux socio-psycho-somatiques, de la consommation d'antidépresseurs, drogues, somnifères, etc., ainsi que, corrélativement, le développement de la qualité de la vie, engendreraient une réduction continue du budget de la Santé publique. Enfin, donner un sens politique à la qualité de la vie ouvrirait une espérance à une société aujourd'hui privée d'avenir.

Nous examinerons, dans un chapitre ultérieur, les « intoxications de civilisation », dont l'intoxication consumériste et l'intoxication automobile, qui contribuent grandement au gaspillage énergétique, à la dégradation écologique et, corrélativement, à la dégradation du mode de vie (p. 393-403).

Une réforme du mode de vie impliquerait donc d'envisager l'enseignement d'une « éducation de civilisation » qui comporterait :

• *éducation à la consommation* (pour rendre sensible la compulsion de consommation, appréhender sa psychosociologie ; apprendre comment choisir, comment considérer la publicité ; éduquer à la qualité et au goût des aliments) ;

• *éducation à l'automobile* (à partir de l'analyse de l'intoxication automobile examinée au chapitre « La consommation ») ;

• *éducation au tourisme et aux randonnées* pédestres (dans le but de montrer l'avantage d'un rythme de voyage qui permet, mieux que les *inclusive-tours* accélérés, de jouir des beautés des pays, des paysages et des cultures).

Conclusion

Une politique nouvelle nécessiterait l'action conjointe de l'État, des collectivités publiques, des associations privées et des citoyens. Elle appellerait ce qu'un sociologue a nommé une « gouvernance de concertation ». *Elle requerrait de conjuguer la socio-régulation, l'éco-régulation et l'égo-régulation*. Elle devrait affronter non seulement lobbies et corporatismes, mais aussi apathie et indifférence. Elle appellerait à un éveil citoyen, lequel se produirait par la prise de conscience des problèmes vitaux qui sont en jeu.

Une telle politique pourrait et devrait mettre en œuvre des moyens immédiats. Mais, au-delà, il s'agit à l'évidence d'une politique de longue haleine.

La politique écologique concourt à la politique de civilisation, laquelle concourt à la politique écologique, et l'une et l'autre constituent des voies réformatrices qui se conjuguent nécessairement aux autres voies (dont la réforme de l'éducation, la réforme de la consommation, la réforme de la vie), Comme nous l'avons déjà indiqué et le répéterons dans chaque cas où ce sera nécessaire, la Voie doit substituer à l'hégémonie de la quantité l'hégémonie de la qualité, à l'obsession du plus l'obsession du mieux.

CHAPITRE 8

L'eau

L'eau, « mère de la vie », est constitutive de toutes les cellules de tous les organismes vivants ; elle est pour chacun un besoin quotidien, elle est un bien commun à tous les humains, et pourtant elle est devenue une marchandise et sert de plus en plus d'enjeu géopolitique et géostratégique entre États.

Diagnostic

Aujourd'hui, 1,5 milliard de personnes n'ont pas accès à l'eau potable ; 2,4 milliards d'humains vivent encore sans accès aux services hygiéniques. De 1990 à 1996, la proportion de la population mondiale non desservie en réseau d'assainissement est passée de 64 % à 67 %. Les pays où l'on souffre de stress hydrique ou dispose de moins de 1 000 m^3 par personne et par an sont de plus en plus nombreux. 30 000 personnes meurent chaque jour de maladies dues à l'absence d'eau potable et de services d'hygiène ; en Afrique du Sud, 600 000 agriculteurs blancs consomment pour l'irrigation 60 % des ressources hydriques du pays, alors que 15 millions de citoyens de couleur n'ont pas accès à l'eau potable ; la moitié des villages palestiniens n'ont pas l'eau courante, alors que toutes les colonies israéliennes en sont pourvues ; la consommation quotidienne moyenne de la population des pays « en voie de développement » est d'environ 20 litres. En Italie, elle est de 213 litres, aux États-Unis de 600 litres (en Californie, de 4 100 litres !). Le Brésil représente 11 % des ressources en eau douce de la planète, mais 45 millions de Brésiliens n'ont pas encore accès à l'eau potable.

Les gaspillages d'eau sont énormes dans le monde entier : 40 % de l'eau employée pour l'irrigation se perd par évaporation ; les pertes en eau dans les aqueducs sont de 30 à 50 %, même dans les pays dits « développés ». Un lave-linge standard consomme en moyenne 140 litres par cycle, la chasse des toilettes utilise 10 à 20 litres à chaque usage, un lave-vaisselle, 60 litres. Certains pays sont confrontés à des paradoxes : le Maroc, par exemple, qui connaît un stress hydrique important, exporte pourtant de l'eau *via* ses fruits et légumes, mais aussi la dilapide par les exigences de son marché touristique (douches et piscines d'hôtel)...

L'eau est devenue limitée au niveau local et global. Les régions tempérées, dont la France fait partie, connaîtront elles aussi des problèmes de quantité et de qualité de l'eau ; 85 % du volume des eaux des fleuves de France est pollué. Les nappes phréatiques continuent de baisser dangereusement à travers le monde en raison des prélèvements excessifs destinés à l'agriculture et aux activités industrielles, notamment aux États-Unis, en Chine et en Inde. Au rythme de consommation et de déperdition actuel, ces pays sont voués à faire face à de graves problèmes d'approvisionnement en eau fraîche dans les prochaines années.

La pénurie n'est pas la seule préoccupation relative à la gestion des ressources en eau. La dégradation de leur qualité et l'accroissement de leur degré de pollution est également inquiétante.

Comme l'eau douce est une ressource précieuse, la pollution des nappes phréatiques, qui constituent une réserve importante d'eau douce relativement pure, ainsi que celle des lacs et des rivières, sont sans doute les plus préoccupantes. Les pollutions des rivières et des fleuves se déversent dans les mers et les océans, et viennent ainsi aggraver la pollution marine : le plancton, source de vie des poissons, est lui-même menacé.

La pollution des eaux peut être d'origine et de nature diverses. La pollution physique peut être thermique ou radioactive. La pollution thermique est principalement due aux industries, dont le nucléaire, qui utilisent l'eau comme liquide de refroidissement. Provoquant un réchauffement significatif des cours d'eau utilisés, elle a pour conséquence la disparition locale de certaines espèces animales ou végétales. La pollution radioactive survenant lors d'accidents nucléaires est extrêmement persistante. Ses effets à long terme sont aujourd'hui inconnus.

Les principales pollutions chimiques sont issues de l'agriculture et de certaines industries. L'usage massif, dans l'agriculture, de pesticides extrêmement nocifs aux êtres vivants, entraîne une dissémination de ces substances dans des milieux aquatiques souterrains ou de surface, et provoque la mort de nombreuses espèces animales. Les nitrates et les phosphates contenus en fortes quantités dans les engrais entraînent des problèmes d'eutrophisation, ce qui conduit à la destruction de toute vie animale ou végétale sous la surface.

Autres pollutions, celles aux métaux lourds comme le plomb, le mercure, le zinc, ou par l'arsenic, qui sont issus pour la plupart des rejets industriels et ne sont pas biodégradables. Présents tout au long de la chaîne alimentaire, ils s'accumulent dans les organismes.

Les pollutions provenant des pluies acides sont également nocives.

Les pollutions aux substances médicamenteuses s'ajoutent aux autres. Un très grand nombre de molécules médicamenteuses ne sont pas entièrement assimilées par le corps humain, et sont donc rejetées à l'égout. Elles se retrouvent dans les milieux naturels aquatiques, avec des conséquences encore mal connues pour l'environnement et la santé humaine.

Les pollutions aux hydrocarbures (comme les marées noires ou les dégazages sauvages) sont également fréquentes en milieu marin où elles peuvent représenter jusqu'à 40 % des pollutions de l'eau.

Les pollutions aux PCB (polychlorobiphényles, utilisés principalement dans les transformateurs électriques, les condensateurs, et comme isolants en raison de leurs excellentes caractéristiques diélectriques) peuvent avoir des effets toxiques et cancérigènes, ces substances se stockant dans les graisses des êtres vivants.

La pollution organique est la pollution la plus « naturelle ». En effet, en l'absence de traitement, une ville de 100 000 habitants rejette 18 tonnes de matières organiques par jour dans ses égouts. Cette matière, bien que biodégradable, n'est pas exempte d'effets. De trop forts rejets dans les rivières peuvent conduire à l'asphyxie des écosystèmes aquatiques, les premiers condamnés étant les poissons, puis, à plus forte concentration, le reste de la faune et de la flore aquatiques.

L'eau des nappes, des rivières et des lacs est aussi dénaturée par la pollution et les contaminations des fertilisants, pesticides, émissions, déchets industriels toxiques.

D'après un rapport de l'OCDE, un grand nombre d'humains vivent dans des zones soumises au stress hydrique. En 2030, en l'absence de mesures efficaces pour préserver les ressources en eau potable, il pourrait y avoir 3,9 milliards de personnes concernées par ce stress hydrique, dont 80 % de la population des « BRIC » (Brésil, Russie, Inde, Chine). Cette pénurie serait aggravée par l'augmentation de la population, donc des besoins en eau potable et de ceux destinés à l'agriculture.

Le réchauffement de la planète aurait également de fortes incidences sur les ressources en eau. Des régions comme l'Asie centrale, l'Afrique sahélienne ou les grandes plaines des États-Unis pourraient connaître un assèchement dangereux pour les populations et leur agriculture.

La diminution et la dégradation de l'eau à l'échelle mondiale s'annoncent lourdes de conséquences sur les activités humaines et sur les relations internationales. Les grands cours d'eau ne se limitant généralement pas à sillonner un seul État, ils sont devenus des enjeux géopolitiques et stratégiques importants et la source de nouveaux conflits.

Du bien commun en bien privé et en marchandise

La politique de l'eau promue par les groupes dirigeants des pays occidentaux à partir des années 1980 se fonde sur la conversion de l'eau de bien commun en *bien économique* ; l'eau est devenue un produit de marché, vendu et acheté. Ce principe fut affirmé la première fois à la conférence des Nations unies sur l'eau, à Dublin, en 1992, avec le consentement de tous les États membres. Depuis, il a été réitéré dans les multiples conférences mondiales et sommets consacrés à l'eau. Selon ce principe, l'eau cesse d'être un bien commun à partir du moment où elle est captée, prélevée et utilisée pour l'irrigation en agriculture et la mise en bouteilles destinées à la consommation. Dans ces cas, les coûts doivent être couverts par des prix, et les capitaux investis doivent être rémunérés. Dès lors, l'eau n'est plus un bien commun « sans prix », mais devient un bien marchand « avec prix ».

Alors que dans certains pays l'eau relevait du service public, la *privatisation des services hydriques* s'est imposée dans l'économie néo-libérale. La propriété et la gestion de l'eau distribuée à domicile tendent à devenir à leur tour privées.

Au début des années 1980, les deux principales compagnies d'eau privées opérant au niveau international (la Générale des eaux, devenue Vivendi Environnement, puis Veolia, et la Lyonnaise des eaux, devenue Ondeo) assuraient la distribution de l'eau à 300 000 personnes hors de France. En l'an 2000, le nombre des personnes servies par des entreprises privées à travers le monde est passé à 400 millions, dont 250 millions par les entreprises françaises. La banque suisse Pictet prévoit que le secteur privé desservira à peu près 1,7 milliard de personnes en 2015 si la tendance à la privatisation est maintenue.

La privatisation des services d'eau (qui, sauf exceptions locales, n'a pas encore touché la Suisse, la Suède, les Pays-Bas, le Québec et les États-Unis où 88 % des services d'eau sont assurés par des entreprises municipales publiques) ne s'est traduite ni par une amélioration des services, ni par la diminution des prix. Dans la majorité des cas, surtout dans les pays du Sud, les prix ont grimpé en flèche, comme à Cochabamba, en Bolivie, à Manille, aux Philippines, ou à Santa Fe, en Argentine. La corruption a accompagné la privatisation des concessions. L'endettement des pays pauvres a augmenté. L'amélioration des services dans ces pays a plutôt avantagé les plus riches.

Vers la raréfaction de l'eau

L'eau est destinée à devenir toujours plus rare, donc économiquement et stratégiquement de plus en plus importante.

Économiquement, cela conduit à mettre en valeur les ressources non encore utilisées, à favoriser le transport de l'eau sur de longues distances, à augmenter la quantité d'eau douce rendue disponible grâce en particulier au dessalement de l'eau de mer. D'où la décision (janvier 2000) de créer le premier Fonds international d'investissement dans l'eau, de réduire les gaspillages et les prélèvements excessifs par des manœuvres sur les prix (application du principe « pollueur-payeur »).

Stratégiquement, la sécurité hydrique nationale est devenu un problème politique central. Les conflits d'usages concurrents au sein d'un pays et surtout entre pays vont s'intensifier et se généraliser.

La voie des réformes : pour une autre politique de l'eau

Le but premier d'une politique de l'eau est d'en faire un droit humain ; le but final est de la restituer comme bien commun aux êtres humains.

L'accès à l'eau en quantité (25 à 50 litres par jour pour les usages domestiques) et qualité suffisantes à la vie devrait être reconnu comme un droit universel. Le Comité des droits humains, sociaux et culturels des Nations unies, dans son commentaire général de novembre 1992, reconnaît que l'accès à l'eau doit être considéré comme un droit humain. L'objectif du droit à l'eau pour tous n'est pas financièrement et technologiquement hors de portée. Il ne devrait pas l'être sur le plan politique.

La propriété, la gestion, la distribution et le contrôle politique de l'eau devraient redevenir ou rester publics. L'objectif réformateur est de maintenir et ramener dans la sphère publique l'ensemble des services d'eau, c'est-à-dire de déprivatiser la captation des eaux, la gestion des eaux usées, la gestion des eaux minérales. On pourrait commencer par réintroduire des « points d'eau publics », comme il y eut les fontaines

Wallace à Paris[1], dans les squares, jardins, aéroports, stades, écoles – et, dans le Sud, au cœur des bidonvilles.

Les collectivités publiques (de la commune à l'État, des unions continentales à la communauté mondiale) devraient assurer le financement des investissements nécessaires pour concrétiser le droit à l'eau potable pour tous.

Le droit à l'utilisation de l'eau en tant que droit humain et bien commun public a un coût. Encore aujourd'hui, là où les services de distribution sont des services collectifs publics, le financement des coûts est assuré par le budget de la commune, du canton, de la province, de la régie d'État. En Suisse, le financement public s'est montré jusqu'à présent d'une très grande efficacité : la Suisse est le seul pays où les pertes en eau dans le réseau de distribution sont proches du taux naturel admis, à savoir 9 %. En France, pays des plus grandes entreprises multinationales privées, la moyenne des pertes se situe entre 25 et 35 %.

Il est indispensable de revoir le rôle et le fonctionnement des institutions financières

1. Il reste, en 2010, trois fontaines d'eau potable à Paris, une dans le 13e, une dans le 16e et une dans le 17e arrondissement.

locales et internationales en vue de définir de nouvelles institutions de financement de type coopératif inter-territorial et international, dans une logique de partenariat privé/public, et d'envisager à cette fin la création de nouveaux instruments financiers tels que caisses d'épargne, coopératives européennes, euro-africaines, euro-latino-américaines, asiatiques, africaines, etc.

Les citoyens devraient participer, sur des bases représentatives et directes, à la définition et à la réalisation de la politique de l'eau au niveau national et local (mise en place de lieux de participation de proximité). Une autorité mondiale de l'eau devrait être instituée et élaborer les règles mondiales pour une utilisation solidaire et durable du bien « eau » ; elle disposerait d'un tribunal mondial de l'eau (organe de résolution des conflits en matière d'utilisation de l'eau) et d'un dispositif de *contrôle* par évaluation et suivi.

La gestion du cycle de l'eau devrait suivre une approche visant à la protection des équilibres hydrogéologiques et environnementaux dans le but de promouvoir et garantir l'épargne de l'eau. Il faut voir si la construction de grands barrages (en Amérique latine, en Asie, en Chine et en Inde, en Afrique, en Russie, en Asie mineure, en particulier dans le Kurdistan, en Europe, spécialement dans les pays de l'Est) ne risque pas d'aggraver les problèmes de l'eau.

La politique de l'eau rejoint ici la nouvelle politique agricole qui, par opposition aux agricultures industrialisées, promeut des systèmes diversifiés, liés aux territoires, visant la sauvegarde et la protection des processus écologiques ainsi que le développement – là où c'est possible – de cultures peu exigeantes en eau. Elle va dans le sens du développement d'une politique de recueil systématique des eaux de pluie dans les régions sujettes à la sécheresse.

Des politiques de l'eau peuvent déjà être mises en œuvre aux échelles locales, régionales et nationales. Une politique à l'échelle de la planète nécessiterait un consensus des États et un Office mondial de l'eau doté de pouvoirs, ce qui ne peut être encore envisagé. L'aggravation des problèmes accélérera-t-elle les prises de conscience et les décisions ?

CHAPITRE 9

La voie économique

La situation

Le processus de mondialisation économique est devenu globalisation, après 1989, avec l'expansion universelle de l'économie néo-libérale.

Sur tout le globe, cette expansion s'est accompagnée de celle du capitalisme, qui elle-même s'est accompagnée de la domination du capital financier. La somme des PIB des pays de la planète s'élève à 54 000 milliards de dollars ; le total des capitaux spéculatifs passant d'une place financière à une autre sont estimés à quelque 540 000 milliards de dollars. Cet argent virtuel, dont les profits engendrent le profit, devient la force hégémonique de l'économie mondialisée.

Le processus à trois faces (mondialisation, développement, occidentalisation), en produisant de grandes richesses, a réduit d'anciennes pauvretés, créé une nouvelle classe moyenne à l'occidentale dans les pays émergents, mais il a aussi dégradé en misère, partout dans le Sud, la pauvreté des petits paysans déplacés dans d'énormes bidonvilles, il a accru les inégalités, engendré d'énormes fortunes et de non moins immenses infortunes, et, comme nous l'avons déjà dit, il a entraîné destructions culturelles et décroissance des solidarités.

La croissance ininterrompue, productrice et produit du développement, est encore considérée comme la voie du salut par la plupart des États. Ralentie dans les pays dits développés, parfois stoppée par la crise, elle se poursuit tumultueusement dans les pays émergents d'Asie et Amérique latine.

Après les mesures prises par Thatcher et Reagan inaugurant la mondialisation néolibérale, les régulations et garde-fous étatiques ont disparu, les privatisations d'entreprises d'État et de services publics se sont généralisées, la recherche du profit n'a plus connu de freins. La compétitivité est devenue la dérive perverse de la concurrence.

La compétitivité internationale, favorisant les nations exploitant les travailleurs, comme la Chine, et la course à la productivité qu'elle a partout entraînée ont conduit au dépérissement d'industries en Europe et aux États-Unis, à la destruction massive d'emplois, à d'innombrables délocalisations, à la précarité et à une dépendance accrues des travailleurs.

De quels prix humains et culturels payons-nous les gains de productivité !

Nous sommes entrés en 2008 dans une crise dont on ne peut prévoir les rebondissements ni les suites. Si elle a été déclenchée par une énorme bulle de crédits aux États-Unis, l'abus du crédit n'a été qu'une conséquence de l'appauvrissement des ménages, désireux de maintenir leur niveau de vie, par l'accroissement des prix mondiaux des matières premières et des céréales livrés à la spéculation, accroissement lui-même lié en divers cas à la raréfaction de la production vivrière au profit des biocarburants, à l'urbanisation croissante, et, plus fondamentalement, à la prépondérance de la spéculation financière et à l'absence de toute régulation sur l'économie. Aucun « ordre économique mondial » n'est issu des réunions du G20 (mis sur pied en 1999 à la suite de la crise financière asiatique). Le FMI a encouragé partout les dérégulations et il s'est d'abord occupé non de contrôler le capital financier mais d'imposer la rigueur aux populations, et c'est tout récemment qu'il s'est converti à la relance économique. Les endettements suscitent la rigueur économique, la rigueur suscite le chômage et la baisse de revenus, lesquels peuvent avoir d'énormes conséquences politiques. Rappelons que la crise de 1929 a engendré, outre le salutaire New Deal aux États-Unis, l'arrivée légale au pouvoir du nazisme en Allemagne, le déchaînement de la puissance destructrice hitlérienne, la guerre d'Espagne, et que la fin de la crise économique a été payée par les dizaines de millions de morts de la Seconde Guerre mondiale.

La voie des réformes :

Citons les principales :

1) Abandon de l'idée de croissance indéfinie :

Cette idée relève d'une folie économico-politique non encore diagnostiquée comme telle ; elle sera remplacée par un concept complexe comportant croissances, décroissances, stabilisations, et cela diversement pour le Nord et le Sud, selon les conditions singulières, les nations et les régions.

2) Instauration d'un Conseil de sécurité économique permanent :

Il aurait vocation à mettre en œuvre les régulations efficaces de l'économie planétaire et à contrôler les spéculations financières ; il proposerait des voies combinant les décroissances nécessaires et les croissances indispensables à l'échelle planétaire.

3) Mise en place d'une coopération Nord/Sud :

Elle permettrait de transformer le modèle standard de développement en y introduisant des finalités telles que l'art de vivre et la qualité de la vie, tout en se concentrant sur les sources d'énergie renouvelables et non polluantes. Les pays du Sud pourraient adopter comme priorité économique la satisfaction des besoins et demandes intérieurs de leurs populations plutôt que l'agriculture industrialisée d'exportation ; ils pourraient s'approprier la prospection et l'exploitation des matières premières qu'effectuent les sociétés étrangères. Ils pourraient en outre se consacrer à un nouvel essor de la petite et moyenne exploitation agricole bénéficiant des techniques nouvelles comme le goutte-à-goutte et le biochar. Ils pourraient développer une politique originale de la santé associant la médecine occidentale et les médecines indigènes, développer une éducation réformée (voir le chapitre « Réforme de l'éducation ») adéquate aux esprits non encore modelés par la compartimentation des savoirs. Les pays du Sud, qui subissent encore les conséquences de l'ancienne exploitation coloniale, et de plus en plus celle de l'actuelle exploitation économique, pourraient, s'ils s'unissaient, exercer une pression efficace sur ceux du Nord afin de bénéficier d'investissements et de transferts de technologies, notamment pour l'économie verte.

4) Développement ou création d'unions économiques en Amérique du Sud, au Maghreb, en Afrique sub-saharienne, en Asie orientale :

Elles établiraient des systèmes de défense économique continentaux ou subcontinentaux.

5) Redéveloppement d'économies de proximité :

Dans l'agriculture, le maraîchage, l'artisanat, les petites et moyennes entreprises. Cela, dans tous ces domaines, complèterait la mondialisation par une démondialisation.

6) Développement d'une économie verte :

Il s'agit d'un formidable et multiple processus de réorientation et de reconversion économiques dont la croissance compenserait heureusement la décroissance des énergies polluantes, charbon et pétrole. Il repose sur le développement de toutes les sources d'énergies renouvelables : éolienne, marémotrice, géothermique, solaire (grandes centrales solaires dans les régions désertiques). Ce développement nécessiterait de grands travaux générateurs d'emplois sur tous les continents.

L'économie verte serait l'économie de base des pays africains, lesquels devraient recevoir gratuitement les dispositifs producteurs d'énergie des pays du Nord ex-colonisateurs et toujours exploiteurs (plutôt que des aides financières allouées aux États, toujours avalées par la corruption).

Une fiscalité écologique (taxes sur le carbone, sur les activités polluantes, etc.) pourrait être mise en place pour alimenter un fonds d'aide à la transition vers le « renouvelable ».

Les coûts sanitaires, sociaux, environnementaux devraient être intégrés dans la fixation des prix des produits issus de l'économie polluante.

Une politique de dépollution ne concernerait pas seulement les déchets et sous-produits dangereux, mais aussi la mise en activité de bactéries naturelles puis artificielles (Craig Venter) dévoreuses de pétrole et de marées noires.

L'économie verte recyclerait les déchets biodégradables et remplacerait les objets jetables par des réparables (voir chapitre « La consommation »). Elle réduirait les gaspillages de tous ordres, notamment en eau. Elle diminuerait les flux des transports aériens, transférerait les transports par camions au ferroutage, inciterait au covoiturage automobile.

Elle augmenterait les biens immatériels : culture, services sociaux et relationnels.

Comme indiqué au chapitre consacré à l'écologie et au chapitre « Ville et habitat », elle réformerait les cités : développement des zones piétonnières, notamment dans les centres historiques, développement de l'habitat énergétiquement autosuffisant, etc.

Elle relocaliserait les productions et les échanges selon le principe de la démondialisation, en favorisant l'alimentation, les artisanats et les commerces de proximité.

Elle réformerait le système agroalimentaire, réduirait progressivement l'agriculture et l'élevage industrialisés, redévelopperait l'agro-forestier, l'agriculture et l'élevage fermiers et bio, inciterait à la diminution de la consommation de viandes, à l'augmentation de celle des légumes et légumineuses (voir chapitres « Alimentation » et « Agriculture »)

Le développement généralisé d'une économie verte s'effectuerait donc à la fois dans le domaine industriel, dans le domaine agricole et dans le domaine urbain. Il susciterait partout de grands travaux de salut collectif (énergies renouvelables, ceinture de parkings autour des villes, transports publics non polluants, aménagement des chemins de fer pour le ferroutage, etc.)

7) Développement d'une économie plurielle :

Elle constituerait, à côté de l'économie de profit et de l'économie d'État, la troisième voie entre le tout-marché et le tout-État, celle de l'économie sociale et solidaire des mutuelles, coopératives, entreprises citoyennes, du microcrédit, du commerce équitable.

L'économie sociale et solidaire (ESS), aux racines historiques profondes (elle remonte au XIXe siècle), rassemble une grande diversité d'initiatives économiques ne relevant ni du secteur public ni du champ capitaliste. Ces initiatives visent à produire, consommer, employer, épargner et décider de manière plus respectueuse des hommes, de l'environnement et des territoires. Diverses dans leurs réalités, les entreprises relevant de l'ESS partagent néanmoins des caractéristiques essentielles : une finalité d'utilité sociale ; une mise en œuvre du projet économique fondé sur une gouvernance démocratique et une gestion éthique ; une dynamique s'appuyant sur un ancrage territorial et une adhésion citoyenne. Ainsi en est-il du groupe EcoVita, par exemple[1], parmi tant d'autres.

1. Le groupement EcoVita s'inscrit dans l'économie sociale et solidaire et une démarche humaine et qualitative. Il est constitué d'auto-entrepreneurs, de responsables de petites et très petites entreprises désireux de s'inscrire dans une démarche mutualisée de développement économique et de création de richesses. Le groupement EcoVita a pour objectif de créer un fonds commun de ressources et de mettre en place une stratégie marketing et commerciale destinée à faciliter la vente des compétences diverses de ses associés qualifiés auprès des professionnels locaux et régionaux. Toutes les prestations proposées sont en accord avec les règles d'éthique et de protection du vivant. Le groupement EcoVita s'inscrit dans l'aide aux catégories de personnes qui connaissent des difficultés professionnelles. Les jeunes créateurs d'entreprise sont pris en charge et pourront se développer sous la tutelle d'entrepreneurs confirmés.

8) Multiplication des monnaies locales subsidiaires :

Elle permet d'accroître échanges et services. Il en est de divers types qui se sont implantées dans des villes de Suisse, de Bavière, d'Angleterre et dans le *conjunto* Palmeira de Fortaleza (Brésil).

9) Résurrection d'une logique du don, de l'entraide et de la gratuité :

En effet, le déchaînement du capitalisme mondialisé tend à la réduire à l'extrême au profit de la monétarisation et de la marchandisation généralisées (voir Alain Caillé, MAUSS).

10) Développement du commerce équitable :

Celui-ci est un partenariat production/distribution fondé sur le dialogue, la transparence et le respect, dans le but de parvenir à une plus grande équité pour les petits producteurs. Il a commencé avec le café, le cacao, le thé, et s'étend à d'autres produits des petits producteurs du Sud. Il offre de meilleures conditions d'échange en éliminant du circuit les intermédiaires parasites (surnommés « coyotes » au Mexique), et garantit des prix honnêtes aux producteurs et aux travailleurs salariés, notamment ceux des pays du Sud. Les organisations du commerce équitable mènent campagne contre la prédation économique des intermédiaires et distributeurs et aspirent à changer les règles et pratiques du commerce international.

La filière du commerce équitable compte aujourd'hui 2 500 associations locales animées par 50 000 personnes, ainsi que plus de 3 500 points de vente au détail. En Europe, ce sont les pays de langue germanique qui assurent la part la plus importante du chiffre d'affaires du commerce équitable. On y compte désormais 380 organisations de producteurs contrôlés au minimum une fois l'an. L'OMC soutient le commerce équitable dans la mesure où il s'inscrit dans l'économie de marché.

Le commerce équitable a amélioré de 10 % à 25 % par an le niveau de vie de près de 800 000 producteurs du Sud (soit environ 5 millions de personnes) et a permis de financer la création d'ateliers, textiles ou autres, employant les femmes de producteurs. Il contribue à faire évoluer la consommation dans un sens qualitatif et un sens éthique. Mais les mafias de « coyotes », le racket, la soumission au clientélisme des caciques hypothèquent un développement optimal du commerce équitable. Les grandes surfaces ne proposent les produits du commerce équitable que si se manifeste à leur endroit une demande significative.

Le commerce équitable progresse, mais demeure encore très minoritaire. Un système de déduction fiscale pourrait éliminer le surcoût du produit (dû à la rétribution honnête du producteur) qui deviendrait ainsi plus accessible aux consommateurs.

Le développement du commerce équitable destiné à protéger les petits producteurs des pays du Sud et à assurer une qualité aux consommateurs de ceux du Nord, est tout aussi avantageux aux uns aux autres. On pourrait l'étendre aux petits producteurs-paysans du Nord qui doivent subir les très bas prix d'achat des grandes surfaces, lesquelles revendent ces produits avec des marges excessives. Ainsi les Amap (Associations pour le maintien d'une agriculture paysanne) ont-elles institué une relation directe entre producteurs, paysans et habitants des villes.

11) Développement des banques solidaires :

Un exemple : France Active, présidée par Christian Sautter, et la société d'investissement du même nom, présidée par Edmond Maire, incitent les banques à fournir des crédits à des entreprises solidaires grâce à une garantie et à un accompagnement très poussé des clients ; France Active propose aussi, grâce à ce même suivi spécifique, des fonds propres alimentés par des capitaux issus du mécénat et surtout par l'épargne populaire au travers de fonds communs insertion/emploi.

Le nombre des projets accueillis approche annuellement les 20 000. Les concours mobilisés dépassent 125 millions d'euros. Les emplois créés ou consolidés ont été de 20 000 en 2009.

Autre exemple : la Société financière de la Nef est une coopérative de finances solidaires. Depuis sa création en 1988, la Nef est engagée dans la gestion responsable et transparente de l'épargne citoyenne en France. Depuis lors, elle exerce une double activité de collecte d'épargne et d'octroi de crédits dans le cadre d'un agrément accordé par la Banque de France. L'épargne collectée est déposée par des particuliers, des associations, des entreprises. Toute personne physique ou morale désireuse de donner un sens à son argent peut ouvrir un compte à la Nef. Les financements accordés par la Nef permettent de soutenir la création et le développement d'activités professionnelles et associatives à des fins d'utilité sociale et environnementale. Aujourd'hui, 26 000 sociétaires ont déposé leur épargne ou souscrit un emprunt auprès de la Nef. Elle est devenue un partenaire financier de référence pour les porteurs de projets responsables et innovants dont la valeur sociale et environnementale est prépondérante. L'action de la Nef s'inscrit au cœur d'un réseau européen de banques éthiques (comme la Banca Etica en Italie, la BAS en Suisse) rassemblées au sein de la Fédération européenne de finances et banques éthiques et alternatives. Toutes s'inspirent d'un modèle de développement humain et social dans lequel la production et la distribution de richesses sont fondées sur des valeurs de solidarité et de responsabilité vis-à-vis de la société. La Nef est aujourd'hui engagée dans la construction d'une banque éthique européenne avec ses partenaires italiens de Banca Etica et espagnols de Fiare. Il s'agit bien là d'une voie nouvelle où une association militante assure la symbiose entre les banques, l'épargne collective et les collectivités territoriales.

12) Développement du micro-crédit et de la micro-finance :

Le micro-crédit est devenu un moyen universel de lutte contre la pauvreté. Jusqu'alors, les pauvres, ne pouvant offrir de garanties, n'avaient pas accès aux banques et étaient dépendants d'usuriers qui leur imposaient un taux d'intérêt élevé générant des dettes permanentes.

L'expérience phare de la micro-finance se déroule en 1983 avec la « banque des villageois » (ou Grameen Bank) autorisée par la Banque centrale du Bengale. La banque prête de façon solidaire à de petits groupes de personnes qui se connaissent et acceptent le jeu de la caution mutuelle. Le groupe s'engage à assister l'emprunteur dans sa gestion du prêt, mais surtout à rembourser s'il n'est pas en mesure de le faire lui-même. Si l'emprunt n'est pas remboursé, aucun des membres du groupe ne pourra prétendre à un prêt pour lui-même. Dès lors, épargner et prêter dans le même réseau bénéficie du contrôle social des uns par les autres, et c'est dans le lien du groupe et sa logique que réside la garantie que demandaient les banques. Depuis lors, les projets de micro-crédits (ONG, mutuelles) et les institutions de micro-finance (institutions de type bancaire) n'ont cessé de se développer à travers le monde.

Le micro-crédit a permis de réduire la dépendance vis-à-vis des usuriers et à se dégager du clientélisme. Il a été rapidement appliqué en milieu rural. Il concerne essentiellement des femmes, lesquelles présentent un meilleur taux de remboursement (elles représentent aujourd'hui 94 % de la clientèle de la Grameen Bank). De nombreuses micro-entreprises gérées par des femmes se transforment en petites entreprises de services de proximité. Du coup, le micro-crédit contribue à l'émancipation féminine.

Le développement du micro-crédit doit surmonter de nombreux obstacles. Les bénéficiaires ont besoin de conseil, de connaissances nouvelles pour la gestion de leurs crédits, d'une éducation sanitaire pour prévenir les maladies des enfants ou de la mère de famille, et le système lui-même a besoin d'aides financières extérieures pour couvrir les coûts intermédiaires. Les succès du microcrédit l'ont mis en danger. Capté et récupéré par des banques « normales » qui n'appliquent aucun des principes humanistes originels, il risque de devenir une menace supplémentaire pour les pauvres endettés.

13) Réforme de l'entreprise :

Les voies pour réformer l'entreprise sont de trois ordres :

A) Il s'agit d'améliorer les relations entre ceux qui travaillent au sein d'une entreprise, ce qui, du coup, améliorerait les qualités économiques de celle-ci. Les entreprises sont conçues selon un mode de direction centralisé, une hiérarchie rigide, une rigoureuse spécialisation des tâches. Comme pour les administrations (voir p. 127 et suiv.), la réforme devrait remédier à l'hypercentralisation au sommet par d'éventuels polycentrismes, et en laissant une part d'initiative aux différents échelons. Elle devrait envisager des polyhiérarchies selon les tâches ou les finalités, ainsi que corriger les hiérarchies par une possibilité de rétroaction par suggestions ou critiques émanant de l'échelon subordonné. Il s'agit enfin d'instituer des communications horizontales parmi le personnel compartimenté et entre ce personnel et les hiérarchies.

D'autre part, l'entreprise ne peut qu'être renforcée si elle institue, par l'intéressement psychologique, intellectuel et matériel de ses membres, une communauté de destin qui en ferait une entité de solidarité et de responsabilité.

B) Par ailleurs, la direction de l'entreprise, où se prennent les décisions, nécessite, beaucoup plus que des techniciens, des économistes ou des énarques, des esprits formés à une connaissance pluridisciplinaire et à une pensée complexe (y compris la conscience de l'écologie de l'action et la pratique de la stratégie en situation aléatoire).

C) Enfin, la réforme de l'entreprise requiert l'introduction de la dimension éthique dans ses relations avec ses fournisseurs (comme le fait Malongo pour le commerce équitable), ainsi qu'avec les consommateurs à qui elle livre ses produits. Les surprofits pourraient être versés à des fondations à caractère humanitaire ou investis dans l'économie solidaire.

14) Maintien ou résurrection des services publics nationaux (poste, télécommunications, chemins de fer) et, pour l'Europe, instauration de services publics européens :

La privatisation des services publics n'apporte nul avantage aux usagers, mais parfois bien des inconvénients : celle des chemins de fer en Angleterre a engendré maintes désorganisations en chaîne. Il s'agit plutôt de les débureaucratiser et de les réhumaniser.

15) Aide aux métiers d'intérêt général (solidarité et convivialité) (voir « Politique de civilisation »).

16) Propagation des formules communautaires qui permettent le plein emploi (Marinelada en Andalousie).

17) Démarchandisation progressive des biens communs de l'humanité : l'eau, le vivant :

Il s'agit de débreveter tout brevet portant sur l'appropriation d'une partie ou d'un tout vivant.

Conclusion

Certaines de ces multiples réformes sont irréalisables maintenant, mais elles peuvent advenir si le mouvement est lancé. Elles sont complémentaires. Au cœur de ces réformes il y a l'économie verte et l'économie sociale et solidaire.

Pour aller dans la voie des réformes de l'économie, il faut évidemment une pensée politique qui dépasse l'économisme actuel. Il faut aussi une volonté politique, et celle-ci ne pourrait s'affirmer qu'avec la prise de conscience des citoyens. Bien entendu, il y a inséparabilité entre la voie politique et les autres voies. Tout ce qui n'est pas économique a une dimension économique. De même que la voie économique est impliquée dans les autres voies, celles-ci sont impliquées dans la voie économique.

CHAPITRE 10

Inégalités et pauvreté

INÉGALITÉS

Les inégalités revêtent un caractère territorial (régions pauvres/régions riches), un caractère économique (de l'extrême richesse à l'extrême misère, en passant par les classes aisées, moyennes et pauvres), sociologique (modes de vie), sanitaire (extrême inégalité entre ceux qui jouissent des avancées de la chirurgie, de la technique, de la médecine, et les autres). Il faut encore distinguer entre les inégalités liées aux diversités culturelles, aux diversités professionnelles (il y a ceux qui prennent plaisir à l'exercice de leur profession et ceux qui la subissent dans la contrainte), les profondes inégalités de destin entre ceux qui vont subir leur vie et ceux qui vont jouir de leur vie.

Ces inégalités ne se mesurent pas seulement d'après la quantité d'argent dont on dispose. La richesse ne fait pas forcément le bonheur. Mais la misère, elle, fait le malheur.

Une politique de l'humanité a pour mission non pas de tout égaliser, ce qui amènerait une destruction des diversités, mais d'envisager les voies réformatrices qui permettraient de réduire progressivement les pires inégalités.

Situation

Nous devons constater un double mouvement propre à la mondialisation dans les pays émergents : une relative diminution d'inégalités par la formation de classes moyennes accédant aux standards de vie occidentaux ; une forte augmentation des inégalités par la transformation de pauvretés caractéristiques des sociétés agraires traditionnelles (autorisant un minimum d'autonomie et de ressources) en misère et en prolétarisation suburbaines, tandis que se créent de gigantesques fortunes. En Europe occidentale même où la pression fiscale sur les riches, le plein emploi dans le travail, les protections sociales empêchaient l'extrême développement des inégalités, le libéralisme économique et les effets de la mondialisation ont accru les écarts et recréé des zones de misère qui avaient jusque-là disparu.

Enfin et surtout, dans les nations récentes où les institutions sont gangrenées par la corruption, on relève une formidable inégalité dans l'administration de la justice (il est des pays où la plupart des juges sont achetables) et dans la fiscalité (évasion des capitaux vers les paradis fiscaux).

La mondialisation renforce donc partout les inégalités. Parmi ses effets négatifs, indiquons :

1) la croissance du sans-emploi et du sous-emploi ;

2) l'appauvrissement.

L'écart entre ceux qui peuvent saisir les opportunités offertes par la mondialisation et ceux qui en sont exclus se creuse à tous les niveaux. À lui seul, un cinquième de l'humanité consomme (et produit) les quatre cinquièmes des richesses mondiales. Cette mondialisation est à l'origine de l'aggravation du sort des populations vulnérables.

En résumé, le problème des inégalités est devenu énorme tout en demeurant multiple ; il exige une ample et complexe politique. Celle-ci, répétons-le, ne peut être une politique techno-bureaucratique d'homogénéisation, destructrice des diversités qui constituent les richesses culturelles de l'humanité.

Propositions pour une politique de réduction de l'inégalité

Au niveau planétaire, il faut :

• réduire ou supprimer les dettes des pays pauvres.

• fournir gratuitement aux pays pauvres les sources d'énergie renouvelables, les médicaments et traitements contre les pandémies et, en cas de famine, les aliments nécessaires ; rétablir ou instaurer l'autosuffisance vivrière dans les pays qui l'ont perdue.

• installer les systèmes de régulation économique pour juguler la spéculation financière qui produit les hausses artificielles des prix des produits de base ; instaurer des contrôles internationaux pour éviter que la corruption stérilise les aides des pays riches aux pays pauvres et accroisse l'inégalité au sein des pays pauvres.

Au niveau des nations, il faudrait :

• instituer un observatoire permanent des inégalités signalant leur évolution et proposant une réduction progressive des inégalités monétaires par le haut (fiscalisation) et par le bas (allocations, minima garantis, aides sociales) ;

• créer un institut permanent chargé d'inverser le déséquilibre accru depuis les dernières décennies du siècle passé dans la relation capital/travail, en proposant des défiscalisations progressives pour les plus démunis, des fiscalisations progressives pour les hauts revenus, ainsi qu'un accroissement progressif du minimum vital.

Le triple impératif politique liberté-égalité-fraternité doit être modulé. Car la liberté seule détruit l'égalité, l'égalité imposée détruit la liberté, et la fraternité, qui ne saurait être imposée, relève conjointement d'un ensemble de réformes politiques (dont les maisons de solidarité, le service civique de solidarité), de réformes éducatives et de réformes individuelles (dont la réforme de vie et la réforme éthique).

Ainsi donc, la réduction progressive des inégalités doit s'effectuer à la fois par une politique planétaire (politique de l'humanité, politique de civilisation), par des politiques nationales réduisant les écarts de niveaux de vie, régénérant les solidarités, combattant la corruption, enfin par les réformes de vie et les réformes éthiques favorisant la compréhension des misères et des malheurs d'autrui.

Une telle politique comporte une dimension monétaire, mais ne saurait s'y limiter. Elle est multidimensionnelle et fait partie des voies multiples que nous proposons d'ouvrir simultanément (voir la fin de ce chapitre).

Pauvreté

La pauvreté doit être un de ces rares domaines où les médicaments sont prescrits avant de connaître la maladie.

Else Oyen

Réduire la vérité d'un pauvre à un revenu d'un à deux dollars est en soi non seulement une aberration, mais aussi une insulte à sa condition.

Majid Rahnema

Situation

La définition monétaire de la pauvreté généralement retenue par les statisticiens et la Banque mondiale est non seulement insuffisante, mais trompeuse.

La perception exclusivement monétaire de la pauvreté dans les sociétés du Sud ignore l'économie de subsistance qui confère au petit paysan une relative autonomie, et elle ignore la sociologie d'entraide qui permet aux pauvres de la ville ou du bidonville de survivre, voire de vivre, comme nous l'avons montré[1].

1. Sabah Abouessalam. Étude sociologique de la ville nouvelle de Tamesna. Rapport, Al Omrane, Rabat, Maroc, 2004.

La pauvreté doit donc être historiquement relativisée : ce qui apparaît aujourd'hui en Occident comme pauvreté dans l'ancien mode de vie paysan[1] (latrines dans le jardin, absence d'eau chaude, de baignoire, de réfrigérateur, de chauffage par radiateurs, en somme absence de confort moderne) n'était pas vécu alors comme dénuement ou pauvreté. Cette pauvreté n'apparaît que par comparaison avec l'aisance urbaine moderne. Nous ne nous rendons pas compte que notre dépendance vis-à-vis des biens modernes crée un nouveau type d'appauvrissement qui, naguère, aurait été perçu comme enrichissement.

La pauvreté doit être aussi sociologiquement différenciée. La pauvreté non assistée des pays du Sud est tout autre que la pauvreté assistée de ceux du Nord où les travailleurs pauvres, chômeurs ou salariés à temps partiel sont secourus par des alloca-

---

1. Ainsi dans la recherche d'Edgar Morin sur Plozevet, en pays bigouden, il apparaissait, après les années 1960, que les Plozevétiens, sous l'influence de leurs parents parisianisés, considéraient comme pauvres non seulement leur mode de vie mais aussi les beaux meubles rustiques dont ils se débarrassaient pour s'offrir un mobilier standard, tandis que les riches et les snobs urbains installaient ces meubles dans leurs appartements comme autant de signes de haut standing.

tions, en France par le RMI, maintenant le RSA (revenu de solidarité active).

La pauvreté doit être distinguée de la misère. Certes, pauvreté et misère sont deux pôles d'une réalité sans frontière nette entre eux. Dans les sociétés traditionnelles, les pauvres disposent d'un système d'entraide minimum ; dans les sociétés du Nord, ils disposent d'une assistance sociale. La misère, au Nord comme au Sud, est précarité, marginalisation, exclusion.

Certes, toutes les sociétés urbaines ont eu par le passé leurs miséreux (vagabonds, handicapés, vieillards isolés, enfants abandonnés) vivant de mendicité ou de rapines. Les villes européennes comptaient de 4 à 8 % de miséreux entre le XVe et le XVIIIe siècle ; l'industrialisation du XIXe a engendré la prolétarisation d'une masse urbaine exploitée dans le travail, subissant la désorganisation familiale et ravagée par l'alcoolisme. Mais alors que l'amélioration du niveau de vie des travailleurs européens au XXe siècle a éliminé pour un temps la misère et atténué la pauvreté, *c'est le développement qui a répandu au XXe siècle une immense misère dans les pays du Sud*, ce que traduit la prolifération des bidonvilles autour des mégapoles d'Afrique, d'Asie et d'Amérique latine.

Rappelons enfin que l'esclavage, forme de misère humaine marquée par la totale dépendance de l'esclave réduit selon la formule d'Aristote, à l'état d'objet animé, subsiste sous des formes résiduelles, tandis que la civilisation occidentale du XXe siècle a inventé le camp de concentration qui se caractérise par l'enfermement et le travail forcé, à la limite l'extermination, et que les conflits du même siècle ont engendré les camps de personnes déplacées, populations ayant fui invasions ou guerres, formes parfois provisoires parfois durables de ghettos, que ce soit au Moyen-Orient, au Darfour ou en d'autres lieux. Nous n'examinerons pas ici la misère humaine due à l'enfermement (camp ou prison) qui relèvera ci-après du chapitre « Justice et répression ».

Y a-t-il des traits communs à toutes les pauvretés et qui seraient, selon les cas, plus ou moins accentués ?

Certes, les aspects monétaires de la pauvreté sont prédominants dans les sociétés dites développées où la monétarisation est généralisée au détriment du service, du don, du troc, et où presque tout s'achète et se paie. Mais, jusque dans ces sociétés, la pauvreté n'est pas seulement d'ordre monétaire : on peut souffrir d'isolement (pauvreté relationnelle), d'une absence de formation (pauvreté culturelle), de conditions de vie difficiles (pauvreté d'existence). Si, la plupart du temps, ces manques sont corrélés à la pauvreté monétaire, il convient cependant de dépasser en l'englobant la notion de manque d'argent ou de biens, et considérer d'autres manques existentiels.

Certes, certains de ces manques sont compensés dans les sociétés disposant d'un État assistantiel (par allocations, subventions, prise en charge des frais médicaux). Dans ces sociétés, un des traits de la pauvreté serait même l'assistance qu'elle reçoit (alors que la misère des SDF ou des sans-papiers/sans-travail s'y caractérise par l'absence d'assistance publique tout en pouvant éventuellement recevoir une assistance humanitaire privée : Emmaüs, Restos du cœur en France). Ce qui nous amène à considérer la pauvreté, qu'elle soit assistée ou non, comme un affaiblissement dans les potentialités de choix et d'action, et, plus profondément, comme l'*absence de maîtrise sur sa condition et son destin*.

Nous pouvons, par contraste, dégager deux aspects originaux de la pauvreté dans les pays du Sud :

a) il s'y maintient une assistance conviviale et/ou familiale due aux relations de solidarité entre membres d'une même famille, d'un même clan, originaires d'un même village, voisins, système d'entraide invisible à la conception monétariste et quantitative de la pauvreté en vigueur au Nord ;

b) à la différence des pays du Nord (Europe occidentale et Amérique du Nord), une importante fraction des populations des pays du Sud tirent leur revenu de l'économie informelle. Or la principale spécificité de ce secteur est qu'il échappe au calcul. Très souvent, les organisations internationales sous-estiment les caractères propres au secteur informel et sous-estiment sa réalité économique[1]. Cela aboutit non seulement à l'ignorance des logiques subtiles qui l'organisent, mais aussi à l'échec de toutes les politiques de lutte contre la pauvreté. Longtemps la logique rationalisatrice d'une conception économique occidentale jugée universelle a dominé. Celle-ci n'a pas su appréhender les logiques comportementales des acteurs ni les logiques du fonctionnement réel de ce secteur. Par exemple, il faut comprendre que les acteurs du secteur informel recherchent moins l'efficacité maximale que la solvabilité sociale.

1. Les limites de l'approche monétariste tiennent d'abord au fait que les pays concernés ne disposent pas toujours de statistiques nationales détaillées à ce sujet et par ailleurs au fait que les calculs des revenus ne prennent pas en considération les activités non marchandes et/ou les revenus d'appoint souvent tirés du travail occasionnel de l'épouse et/ou des enfants au sein d'un ménage, voire les doubles ou triples emplois « au noir ».

Ces deux aspects montrent l'importance de la connaissance des réalités culturelles pour aborder et traiter la pauvreté dans les pays du Sud. Ajoutons que tant qu'il n'y a pas désorganisation (sociale, familiale) sous l'effet de l'invasion de la « civilisation », de l'économie, de l'idéologie du Nord, la pauvreté est à la fois richesse relationnelle et richesse culturelle. Les personnes pauvres des sociétés traditionnelles ont des moyens de lutte contre la misère qui résident justement dans les richesses relationnelles, conviviales et solidaires de leurs cultures[1]. « La pauvreté conviviale, loin de se confondre avec la misère, est l'arme dont les pauvres se sont toujours servis pour l'exorciser et la combattre » (Majid Rahnema). L'entraide, la propension à créer du lien social constituent la seule mais grande richesse des mondes appauvris du Sud.

La désorganisation sociale croissante est un facteur de pauvreté croissante dès lors que la civilisation du Nord s'introduit dans les pays du Sud. La dissolution des liens de solidarité crée les conditions de la misère. L'économie de croissance engendre de nouvelles sources de dépendance et de précarité. La

1. Sabah Abouessalam : *Pauvreté et projet d'intégration urbaine, le cas de Marrakech*, ouvrage collectif, Problématique urbaine au Maghreb, coll. PUP, 1998.

désintégration de la famille, la marginalisation, la ghettoïsation, l'absence d'un Surmoi civique dans les esprits suscitent des causes nouvelles de misère contre lesquelles luttent les bandes des jeunes générations par une économie du larcin et de la drogue qui leur permet éventuellement d'entretenir leurs familles. C'est la dissolution des liens entre familles, générations, voisins qui engendre l'atroce solitude des vieux abandonnés et la dérive des jeunes. La précarité existentielle, la dépendance, les délaissements, les rejets sont les pires produits de notre civilisation (qui a par ailleurs ses vertus) ; ces produits sont en cours d'universalisation, mais rencontrent encore heureusement de fortes résistances culturelles dans le reste du monde.

Dans le même temps, dans les pays du Nord, l'exploitation accrue d'un capitalisme sans frein sur des femmes et des hommes voués aux pires métiers (voir le témoignage de Florence Aubenas dans *Le Quai de Ouistreham*, paru en 2010), ainsi que le renvoi des salariés éliminés par les compressions, les rationalisations, la rentabilité, le surprofit, produisent sans discontinuité de nouvelles pauvretés et de nouvelles misères.

Toujours dans le contexte de l'occidentalisation du monde, ajoutons la tendance à la ségrégation urbaine dans les métropoles et les grandes villes, qui développe des ghettos riches, protégés et sécurisés, et des ghettos pauvres, abandonnés à eux-mêmes. Quand les pauvres sont d'origine immigrée, notamment africaine ou maghrébine, ou appartiennent à certains minorités ethniques comme les Roms, ils subissent de multiples exclusions (de domicile, de métier). La misère est alors à la fois produite par et productrice de l'exclusion extrême.

Dans le contexte français, la nouvelle pauvreté, celle des précarisés, des dépendants, des sans-défense, celle du « quart monde » (ainsi nommé par Joseph Wresinski en 1960) est la première à s'aggraver. Cette aggravation s'inscrit dans un cours mondial qui se poursuit dans et par celle des pauvretés, des misères, des désorganisations et des exclusions.

Les voies réformatrices

Le déferlement de l'économie libérale entraîne pauvretés et misères, et partout dans le monde l'État, y compris l'État providence (en déclin ou régression), se révèle inefficace, voire démissionnaire. C'est pour cette raison qu'une culture nouvelle s'impose pour ouvrir et développer une troisième voie, fondée sur la solidarité.

Une nouvelle solidarité publique

Elle complémenterait l'action de l'État providence, désormais insuffisant, par un « État d'investissement social » (Denise Clerc) qui dispenserait des formations professionnelles (comme dans les États scandinaves) et des services (gardes d'enfants, de malades, de vieillards isolés). En coopération avec les services publics régionaux et municipaux, cet État subventionnerait les « maisons de solidarité » et entretiendrait un service civique de solidarité.

En outre, l'État d'investissement social favoriserait par prêts et avances les métiers de solidarité et de convivialité. Il financerait les associations d'aide aux défavorisés : personnes isolées, séniors, réfugiés, anciens détenus, etc. Il prendrait toutes mesures pour développer la scolarisation parmi les populations défavorisées et, par exemple, pourrait généraliser la *bolsa familia* initiée par Lula au Brésil, qui dispense une allocation aux familles pauvres pour qu'elles envoient leurs enfants à l'école.

Il développerait les mesures d'hygiène, de santé, de prévention pour les défavorisés. Ainsi, une couverture-santé, financée par une ONG américaine et une modeste cotisation, protège depuis onze ans au Rwanda 92 % de la population et y a fait passer l'espérance de vie de 48 à 52 ans. Un État d'investissement social pourrait financer un tel système partout dans les pays du Sud. Il définirait une politique de l'habitat au-delà du bidonville (dans le Sud) et au-delà du grand ensemble (dans le Nord) (voir chapitre « Ville et habitat »).

L'« au-delà du bidonville », « au-delà » signifiant ici dépasser tout en conservant, implique de conserver les proximités, convivialités et solidarités tout en remplaçant la tôle ondulée par l'adobe ou la brique, en installant l'eau potable, l'électricité, en instituant des maisons de jeunesse comme dans la *favela* déjà citée ou dans le quartier délinquant de Medellín où enfants et adolescents font du sport, reçoivent une formation scolaire, sont initiés à l'informatique, à la danse, à la peinture, aux arts, à la musique, peuvent exprimer leurs virtualités et par là même sont reconnus comme des êtres humains à part entière.

L'« au-delà du grand ensemble » consiste à en éliminer la coexistence anonyme, à y créer des dispositifs permanents de communication, à prévoir une nouvelle architecture urbaine où serait rétablie la mixité sociale (voir chapitre « Ville ») ; à instituer des maisons de jeunes sur le modèle des initiatives de Rio et de Medellín (voir p. 288-289) ; à fournir une éducation de réhabilitation comme celle qui est actuellement prévue dans notre pays par le ministère de l'Éducation nationale

(Projets sur les lycées-internats pour les adolescents des banlieues en France).

Une économie solidaire

Une renaissance et un développement de l'économie sociale et solidaire s'opèrent en divers pays, dont la France. Elle repose sur des coopératives et des mutuelles d'origine ancienne (certaines avaient dégénéré – le risque permanent encouru par tout ce qui est vivant, humain et social est que ce qui ne se régénère pas dégénère). Cette nouvelle économie embrasse le micro-crédit (qui n'a de sens que s'il reste fidèle à sa visée originelle et n'est pas parasité par le profit bancaire), le commerce équitable qui favorise les petits producteurs de café, de cacao et autres produits d'exportation en maintenant des prix d'achat qui ne subissent pas les baisses brutales du marché, et élimine les intermédiaires prédateurs. Une telle pratique pourrait et devrait se généraliser partout où l'on peut contourner de tels intermédiaires, comme au sein du marché des fruits et légumes en Europe, partout où se développerait l'alimentation de proximité, et, dans ce cas, se multiplieraient les Amap[1] (inventées au Japon) où,

1. Associations pour le maintien d'une agriculture paysanne.

par contrat mutuel, les maraîchers livrent directement leurs produits aux particuliers urbains. On peut aussi recourir à l'utilisation de monnaies subsidiaires déjà expérimentées en divers lieux et qui confèreraient des pouvoirs d'acquisition nouveaux.

De façon générale, il s'agit de « ré-enchâsser » l'économie dans le social, le culturel, l'humain, ce qui signifie fondamentalement remettre l'économique à sa juste place comme moyen et non comme fin ultime de l'activité humaine.

Partout dans les pays du Sud (Amérique latine, Afrique sub-saharienne, Maghreb...) de nombreuses expériences d'économie solidaire existent et se multiplient. On y retrouve en permanence la volonté de se libérer de la seule logique marchande et de privilégier celle de l'entraide. Dans ces pays, une telle économie se doit de maintenir et favoriser les réseaux de solidarité des populations vivant dans les espaces de pauvreté. Le principe est toujours le même : il s'agit de recourir à tous les réseaux sociaux qui irriguent le secteur informel et qui fonctionnent selon la logique don/contre-don, et non pas selon la logique marchande. À l'intérieur de ces réseaux existent des instruments multiples et efficaces de financement ou de cautionnement, qui tous reposent sur la confiance entre les membres.

La gestion des entreprises informelles se caractérise essentiellement par un recours systématique aux réseaux de confiance, d'entraide, de solidarité familiales ou villageoises, ce qui la différencie radicalement d'une gestion de type capitaliste. La réussite d'une telle entreprise dépend de sa capacité à s'insérer dans son milieu social pour diluer les risques. L'entreprise dont les bases seraient purement économiques risquerait de perdre tous les avantages hors marché procurés par son environnement (débouchés, main-d'œuvre flexible, stocks, tontines...). Voilà pourquoi les politiques d'appui au secteur informel deviennent perverses quand elles négligent la culture locale et ignorent les supputations d'opportunité qu'effectuent les habitants. On entrevoit ici les risques de déstructuration sociale et culturelle inhérents aux programmes d'appui qui chercheraient à isoler l'économie de tout son contexte humain et social, ne comprenant pas que l'économie informelle n'est pas purement économique mais est un compromis entre ressources, sécurité, honneur et prestige.

On comprend mieux, à partir de là, l'incapacité des politiques strictement économiques à générer du changement social. Si une innovation modernisatrice rend « orphelin social », elle sera inévitablement refusée. La dualité occidentale entre l'économique et le social n'existe pas dans le secteur informel, caractérisé moins par la recherche de l'efficacité maximale que par celle de la solvabilité sociale.

On pourrait aisément illustrer la vanité de la transposition d'instruments d'une culture occidentale dans une culture autochtone. Dans le cas du crédit, par exemple, Mbaye a montré qu'à Dakar, les prêts sont accordés en fonction des relations personnelles des présidentes des groupes de femmes qui arbitrent au préalable entre toutes les demandes, contrairement à ce que stipule le règlement. La raison profonde en est que seule une gestion souterraine de l'argent permet à ces femmes de rester elles-mêmes au sein de leurs réseaux sous peine de désocialisation. On a donc là une éclatante démonstration que le mode local de gestion de la solidarité (réseaux sociaux) entre en contradiction avec la rationalisation technocratique du crédit (Fondation Kéba Mbaye).

Changer de regard sur les politiques d'aide aux pays du Sud

Une nouvelle grille de lecture du secteur informel existant dans les pays du Sud est nécessaire. Elle amènerait à reconsidérer les grilles occidentales de la pauvreté et considérerait les données quantitatives officielles comme un élément parmi d'autres au sein d'une connaissance complexe. Par contre, les approches qualitatives tenant compte de la culture devraient être retenues dans les programmes de lutte contre la pauvreté. Au lieu d'imposer les normes de l'économie officielle et la conception occidentale de la vie sociale, laquelle disjoint et isole l'économique et vise à réinsérer les pauvres en modifiant leurs valeurs, les politiques d'aide devraient s'adapter aux conditions économiques offertes par la culture locale. Une approche occidentalocentrique ne tenant pas compte des spécificités culturelles du contexte local ne saurait être efficace. Il serait donc souhaitable de laisser le secteur informel relever les défis de l'exclusion et de la production, sans interventions, d'ONG ou d'organismes officiels obéissant au modèle occidental. En revanche, un organisme comme l'Association François-Xavier Bagnoud, qui combat la pauvreté et le sida en Afrique, intervient en parfaite harmonie avec les communautés auxquelles il apporte son aide.

En ressort une idée maîtresse qui pourrait être transposée dans les pays industrialisés et serait valable pour toutes les sociétés humaines : *la capacité à créer du lien social est un facteur irremplaçable de la lutte contre l'exclusion*.

La conclusion apparaît clairement : en dépit de la présentation apparemment séduisante de programmes d'appui reposant sur le thème à la mode de la gouvernance (responsabilisation, gestion démocratique, transparence), leur relatif échec peut s'expliquer par leur incapacité à prendre en compte les spécificités des cultures locales. Ce dialogue de sourds entre aidants et aidés débouche sur l'inefficacité. D'où la nécessité de revoir la conception même des projets mis en œuvre par leurs développeurs. La seule alternative serait de changer de regard sur le secteur informel, de le faire véritablement participer au projet d'aide, ainsi que de reconnaître la nécessité du « ré-enchâssement » de l'économique dans le social, comme l'a bien vu K. Polanyi, en sorte de sortir de l'impasse où s'enferre la modernité dans son incapacité à régler le problème de la pauvreté.

Nouveaux principes de gouvernance à adopter :

• *Principe de solidarité et de responsabilité* : chacun, sans exception, doit rendre des comptes ; en particulier les fonctionnaires qui doivent être au service des pauvres, et non l'inverse.

• *Principe de pluralité* : la prétendue rationalité économique doit cesser d'être hégémonique. Les nouveaux principes d'organisation privilégient le lien social, et non pas l'efficacité maximale à tout prix.

• *Principe de participation* : les pauvres doivent être présents dans les institutions qui les représentent et dans les instances de décision, moyennant une pleine reconnaissance de leur culture.

Conclusion

Si le problème de l'inégalité concerne surtout la misère et la pauvreté, le problème de la misère et de la pauvreté dépend surtout de l'inégalité.

Les voies que nous proposons sont donc indissociables et en même temps se recoupent. Elles sont inséparables de toutes les voies réformatrices que nous proposons dans ce livre : la régénération de la pensée politique, la politique de l'humanité, la politique de civilisation, donc la régénération de la solidarité, la réforme démocratique, la réforme écologique (y compris la préservation de la biodiversité, qui peut être restaurée par l'agro-foresterie et l'agriculture bio), les voies des réformes économiques, la débureaucratisation, la réforme de la pensée et de l'éducation, les réformes de société (agriculture, ville, consommation, alimentation, travail, médecine, santé) et, au noyau existentiel de toutes ces réformes, les réformes de vie (où chacun réidentifierait ses vrais besoins), dont la réforme éthique, celle de la famille, de l'adolescence, de la vieillesse. Ce qui n'empêche pas de commencer, ici comme ailleurs, là comme partout, à nous acheminer vers des voies qui déjà nous transforment dès que nous nous mettons en chemin.

CHAPITRE 11

La débureaucratisation généralisée

Le problème de la réforme des administrations se pose non seulement pour les administrations nationales vouées au service public, mais aussi pour les grandes administrations internationales (Onu, Unesco, Fao, etc.), pour les firmes multinationales, pour les grandes banques et les grandes entreprises qui souffrent toutes (et font souffrir les usagers) d'un mal spécifique à leur organisation, qu'on peut appeler bureaucratisation.

Toutes ces administrations obéissent aux mêmes principes généraux d'organisation :

- centralisation
- hiérarchie
- spécialisation

À partir de ces principes se sont développées des formes sclérosées ou dégénérées d'administration que l'on a qualifiées de bureaucratiques. La bureaucratie peut ainsi être considérée comme une pathologie administrative où l'excès de centralisation, l'excès de hiérarchie, l'excès de formalisation des procédures enlèvent toute initiative, tout sens des responsabilités à ceux qui ne peuvent qu'obéir, tandis qu'un excès de spécialisation isole chaque agent dans son compartiment et son comportement sans l'inciter à exercer son intelligence.

La bureaucratie se traduit par une rigide dichotomie dirigeant/exécutant, enferme la responsabilité personnelle de chacun dans un petit secteur, mais inhibe la responsabilité et la solidarité de chacun vis-à-vis de l'ensemble dont il fait partie. De fait, la bureaucratie génère l'irresponsabilité, l'inertie et l'inintérêt hors du secteur compartimenté, et opprime à l'intérieur de ce secteur quand le travail y est monotone, mécanique et répétitif. Hannah Arendt s'est très bien rendu compte qu'Eichmann n'était qu'un bureaucrate médiocre qui « obéissait aux ordres ». En France, l'affaire dite « du sang contaminé » a mis en évidence une irresponsabilité généralisée au sein d'une énorme techno-bureaucratie médicale[1]. La récente affaire du Mediator nous montre comment le coalition de l'intérêt économique et la carence bureaucratique retardent de plu-

1. Voir « Le sang contaminé » dans E. Morin, *Sociologie*, Le Seuil, « Points », p. 426.

sieurs années, en dépit des informations se multipliant sur les effets secondaires de ce médicament, l'interdiction d'un médicament dangereux.

Dans ces conditions, l'irresponsabilité et l'absence de solidarité favorisent la paresse, l'inertie, et, dans les sociétés où la soif de lucre et l'égocentrisme se développent, la corruption des fonctionnaires, donc la corruption au cœur même de l'État.

Plus généralement, une organisation bureaucratisée tend à se montrer inhumaine envers ceux qui sollicitent ses services. On renvoie les demandeurs d'un bureau ou d'un guichet à l'autre, d'un poste de téléphone à l'autre, avec toujours la même réponse : « Ce n'est pas de mon ressort. » Les personnes « promenées » sont frustrées, lésées, humiliées, surtout celles qui manient mal la langue de la nation.

Bureaucratie et compétitivité sont les deux mamelles de notre type de société. La première ignore les êtres concrets, la seconde les manipule.

Par ailleurs, l'administration bureaucratisée réagit avec trop de rigidité et trop de retard aux problèmes urgents et aux défis immédiats. À la différence des médias, l'information, c'est-à-dire l'inattendu, y dérange les schémas mentaux et les programmes en cours ; elle se heurte aux rigidités, aux habitudes, aux croyances admises, aux conforts intellectuels dans le monde des systèmes fortement structurés, systèmes administratifs ou/et systèmes de pensée. On tend à l'ignorer, à la refouler, à l'anesthésier, et elle ne délivre son message – quand elle y parvient – qu'avec retard.

Les causes de la résistance passive à l'information qui dérange sont intrinsèques à l'organisation techno-bureaucratique, tout comme elles l'étaient (le demeurent) à la machine administrative médicale de la Santé publique dans l'affaire du sang contaminé. D'une part, la bureaucratie, avec ses paliers hiérarchiques et sa répartition des tâches, stoppe ou freine l'arrivée de l'information aux sommets qui décident. D'autre part, la spécialisation morcelle les problèmes, ce qui fait que les responsables d'un compartiment se sentent irresponsables de l'ensemble. Enfin les commissions, si utiles en principe pour engager des débats, jouent, dans le monde techno-bureaucratique, un rôle qui dissout la responsabilité dans le vote collectif anonyme.

Les innovations fécondes, les découvertes salutaires sont d'abord ignorées ou refoulées. Ainsi, il a fallu beaucoup de temps pour que l'*establishment* administratif médical reconnaisse que le sida était dû à un virus.

On peut formuler le principe suivant : toute information qui dérange les esprits et les institutions parvient toujours avec retard dans les systèmes d'idées ou les corps constitués, et, une fois qu'elle y est parvenue, les décisions salutaires qu'elle devrait entraîner sont elles-mêmes retardées.

Les voies de la débureaucratisation

La réforme des services publics (également des grandes entreprises privées et de toutes les grandes organisations sociales : Églises, syndicats, partis) nécessite donc une débureaucratisation.

Comme je l'ai indiqué ailleurs[1], la bonne organisation d'un service public, d'une entreprise requiert que soient employées au mieux les aptitudes et qualités des individus qui y travaillent. Ces aptitudes et qualités sont, avons-nous dit, inhibées sous les effets conjugués de la centralisation, de la hiérarchie, de la compartimentation, de la spécialisation. Par contre, quand il y a possibilité d'initiative et de liberté des agents, surtout dans les situations inattendues et urgentes, l'efficacité et la capacité de riposte de l'administration s'accroissent.

On ne peut certes concevoir une administration privée de centre, exempte de hiérarchie

1. *La Méthode*, t. 2, *La Vie de la vie*, troisième partie : l'organisation des activités vivantes.

et dépourvue de compétences spécialisées, mais il s'agit de créer et développer des modes d'organisation qui combinent :

centrisme/polycentrisme/acentrisme
hiérarchie/polyarchie/anarchie
spécialisation/polyspécialisation/compétence générale

La combinaison de centrisme et de polycentrisme consiste à donner une capacité de décision à divers centres, chacun chargé d'une compétence propre sur des problèmes particuliers. L'acentrisme signifie que les agents peuvent accéder aux informations internes et externes et disposer d'une marge de liberté, notamment en cas d'imprévus ou de conditions critiques.

De même s'agirait-il de combiner hiérarchie et polyarchie (pluralité de hiérarchies différentes selon les domaines et selon les circonstances), d'assouplir et moduler les priorités hiérarchiques. De même une part d'anarchie doit-elle être reconnue dans le sens où « anarchie » ici signifie non pas « désordre », mais modes d'organisation spontanée à travers les interactions entre individus et groupes.

Dans chacun des trois modes d'organisation et surtout dans leur combinaison se créeraient des espaces de responsabilité et de liberté.

Enfin la spécialisation doit s'effectuer après une étape de formation qui fournirait une culture enrichissante ; celle-ci permettrait aux agents spécialisés d'être pluri-compétents, de collaborer interactivement avec les responsables du processus de décision, lesquels seraient dotés de compétences générales. De toute façon, compétence spécialisée et poly-compétence doivent être posées non en alternative, mais en association. Une fois établi ce cadre organisationnel, on pourrait y introduire les concepts d'*organizational learning* cristallisés par Peter Senge et qui incluent trois pratiques :

- dialoguer en équipe ;
- promouvoir le développement personnel ;
- permettre l'éclosion d'une vision partagée en étant attentif au modèle mental de chacun[1].

Tout cela tendrait à débureaucratiser et descléroser les administrations publiques et privées, à affaiblir la « main de fer » (Max Weber) de la rationalisation et de la mécanisation, à favoriser la manifestation des aptitudes stratégiques, inventives et créatrices des

1. Et (idée ajoutée par Sol France) exercer une pensée complexe. Sol France est une association qui diffuse et enrichit les concepts et méthodes de l'apprentissage organisationnel.

travailleurs et employés au profit non seulement de la désaliénation des individus, mais aussi du bien public.

La réforme vise à débureaucratiser, descléroser, décompartimenter, rendre initiative et souplesse aux fonctionnaires ou employés, à leur inspirer de la bienveillance envers ceux qui doivent les solliciter. La reforme de l'État se ferait non par augmentation ou suppression d'emplois, mais par modification de la logique qui considère les humains comme des objets soumis à quantification, non comme des êtres dotés d'autonomie, d'intelligence et d'affectivité.

Si les administrations publiques répugnent à mettre en cause les principes de la bureaucratisation, certaines entreprises se sont en revanche organisées selon des principes décentralisateurs, comme la MAIF, certaines mutuelles, des coopératives et, sur le plan capitaliste, Cisco.

Rationaliser ?

Nous devons ici souligner la différence entre rationalité et rationalisation. La rationalité correspond à la pleine utilisation des aptitudes de ceux qui participent à une administration ou à une entreprise ; elle comporte la coordination des tâches, les échanges d'informations, l'utilisation des polycompétences. La rationalisation, elle, obéit aux principes de stricte spécialisation, de hiérarchie rigide, de centralisation extrême. L'expérience montre que ces principes appliqués strictement ne sont pas rationnels. Le principe de l'économie de temps, par suppression des temps morts et des moments de convivialité, est la rationalité des machines artificielles qui fonctionnent selon un strict déterminisme, une stricte chronologie, une stricte spécialisation, ce qui n'est pas le cas de l'être humain[1]. La rationalisation appliquée à l'humain est irrationnelle.

En matière d'information, une véritable communication nécessite un savoir commun et de la « redondance », c'est-à-dire de la répétition, du rappel. Autrement dit, une pleine compréhension exige d'apparentes pertes de temps qui, en réalité, sont des gains de rationalité. Pour reprendre l'expression de Max Weber, disons que la rationalisation est, à l'inverse, une véritable « main de fer ».

Au surplus, le remplacement d'opérateurs humains par des machines automatiques

1. Von Foerster a opposé la machine « triviale », qui est la machine artificielle dont on connaît le comportement quand on connaît son programme, à la machine non triviale, c'est-à-dire vivante, et mieux, humaine, qui accomplit des actes inattendus, innovants ou créateurs.

engendre l'anonymat et une mécanisation de la vie qui sont sous-efficients, voire contre-efficients au-delà de leur rentabilité immédiate.

Poly-réformes

La débureaucratisation doit inclure la restauration ou l'instauration du sens des responsabilités et de celui des solidarités ; cela pose un problème qui, bien qu'essentiel pour l'État, le dépasse en ce qu'il implique une réforme de société. La vraie réforme de l'administration publique ne saurait être isolée. Elle nécessite que soient restaurées responsabilité et solidarité non seulement chez ses agents ou décideurs, mais aussi dans l'ensemble de la société. Ce qui implique dans le même temps une réforme de l'organisation des entreprises. En d'autres termes, la réforme des administrations ne peut se réaliser pleinement que dans un complexe de transformations humaines, sociales, historiques incluant les autres réformes dont traite le présent livre : réformes politiques, dont la réforme de la pensée politique qui suppose la réforme de la pensée, celle de l'éducation et de la démocratie ; elle est inséparable de réformes sociales et économiques, d'une réforme de vie, d'une réforme éthique (rappelons que responsabilité et solidarité sont à la source de toute éthique[1]) ; la régénération de l'éthique est indissociable de la régénération du civisme, lequel est indissociable d'une régénération démocratique. Ces réformes dépendent d'une débureaucratisation salutaire, laquelle dépend d'elles.

1. Voir *La Méthode*, t. 6, *Éthique*.

CHAPITRE 12

Justice et répression

On peut juger du degré de civilisation d'une société en entrant dans ses prisons.

DOSTOÏEVSKI

Pourquoi tue-t-on les gens qui ont tué ? Pour dire à d'autres que tuer c'est mal ?

Norman MAILER

Justice, police, prison sont en principe les institutions destinées à empêcher et réprimer une barbarie humaine qui tend à ronger et décomposer sans relâche l'ordre de la société par le crime, le délit et la corruption. Chacune selon son mode, elles assurent le maintien de cet ordre. Mais tout ordre social comporte aussi sa part de barbarie et, comme l'a dit justement Walter Benjamin, il n'est pas de civilisation qui n'ait un fond de barbarie dans la répression permanente et multiforme qu'elle pratique. Aussi justice, police et prison, de par leur nature répressive même, sont-elles des contre-barbaries barbares. C'est la réduction de cette barbarie qu'il convient d'envisager.

Indiquons d'emblée que la réduction au minimum de la barbarie de l'ordre (coercition, dissuasion) ne peut s'accomplir que dans une société très complexe.

Toute société est en soi complexe, c'est-à-dire constituée d'activités incessantes en inter-rétro-actions, comportant des relations à la fois de solidarité et d'antagonisme. Plus elle est complexe, plus elle comporte de libertés pour ses individus et ses groupes, plus ces libertés sont génératrices de désordres. Hegel a fort bien discerné la face noire de la liberté dans sa formule « La liberté c'est le crime ». À la limite, l'extrême complexité de la société, c'est-à-dire l'extrême liberté de ses membres, c'est-à-dire la disparition de toute coercition, conduit à sa désintégration. Or, ce qui pourrait sauvegarder une très grande complexité, autrement dit de très grandes libertés, serait non seulement un minimum d'appareil coercitif (justice, police), mais, surtout, le sentiment vécu, intériorisé en chaque individu, de solidarité et de communauté avec les membres de la société à laquelle il appartient. Dans les nations actuelles, ce sentiment de communauté n'est vécu à plein qu'en cas de guerre ou d'occupation, il se revitalise l'espace d'un moment lors des championnats mondiaux de football ou de rugby, ou dans la rencontre en contrée lointaine avec un concitoyen, mais il s'éteint dans la vie quotidienne où égocentrismes, intérêts, antagonismes, conflits prennent le dessus.

La fraternité temporaire des membres d'une nation a pour source l'idée de patrie (mère patrie en français, *Vaterland* [pays père] en allemand, *Heimat* dans la même langue, *Home* en anglais [c'est-à-dire foyer familial]) qui dote d'un ciment mythologique de maternité-paternité les nations modernes, et, par là, fraternise les « enfants de la patrie » : il n'est pas de fraternité sans maternité. C'est elle qui éveille au sein d'une société le « logiciel » altruiste-communautaire présent chez tout être humain, mais sous-développé dans et par notre civilisation.

Ce prélude vise à indiquer :

1) qu'une très grande complexité sociale, avec sentiment de communauté vécue, est une condition préalable à la réduction des appareils coercitifs ;

2) que l'antidote fondamental aux deux barbaries qui s'entre-combattent – la barbarie du délit, du crime, de la corruption, et la contre-barbarie barbare de la justice, de la police, de la prison – réside dans la solidarité dont l'intensité affective revêt la forme de la fraternité.

C'est donc la complexité sociale qui peut réduire la barbarie qui naît et renaît en toute civilisation et la contre-barbarie barbare de la justice-police-prison, dont la barbarie culmine dans la peine de mort.

C'est dire que réduire les deux barbaries, dans les conditions actuelles des nations et de l'ensemble de la planète, requiert la mise en œuvre conjuguée des réformes indiquées dans ce livre, dont évidemment la régénération des solidarités, la compréhension humaine, la réforme de l'éducation, la réforme de la pensée et, singulièrement, de la pensée politique.

Cet ensemble conjugué de réformes comporterait évidemment des réformes propres à l'appareil coercitif justice-police-prison, qui nécessiteraient elles-mêmes une formidable humanisation impliquant une formation des juges et des policiers à l'humanisme et à la complexité humaine.

Mais, avant d'examiner ces réformes spécifiques, il nous faut considérer d'une part l'état actuel de la criminalité, d'autre part l'état actuel de la justice, de la police, des prisons dans le contexte planétaire. L'information d'Amnesty International et les multiples données de presse nous indiquent clairement que partout où sévissent des régimes autoritaires, la justice est manipulée par l'État ; que partout où sévit la corruption, la justice est profondément corrompue ; que les polices pratiquent trop souvent violences, brutalités, tortures, parfois assassinats déguisés en accidents ; que les prisons, enfin, sont souvent de véritables enfers. Le tragique est que dans les nations qui devraient en principe obéir aux règles démocratiques de la séparation des pouvoirs, l'État cherche à domestiquer la justice (ainsi récemment en Italie et en France), et que les principes humanistes qui devraient être appliqués à tous sont souvent bafoués par la police et dans les prisons.

CRIMINALITÉ ET JUSTICE DANS LE MONDE

Selon le rapport du secrétaire général de l'Organisation des Nations unies sur les tendances de la criminalité et le fonctionnement des systèmes de justice pénale à travers le monde, les tendances concernant la criminalité et la justice pénale au cours des cinq dernières années écoulées ont été inégales.

Homicide

On a enregistré une baisse des taux d'homicides dans une majorité de pays d'Europe, d'Amérique du Sud et d'Asie. Cependant, certains pays, notamment ceux qui sont en butte aux mafias de la drogue, enregistrent une hausse.

Selon les estimations de l'Office des Nations unies contre la drogue et le crime (UNODC), les homicides volontaires ont causé environ 490 000 décès en 2004 ; le taux mondial d'homicides pour cette même année s'élevait à 7,6 homicides pour 100 000 personnes. On peut penser que dans les sociétés modernes, les homicides dits d'honneur, de vengeance, voire de jalousie, sont en régression, mais non nécessairement ceux liés aux agressions armées pour vol ou aux règlements de comptes entre bandes rivales.

Les actes d'enlèvement et de séquestration comportant des demandes de rançons, traditionnels au Yémen et en Afghanistan, se multiplient dans de nombreux pays des Amériques où ils sont souvent liés aux guerres entre cartels.

Les infractions contre les biens ont également décru en Europe. Les cambriolages et les vols de véhicules enregistrés par la police ont diminué de presque 50 % entre 1995 et 2008. Ce déclin pourrait être dû à une meilleure protection des résidences et des véhicules. Toutefois, il n'y a nulle augmentation du sentiment de sécurité face aux agressions, aux vols et délits.

Les infractions liées aux drogues sont en augmentation. Cependant, il est difficile de discerner ce qui est dû à un accroissement du trafic de drogue et ce qui relève de la riposte aux actions de détection et de répression.

La traite des personnes, singulièrement des femmes, a concerné plus de 21 000 victimes dans 111 pays en 2006, d'après le Rapport mondial sur la traite des personnes publié par l'UNODC. Mais comme cette traite fait rarement l'objet de poursuites, son ampleur est sous-estimée.

Enfin, la piraterie en mer a récemment ressuscité, notamment au large des côtes somaliennes et dans le golfe d'Aden. Elle vise non pas à voler le chargement des cargos, mais à extorquer une rançon en échange des prises ; 140 faits de piraterie ont été signalés au cours du seul premier semestre 2009.

Tous ces chiffres ne tiennent pas compte des crimes massifs perpétrés contre des populations, comme ce fut le cas au Rwanda, au Sri Lanka, ni les morts civiles causées par des opérations militaires, comme à Gaza, les saccages, pillages, destructions de biens et d'habitations – en somme toute une criminalité politique, militaire, ethnique, religieuse qui, si elle régresse parfois ici et là, est en recrudescence en plusieurs points de la planète.

La corruption

Les bakchichs étaient naguère pratique courante dans les administrations d'une grande partie du monde ; cette forme de corruption de fonctionnaires s'est accrue avec la monétarisation généralisée et la dégradation du sens des responsabilités. Faute de données officielles, ce sont seulement quelques enquêtes sur des échantillons représentatifs et quelques scandales révélés par la presse indépendante qui permettent de mesurer approximativement l'ampleur de « pots-de-vin » versés par des entreprises à des personnalités politiques, des partis ou des administrations. Dans le cas de ventes de matériel civil ou militaire à l'étranger, les sommes versées sont fonction du montant de la commande espérée.

Selon les enquêtes, les pots-de-vin versés par les entreprises sont plus souvent destinés aux administrations, y compris la police et les services de santé publique. Bien entendu, une telle pratique est considérablement répandue parmi les États corrompus. Une investigation récemment réalisée par l'UNODC en Afghanistan a révélé que plus de la moitié des Afghans (52 %) avaient dû payer au moins un pot-de-vin lorsqu'ils avaient eu affaire à des agents publics au cours de l'année écoulée.

Justice

« En démocratie, l'état de la justice est un marqueur extrêmement fiable de l'état des libertés, de l'égalité réelle et de la séparation des pouvoirs », déclare à juste titre la Ligue française des droits de l'homme. En fait, nombre de démocraties souffrent de déficiences ou de carences en ce domaine. Dans les États corrompus, la justice est elle aussi corrompue par les riches et les puissants. Dans les États autoritaires ou dictatoriaux, elle est un instrument au service du pouvoir et les procès n'y sont que des parodies.

Le cas de la France

Dans son rapport annuel intitulé *État des droits de l'homme en France, 2010*, la LDH (Ligue française des droits de l'homme) décrit une justice « dure aux faibles » et « paralysée face aux puissants » : « La situation de la justice en France est dramatique ; face à la crise sociale, le pouvoir politique trouve des dérivatifs dans le sécuritaire, et, pour cela [...], on a multiplié le nombre de détenus par deux en vingt ans, et les Français n'en sont pas deux fois mieux protégés. » La justice, « manquant cruellement de moyens », est « trop lente ou trop expéditive », « de plus en plus lointaine », « sous contrôle du pouvoir » et « sans cesse plus répressive ». Selon la Ligue, elle a été en 2009 « plus lourde pour les cibles du pouvoir », et « plus attentionnée » pour les plus favorisés, à travers notamment les projets touchant la dépénalisation du droit des affaires : « La justice est plus dure dans les banlieues, plus douce avec les délinquants financiers » ; « les logiques à l'œuvre ne relèvent plus du traitement des causes, mais de la stigmatisation, de la surveillance et de la punition. »

Le rapport dénonce le doublement du nombre des gardes à vue, « le considérable alourdissement » des peines de prison, et « l'annonce d'un "code pénal des mineurs" essentiellement tourné vers le répressif ».

Ces dérives s'ajoutent au manque de moyens humains et budgétaires dont souffre la justice.

En découlent des délais interminables, très variables selon la notoriété de la victime. Dans certains tribunaux, les personnes convoquées attendent toute la journée leur jugement dans les couloirs, les audiences se tiennent jusque tard dans la nuit. La tension est extrême à ces heures, et, lors de l'audience, des prévenus font des tentatives de suicide. Il est arrivé qu'une audience en matière criminelle dure 26 heures d'affilée !

La justice internationale

Les tentatives pour instituer une justice internationale pour les crimes de guerre et les crimes contre l'humanité n'ont eu que de faibles résultats. Les États-Unis n'ont pas accepté la compétence de la Cour de justice internationale saisie des crimes commis durant la guerre de Yougoslavie. Les mandats d'arrêt comme, par exemple, celui émis à l'encontre du chef de l'État soudanais El Béchir ne sont pas suivis d'effet.

Si son évolution politique ne s'était pas arrêtée au stade embryonnaire, l'Union européenne aurait pu constituer sa propre cour de justice. Ce n'est pas le cas. Quant à la compétence d'une instance de justice internationale effectivement planétaire, elle demeure un vœu pieux.

Police

Les données sur les effectifs de police contenues dans l'enquête des Nations unies à laquelle nous nous référons révèlent de très grandes disparités selon les pays. Le problème principal n'est pas celui du nombre de policiers, qui devrait varier en fonction de l'accroissement ou de la diminution de la criminalité, mais celui des pratiques et des mœurs de la police. Une police mal contrôlée par l'État et les citoyens tend à se livrer à tous les abus que permet son pouvoir : vérifications d'identité au faciès, arrestations arbitraires, violences à l'intérieur des postes de police, faux témoignages ; des éléments de la police impliqués dans la lutte contre la drogue et le proxénétisme peuvent se laisser corrompre. Il est clair que dans les États autoritaires ou dictatoriaux, là où la presse ne peut connaître ni diffuser la réalité des pratiques policières et carcérales, là où ne s'exerce aucun contrôle de partis d'opposition ou d'associations de défense des droits humains, les violences, tortures et meurtres deviennent la règle pour et par la police. On constate que même dans des pays qui disposent d'une information indépendante (presse, médias, Internet) et où des excès et des sévices répressifs peuvent donc être dénoncés, nombre de pratiques cruelles se perpétuent impunément.

Prisons

Les prisons, y compris dans des nations européennes comme la France, sont des lieux d'inhumanité extrême. Ce n'est pas seulement le pouvoir souvent arbitraire des « matons », ni la surpopulation croissante des cellules (l'augmentation des incarcérations a augmenté de 60 à 75 % dans le monde au cours des dix dernières années) qui produisent l'inhumanité, ce sont aussi les mœurs propres à l'enfermement qui fabriquent des caïds, qui engendrent des abus sexuels, des trafics internes, y compris de drogues, des conflits entre gangs à caractère souvent ethnique. Toutes ces conditions font de la prison une école de la criminalité pour les jeunes incarcérés qui, à leur sortie, faute d'accueil, de travail et de possibilités de réinsertion, se trouveront rejetés dans les bas-fonds crapuleux.

D'où un fort taux de récidive, y compris dans les pays occidentaux. D'après le service pénitentiaire d'Écosse, 48 % des prisonniers libérés en 2002 étaient de nouveau en prison deux ans plus tard. Sur ces 48 %, 52 % se sont retrouvés en prison dans les six mois, 76 % dans l'année suivant leur sortie de prison. Aux États-Unis, en 2000, 42 % des délinquants placés en liberté conditionnelle ont été renvoyés en prison. Des chiffres analogues se retrouvent partout où la prison reste le principal instrument de la politique de sécurité.

Les voies des réformes

Comme indiqué en début de chapitre, c'est l'action conjuguée et persévérante des diverses voies de réformes de la politique, de la pensée, de la société, de la vie, qui suscitera les réductions, elle-mêmes interdépendantes, des barbaries de civilisation que sont les crimes et des barbaries propres aux contre-barbaries de la répression. Ce qui n'empêche pas de proposer des mesures spécifiques :

• Formation à la compréhension de la complexité humaine des juges, policiers, personnels des prisons. Des progrès dans ce domaine sensible permettraient des actes de magnanimité et de pardon susceptibles de susciter prise de conscience et repentir chez le criminel, et de le transformer ;

• Dès l'école, à tous les futurs citoyens, il serait bon d'exposer que la prison n'est pas l'expression d'une volonté de punition et de représailles, mais, comme l'avait énoncé dès le XVIIIe siècle le criminologue Beccaria, un moyen de protection de la société. Il est nécessaire d'extirper des esprits l'idée, si profondément ancrée dans notre psychisme, de la vengeance et du talion. Autant nous pouvons satisfaire dans l'imaginaire cette part de notre psychisme grâce à des romans ou des films comme *Le Comte de Monte Cristo*, où la victime se fait justice elle-même en tuant ceux qui l'ont fait souffrir, autant nous devons, en tant que citoyens, refouler cette idée pour y substituer la conception beccarienne. C'est d'autant plus nécessaire que, de plus en plus, les esprits sont contaminés par l'identification entre justice et punition. D'où la nécessité de sensibiliser les citoyens aux effets délétères de l'incarcération, et leur faire comprendre que la réinsertion sociale des prisonniers est l'intérêt de chacun et de tous ;

• Mesures de contrôle qui diminueraient l'arbitraire policier ;

• Dispositifs de prévention de la délinquance juvénile, à l'exemple de ceux qui ont réussi à la réduire, voire à la supprimer à Medellin (Colombie), à Rio (projet « Espaço Criança Esperança » intégrant 1 800 enfants et adolescents, en vigueur depuis 2001 dans le complexe de favelas Cantagalo e Pavão Pavãozinho où sévissait un niveau élevé de délinquance juvénile), dans de nombreux *barrios* au Venezuela grâce à El Sistema (voir, dans la 4e partie, le chapitre « L'adolescence ») ;

• Éducation spécifique dispensée aux enfants et adultes agressifs pour la régulation de leurs émotions ;

• Humanisation des prisons (suppression de la surpopulation, possibilités de poursuivre des études primaires, secondaires ou universitaires, permanence de conseillers en humanisation dans chaque établissement). Le recours au travail, à l'éducation, à la culture et aux loisirs sont autant de moyens de préparer la réinsertion sociale après la libération. L'humanisation des prisons implique aussi de favoriser les contacts avec la famille et les amis. Les permissions de sortie et les régimes semi-ouverts favorisent enfin la réintégration progressive dans la société.

• Extension des peines de substitution à la prison, dont la justice réparatrice, le port du bracelet électronique, l'exécution de travaux d'intérêt collectif, l'obligation de suivre un traitement pour toxicomanie, le renvoi vers un centre éducatif ;

• Aide et accompagnement à la réinsertion sociale. Celle-ci peut commencer dès la prison par les programmes éducatifs, professionnels et culturels que nous avons évoqués, et se poursuivre par l'action des agences et autres organisations d'aide aux anciens détenus. Cela dit, la famille et un travail stable constituent les principaux facteurs de succès de la réinsertion. Il s'agit d'aider les anciens délinquants à reconstituer leurs relations avec leur famille et à trouver un emploi. D'où l'utilité de réformes législatives introduisant ou multipliant les moyens d'aide aux délinquants et ex-délinquants pour leur réinsertion sociale et, conjointement, d'une réforme politique qui, au lieu de consacrer l'essentiel des ressources au renforcement des restrictions et sanctions dans la société et dans les prisons, investirait ces ressources dans les mesures de prévention, d'humanisation des prisons, d'insertion post-pénitentiaire.

Conclusion

Toutes les mesures de libéralisation et d'humanisation connaissent inévitablement des ratés et peuvent favoriser des récidives. Mais ces récidives sont minoritaires, alors que c'est l'emprisonnement inhumain et le rejet social après libération qui fabriquent systématiquement des récidivistes. Maints exemples nous indiquent que nous ne devons pas réduire le criminel à son ou ses crimes, mais qu'il est en lui une part d'humanité verrouillée qui pourrait se révéler.

Justice-police-prison, sous l'apparence paradoxale barbare/contre-barbarie, nous mettent au cœur du problème de la barbarie civilisée, elle-même au cœur du problème de l'amélioration de la vie en société.

DEUXIÈME PARTIE

RÉFORMES DE LA PENSÉE ET DE L'ÉDUCATION

Chapitre premier

Réforme de la pensée

La crise de la connaissance

Dans la mesure où elles sont mal perçues, sous-évaluées, disjointes les unes les autres, toutes les crises de l'humanité planétaire sont en même temps des crises cognitives. Notre système de connaissances, tel qu'il nous est inculqué, tel qu'il est engrammé dans les esprits, conduit à d'importantes méconnaissances.

Notre mode de connaissance a sous-développé l'aptitude à contextualiser l'information et à l'intégrer dans un ensemble qui lui donne sens. Submergés par la surabondance des informations, nous pouvons de plus en plus difficilement les contextualiser, les organiser, les comprendre. Le morcellement et la compartimentation de la connaissance en disciplines non communicantes rendent inapte à percevoir et concevoir les problèmes fondamentaux et globaux. L'hyperspécialisation brise le tissu complexe du réel, le primat du quantifiable occulte les réalités affectives des êtres humains.

Notre mode de connaissance parcellarisé produit des ignorances globales. Notre mode de pensée mutilé conduit à des actions mutilantes. À cela se combinent les limitations 1) du réductionnisme (qui réduit la connaissance des unités complexes à celle des éléments supposés simples qui les constituent) ; 2) du binarisme qui décompose en vrai/faux ce qui est soit partiellement vrai, soit partiellement faux, soit à la fois vrai et faux ; 3) de la causalité linéaire qui ignore les boucles rétroactives ; 4) du manichéisme qui ne voit qu'opposition entre le bien et le mal.

La réforme de la connaissance appelle une réforme de pensée. La réforme de la pensée appelle une pensée de la reliance qui puisse relier les connaissances entre elles, relier les parties au tout, le tout aux parties, et qui puisse concevoir la relation du global au local, celle du local au global. Nos modes de pensée doivent intégrer un va-et-vient constant entre ces niveaux (voir mon *Introduction à la pensée complexe*).

Cette réforme comporte un caractère épistémologique et réflexif. Epistémologiquement, il s'agit de substituer au paradigme qui impose de connaître par disjonction et réduction un paradigme qui demande de connaître par distinction et conjonction (*Introduction à la pensée complexe*). La réintroduction de la réflexivité requiert un retour autoexaminateur et autocritique permanent de l'esprit sur lui-même.

Par ailleurs, il nous faut dissiper l'illusion qui prétend que nous serions arrivés à la société de la connaissance. En fait, nous sommes parvenus à la société des connaissances séparées les unes des autres, séparation qui nous empêche de les relier pour concevoir les problèmes fondamentaux et globaux tant de nos vies personnelles que de nos destins collectifs.

Enfin, il nous faut aussi dissiper l'illusion selon laquelle notre connaissance, y compris scientifique, disposerait de la pleine rationalité. En fait, il existe diverses formes de rationalité : la rationalité critique qui utilise le doute ; la rationalité théorique, qui édifie des théories s'appliquant de façon cohérente aux phénomènes ; la rationalité autocritique, consciente de ses limites et de la dégradation de la rationalité en rationalisations (conceptions intrinsèquement logiques, mais ne correspondant à aucune base empirique) ; la raison instrumentale, dénoncée par Adorno et Horkheimer, qui est au service d'entreprises nocives, criminelles ou démentes, comme le camp de concentration nazi.

Ainsi les aveuglements résultant de connaissances parcellaires et dispersées, ceux propres à une vision unidimensionnelle de toutes choses, vont de pair avec les mirages de la société de la connaissance et ceux du plein emploi de la rationalité.

Si nos esprits restent dominés par une manière mutilée et abstraite de connaître, par l'incapacité de saisir les réalités dans leur complexité et leur globalité, si la pensée philosophique se détourne du monde au lieu de l'affronter pour le comprendre, alors, paradoxalement, notre intelligence nous aveugle.

Une tradition de pensée bien enracinée dans notre culture, et qui forme les esprits dès l'école élémentaire, nous enseigne à connaître le monde par « idées claires et distinctes » ; elle nous enjoint de réduire le complexe au simple, c'est-à-dire de séparer ce qui est lié, d'unifier ce qui est multiple, d'éliminer tout ce qui apporte désordres ou contradictions dans notre entendement. Or, le problème crucial de notre temps est celui de la nécessité d'une pensée apte à relever le défi de la complexité du réel, c'est-à-dire de saisir les liaisons, interactions et implications mutuelles, les phénomènes multidimensionnels, les réalités à la fois solidaires et conflictuelles (comme la démocratie elle-même, système qui se nourrit d'antagonismes tout en les régulant). Pascal avait déjà formulé cet impératif de pensée qu'il s'agit aujourd'hui d'introduire dans tout notre enseignement, à commencer par la maternelle : « Toutes choses étant causées et causantes, aidées et aidantes, médiates et immédiates, et toutes s'entretenant par un lien naturel et insensible qui lie les plus éloignées et les plus différentes, je tiens pour impossible de connaître les parties sans connaître le tout, non plus que de connaître le tout sans connaître particulièrement les parties. »

De fait, toutes les sciences avancées, comme les sciences de la Terre, l'écologie, la cosmologie, sont des sciences qui brisent avec le vieux dogme réductionniste d'explication par l'élémentaire : elles considèrent des systèmes complexes où les parties et le tout s'entre produisent et s'entre-organisent, et, dans le cas de la cosmologie, une complexité qui est au-delà de tout système.

Plus encore : des principes d'intelligibilité se sont déjà formés, aptes à concevoir l'autonomie, la notion de sujet, voire la liberté, ce qui était impossible selon les paradigmes de la science classique. L'examen critique de la pertinence de nos principes traditionnels d'intelligibilité a en même temps commencé : la rationalité et la scientificité demandent à être redéfinies et complexifiées. Cela ne concerne pas que les intellectuels ; cela concerne notre civilisation : tout ce qui a été effectué au nom de la rationalisation et qui a conduit à l'aliénation au travail, aux cités-dortoirs, au métro-boulot-dodo, aux loisirs de série, aux pollutions industrielles, à la dégradation de la biosphère, à l'omnipotence des États nations dotés d'armes d'anéantissement, tout cela est-il vraiment rationnel ? N'est-il pas urgent de réinterroger une raison qui a produit en son sein son pire ennemi : la rationalisation ?

La connaissance doit savoir contextualiser, globaliser, multidimensionnaliser, c'est-à-dire être complexe. Seule une pensée apte à saisir la complexité non seulement de nos vies, de nos destins, de la relation individu/société/espèce, mais aussi de l'ère planétaire, peut tenter de porter un diagnostic sur le cours actuel de notre devenir et définir les réformes vitalement nécessaires pour changer de voie. Seule une pensée complexe peut nous armer pour préparer la métamorphose à la fois sociale, individuelle et anthropologique.

Elle doit aussi savoir prendre conscience de contradictions logiques que nous devons affronter :

- L'ordre comporte aussi le désordre.
- La science éclaire et aveugle.
- La civilisation contient la barbarie.

• La raison pure est déraison ; raison et passion ont besoin l'une de l'autre.

• L'Un comporte sa multiplicité propre.

Une pensée complexe, dont nous avons défini les principes[1], permet de développer l'aptitude à réagir de façon pertinente en situation nouvelle. Comme il a été dit, « les analphabètes du XXIe siècle ne seront pas ceux qui ne peuvent lire ni écrire, mais ceux qui ne peuvent apprendre, désapprendre, réapprendre ».

La nouvelle connaissance scientifique

Les réformes de la connaissance et de la pensée ne peuvent qu'aider et être aidées par les deux grandes révolutions scientifiques qui ont marqué le XXe siècle.

Jusqu'au XIXe siècle la science s'est bâtie sur trois piliers de certitudes. Le premier est la croyance dans le déterminisme absolu, faisant dire à Laplace qu'un démon doté d'un esprit supérieur pourrait connaître non seule-

1. Dans *Introduction à la pensée complexe* et dans *La Méthode*, notamment tomes 1, 3 et 4, *op. cit.*

ment les événements du passé, mais surtout ceux du futur. Le deuxième pilier est la séparabilité : la conviction que pour mieux connaître un objet, il suffit de l'isoler de son milieu d'origine en le plaçant dans un milieu artificiel. Le troisième pilier est la valeur de preuve absolue fournie par l'induction et la déduction, ainsi que le rejet de la contradiction.

De fait, la première révolution scientifique, inaugurée en physique par le second principe de la thermodynamique, puis accomplie avec la microphysique et la cosmophysique, a abattu le premier pilier ; le principe du déterminisme doit être désormais associé à un principe de désordre et à un principe d'indétermination.

La seconde révolution scientifique, qui se manifeste dans la seconde moitié du XXe siècle, opère des reliances entre disciplines jusqu'alors séparées. Il en est ainsi des sciences de la terre, de la cosmologie et surtout de l'écologie scientifique qui doit lier des connaissances physiques, géologiques, météorologiques aux connaissances biologiques (biologie microbienne, botanique, zoologie), ce à quoi s'associent les connaissances de sciences sociales, puisque l'humanité transforme de plus en plus les écosystèmes et la biosphère.

Il manque à ces deux révolutions complexifiantes, encore inachevées, la révolution épistémologique. Celle-ci est préparée par les pensées d'Héraclite (« éveillés ils dorment », « vivre de mort, mourir de vie »), de Pascal (sur le tissu de contradictions qu'est l'être humain), de Hegel (« notre pensée doit embrasser les contraires »), de Marx (« les sciences de la nature embrasseront les sciences de l'homme, les sciences de l'homme embrasseront les sciences de la nature »). Elle a commencé à s'introduire dans les sciences, avec la reconnaissance opérée par Niels Bohr que deux notions contradictoires – ondes et corpuscule – sont nécessairement associées dans la conception de la nature complexe de la particule. Elle surgit en physique et en cosmologie pour considérer l'origine de l'univers et la nature du réel. Elle est au cœur de la relation espace-individu-société, en biologie et anthropologie.

Simultanément, il manque une nouvelle formation des scientifiques qui inclurait la réflexivité que réclamait Husserl il y a plus de quatre-vingts ans : en effet, le scientifique, en tant qu'être humain, est un individu-sujet immergé dans une culture dont il subit les influences, bien qu'il ait développé les moyens les plus subtils et raffinés pour connaître le monde extérieur, et reste aveugle sur lui-même comme sur le devenir même de la science. Il serait donc nécessaire de fournir aux scientifiques une culture englobant les travaux de philosophie des sciences (de Bachelard et Popper à Lakatos et Kuhn), ainsi qu'une culture en sciences humaines permettant de concevoir non seulement l'inclusion des sciences dans les sociétés et dans l'histoire humaine, mais aussi les transformations que les prodigieux développements des sciences apportent aux sociétés et à l'histoire de l'humanité.

Enfin la disjonction, nécessaire dans les premiers siècles de la science occidentale, entre science et éthique ne peut plus être maintenue, vu les profonds problèmes éthiques et politiques posés par les développements contemporains des sciences. Une nouvelle déontologie scientifique s'impose, pour la physique depuis l'arme nucléaire (1945), pour la biologie depuis la découverte de l'ADN (1950), de l'insémination artificielle (1973), de la création de chimères (1974), du bébé éprouvette (1978), du clonage et de la manipulation des cellules souches.

En ce qui concerne les réformes en sciences humaines, nous en avons indiqué les principes[1] qui permettraient l'auto-examen du chercheur, la conscience que les humains qui font l'objet de recherches ne sont pas des débiles culturels mais qu'ils disposent aussi

1. Voir E. Morin, *Sociologie*, *op. cit.*, p. 35-36.

d'un savoir propre ; ils permettent également le travail sur le concret et le complexe, et non pas principalement sur des échantillons de populations, et indiquent les méthodes à suivre pour traiter l'événement et le présent.

CHAPITRE 2

Réforme de l'éducation

Il est d'autant plus important de souligner la nécessité d'une réforme de la connaissance qu'aujourd'hui, en France, le problème de l'éducation et celui de la recherche sont réduits à des termes quantitatifs : « davantage de crédits », « davantage d'enseignants », « davantage d'informatique », etc. On masque par là la difficulté majeure que révèle l'échec de toutes les réformes successives de l'enseignement : *on ne peut pas réformer l'institution sans avoir au préalable réformé les esprits, mais on ne peut pas réformer les esprits si l'on n'a pas au préalable réformé les institutions*.

Il n'y a pas de réponse proprement logique à cette contradiction, mais la vie est capable d'apporter des solutions à des problèmes logiquement insolubles. L'idée même de réforme rassemblera des esprits dispersés, réanimera des esprits résignés, suscitera des propositions. Enfin, de même qu'il existe des bonnes volontés latentes pour la solidarité, il y a une vocation missionnaire latente parmi le corps enseignant ; beaucoup aspirent à trouver l'équivalent actuel de la vocation missionnaire laïque des débuts de la IIIe République. Certes, nous ne devons plus opposer des Lumières apparemment rationnelles à un obscurantisme jugé fondamentalement religieux. Nous devons nous opposer à l'intelligence aveugle qui a presque partout pris les commandes, et nous devons réapprendre à penser, cette tâche de salut public qui commence par soi-même !

Certes, il faudra bien du temps, des débats, des combats, des efforts pour que prenne figure la révolution de la pensée qui s'amorce çà et là dans le désordre. On pourrait donc croire qu'il n'y a aucune relation entre ce problème et la politique que devrait mener un gouvernement. Or le défi de la complexité du monde contemporain est un problème clé de la pensée et de l'action politiques.

La réforme de l'éducation doit partir de la parole de l'*Émile* de Jean-Jacques Rousseau où l'éducateur dit de son élève : « Je veux lui apprendre à vivre. » La formule est excessive, car on peut seulement *aider* à apprendre à vivre. Vivre s'apprend par ses propres expériences, avec l'aide d'autrui, notamment parents et éducateurs, mais aussi les livres, la poésie. Vivre, c'est vivre en tant qu'individu affrontant les problèmes de sa vie personnelle, c'est vivre en tant que citoyen de sa nation, c'est vivre aussi dans son appartenance à l'humain. Bien sûr, l'étude de la littérature, de l'histoire, des mathématiques, des sciences contribue à l'insertion dans la vie sociale, et les enseignements spécialisés sont nécessaires à la vie professionnelle. Mais, avec la marginalisation de la philosophie et de la littérature, il manque de plus en plus dans l'éducation la possibilité d'affronter les problèmes fondamentaux et globaux de l'individu, du citoyen, de l'être humain. Ces problèmes nécessitent, pour être considérés, la possibilité de réunir nombre de connaissances séparées en disciplines. Ils appellent une façon plus complexe de connaître, une façon plus complexe de penser. Et c'est cela que voudrait apporter la réforme. Tant que nous ne relions pas les connaissances selon les principes de la connaissance complexe, nous restons incapables de connaître le tissu commun des choses : nous ne voyons que les fils séparés d'une tapisserie. Identifier les fils individuellement ne permet jamais de connaître le dessin d'ensemble de la tapisserie.

Du coup, l'enseignement qui part de disciplines séparées au lieu de s'en nourrir pour traiter les grands problèmes casse par là même les curiosités naturelles qui sont celles de toute conscience juvénile qui s'ouvre : Qu'est-ce que la connaissance pertinente ? Qu'est-ce que l'homme ? la vie ? la société ? le monde ?

Un nouveau système d'éducation, fondé sur la reliance, radicalement différent donc de l'actuel, devrait s'y substituer. Ce système permettrait de favoriser les capacités de l'esprit à penser les problèmes individuels et collectifs dans leur complexité. Il sensibiliserait à l'ambiguïté, aux ambivalences, et enseignerait à associer des termes antagonistes pour saisir une complexité.

Il enseignerait aussi à situer toute information, toute donnée dans son contexte, voire dans le système dont elle fait partie.

Il enseignerait les diverses formes de rationalité (théorique, critique, autocritique), les perversions de la rationalité (rationalisation, raison instrumentale), la nécessité d'une rationalité ouverte (sur les données qui la contredisent et sur la critique extérieure). La rationalité scientifique produit des théories biodégradables, à la différence de la rationalité close (doctrine) qui réfute *a priori* tout ce qui l'infirmerait. Ainsi, il faut enseigner la différence entre théorie et doctrine. Une théorie, scientifique ou non, est vivante dans la mesure où elle est capable de répondre à ses critiques par une argumentation pertinente ou cohérente, dans la mesure où elle peut rendre compte des faits qu'on lui objecte et éventuellement les intégrer en se modifiant. Lorsqu'il est démontré qu'elle cesse d'être pertinente, elle accepte sa propre mort. Le propre d'une théorie scientifique ou seulement vivante est la biodégradabilité. Alors qu'une doctrine refuse la mort en se fermant aux arguments contraires, en se référant toujours à la pensée infaillible de son fondateur (« comme a dit Freud », « comme a écrit Marx », etc.).

Le nouveau système d'éducation enseignerait une conception complexifiée des termes apparemment évidents non seulement de rationalité, mais aussi de scientificité, de complexité, de modernité, de développement.

Il enseignerait l'écologie de l'action qui nous indique que, dès qu'elle est entreprise, l'action subit les inter-rétro-actions du milieu où elle intervient, échappe à la volonté de son initiateur et peut aller dans le sens contraire de l'intention de départ. Elle enseignerait donc que toute décision, au sein d'un monde incertain, comporte un pari et nécessite une stratégie, c'est-à-dire la capacité de modifier l'action en fonction des aléas rencontrés ou des informations reçues en cours de route.

Enfin la réforme introduirait aux problèmes vitaux, fondamentaux et globaux occultés par le morcellement disciplinaire. La réforme introduirait à tous les niveaux de l'enseignement, depuis le primaire jusqu'à l'université, les matières suivantes :

a) la connaissance de la connaissance ; la connaissance de l'humain, la connaissance de l'ère planétaire, la compréhension humaine ; l'affrontement des incertitudes ; l'éthique trinitaire (individu-société-espèce). J'ai développé ces thèmes dans *Les Sept Savoirs nécessaires à l'éducation du futur*. Je me borne ici à indiquer la nécessité d'enseigner la connaissance de la connaissance, puis je résumerai les autres thèmes.

L'enseignement actuel fournit des connaissances sans enseigner ce qu'est la connaissance. Il ne se préoccupe pas de connaître ce qu'est connaître, c'est-à-dire les dispositifs cognitifs, leurs difficultés, leurs infirmités, leurs propensions à l'erreur, à l'illusion. Car toute connaissance comporte un risque d'erreurs et d'illusions. Nous savons aujourd'hui que bien des croyances du passé sont effectivement des erreurs et des illusions. Nous savons que les certitudes des communistes sur l'Union soviétique ou sur la Chine de Mao étaient de grossières illusions. Nous commençons à savoir que les vérités du néolibéralisme économique sont illusoires. Qui nous dit que les connaissances que nous tenons actuellement pour vraies ne sont pas erronées ? Comme l'indiquait Descartes, le propre de l'erreur est qu'elle ne se connaît pas comme telle.

Héraclite le savait bien qui, il y a vingt-six siècles, disait : « Ce sont de mauvais témoins pour les hommes que les yeux et les oreilles quand ils ont des âmes barbares. » Contrairement à l'apparence, nous savons, grâce aux travaux des neurosciences, que la perception visuelle n'est pas l'équivalent d'une photographie du monde extérieur. Elle est d'abord la traduction en un code binaire de stimuli photoniques qui arrivent à la rétine ; le nerf optique transmet cette traduction au cerveau, et celui-ci opère la reconstruction perceptive qui nous donne le sentiment de réalité. Ajoutons que la limitation de nos sens ne nous permet pas de capter ultra- ou infrasons, ultraviolet ou infrarouge. Il y a peut-être même des types de réalité qui nous sont invisibles. Tout cela nous fait comprendre que si la connaissance apparemment la plus évidente, la perception, risque l'erreur propre à la traduction et à l'insuffisance propre à la reconstruction, alors le risque de l'erreur et de l'illusion est intrinsèque à la connaissance. La vision n'obéit pas totalement à l'image rétinienne qui diminue la taille des personnes éloignées par rapport à celles qui sont proches. Le mécanisme que nous appelons « constance » rétablit les vraies dimensions dans notre esprit. Par ailleurs, quand nous lisons un journal ou un livre, notre regard bondit de façon discontinue de paquet de syllabes en paquet de syllabes, et notre esprit rétablit la continuité, ce qui explique qu'il perçoit rarement les coquilles, et ce qui indique qu'il y a une part hallucinatoire dans la lecture d'un texte. Du reste, quand nous sommes troublés, nous troublons notre capacité à voir objectivement. Les différents témoins d'un accident en ont des visions différentes, dues non seulement à leur situation au moment de l'accident, mais aussi et surtout à leur émotion. Enfin il n'y a aucune différence intrinsèque entre une hallucination et une perception.

Les mots, les énoncés eux-mêmes sont des traductions/reconstructions de traductions/reconstructions qui nous viennent de nos sens. Les idées qui nous permettent de communiquer entre nous et avec la réalité peuvent nous abuser, trahir la réalité qu'elles traduisent. De plus, toutes les empreintes culturelles subies dès la naissance, puis à l'école et dans la vie sociale, déterminent chez les individus (sauf les rétifs et les déviants) leurs principes de connaissance et leurs visions du monde. Ainsi, selon les cultures, des idées sont jugées ici évidentes, là fallacieuses. Enfin, autre source d'illusion : l'humanité n'a cessé d'être possédée par des mythes, des dieux, des idées qui, bien que produits et nourris par l'esprit humain, s'imposent à celui-ci comme des réalités transcendantes.

De même que, partout où il règne, on peut mourir pour un dieu, on peut, partout où elle règne, tuer ou mourir pour une idée. Lénine disait : « Les faits sont têtus. » Les idées le sont plus encore et savent occulter les faits. Il est donc fondamental d'enseigner que la connaissance comporte des risques considérables d'erreurs et d'illusions, de montrer quelles en sont les causes et quelles peuvent en être les conséquences. Et n'oublions pas non plus les limites de la connaissance : il est en effet essentiel de montrer que l'esprit humain a des limites, que la raison a des limites, que le langage a des limites. Il faut montrer que les plus grandes avancées de la connaissance scientifique, sur l'origine et l'avenir de l'univers, sur la nature de la réalité, débouchent sur de l'inconcevable. La découverte des limites de la connaissance a été un très grand progrès de la connaissance au XXe siècle.

Dès lors, on enseignerait ce qu'est une connaissance pertinente. Une connaissance n'est pas d'autant plus pertinente qu'elle contient un plus grand nombre d'informations ou qu'elle est organisée de la façon la plus rigoureuse possible sous une forme mathématique ; elle est pertinente si elle sait se situer dans son contexte et, au-delà, dans l'ensemble auquel elle est rattachée. La science économique, dans sa mathématisation, est la plus rigoureuse et la plus exacte des sciences humaines. Pourtant, elle a un très faible pouvoir de prédiction et les économistes corrigent sans relâche leurs pronostics. C'est que la science économique ignore le contexte de l'univers physique soumis au deuxième principe de la thermodynamique (à l'exception de Georgescu-Roegen). Elle s'isole du contexte politique et social, elle s'isole d'un contexte humain fait de passions, de craintes et de désirs. Le calcul ne peut connaître le cœur de la vie, la chair de la vie. Voilà pourquoi l'enseignement des connaissances pertinentes doit être tout d'abord une initiation à la contextualisation. Il doit consister également à relier la connaissance abstraite à son référent concret. La connaissance abstraite est nécessaire, mais elle est mutilée si elle n'est pas accompagnée de connaissances concrètes.

De plus, la connaissance pertinente doit révéler les diverses faces d'une même réalité au lieu de se fixer sur une seule. Cela vaut pour nos relations les plus personnelles. Au début d'une rencontre amoureuse, nous voyons en l'autre sa face lumineuse. Mais, comme la Lune, l'autre a sa face obscure, que nous découvrons parfois trop tard, avec épouvante. Or, nous devons savoir que chacun d'entre nous a deux ou parfois plusieurs personnalités qui se succèdent dans l'amour comme dans la colère, et certaines apparaissent selon des cycles intérieurs qui surprennent. Tout cela ramène à l'idée clé : il faut insérer les connaissances partielles et locales dans le complexe et le global, sans oublier les actions du global sur le partiel et le local.

L'enseignement doit aider l'esprit à utiliser ses aptitudes naturelles à situer les objets dans leurs contextes, leurs complexes, leurs ensembles. Il doit s'opposer à la tendance à se satisfaire d'un angle de vue partiel, d'une vérité partiale. Il doit promouvoir une connaissance à la fois analytique et synthétique qui relie les parties au tout et le tout aux parties. Il doit enseigner les méthodes permettant de saisir les relations mutuelles, les influences réciproques, les inter-rétro-actions. Bien entendu, nous n'accéderons jamais à une connaissance totale : le Tout de l'Univers nous restera à jamais inaccessible. Mais nous devons aspirer à tout le moins à une connaissance multidimensionnelle.

Enfin la connaissance de la connaissance nous demande de pratiquer en permanence la réflexivité, c'est-à-dire l'autoexamen comportant éventuellement autocritique, de façon à penser sa pensée, ce qui implique également de se penser dans les conditions historiques, culturelles et sociales de sa propre existence.

Je résume ci-après les cinq autres points que j'ai déjà exposés dans *Les Sept Savoirs nécessaires à l'éducation du futur* (voir Œuvres d'Edgar Morin, p. 309-312) :

b) *la réalité humaine comme trinité individu/société/espèce* ; l'être humain comme *Homo sapiens/demens, faber/mythologicus, économicus/ludens* ; l'individu comme sujet soumis à un quasi-double logiciel, l'un égocentrique renfermé sur le « moi d'abord », l'autre altruiste s'intégrant dans un « nous » (voir *La Méthode*, t. 5, *L'Identité humaine*) ;

c) *l'ère planétaire* : de la conquête du monde à la globalisation (comportant un diagnostic et un pronostic, comme nous l'avons fait en première section de ce livre) ;

d) *la compréhension d'autrui* : compréhension entre personnes, entre peuples, entre ethnies ;

e) *l'affrontement des incertitudes*, qui sont individuelles, sociales, historiques ;

f) *la trinité éthique* qui comporte une éthique de la personne, pour son propre honneur et pour l'aide à ses proches, une éthique civique, une éthique du genre humain.

La réforme viserait à inculquer un sens profond de l'esthétique conçu non comme luxe, mais comme un domaine essentiel à la réalisation poétique de la vie de chacun. Le roman doit être considéré non seulement comme évasion dans l'imaginaire, mais comme moyen de connaissance de la subjectivité humaine ; comme le disait le grand écrivain argentin Ernesto Sabato, « le roman est aujourd'hui le seul observatoire d'où l'on puisse considérer l'expérience humaine dans sa totalité. »

La réforme introduirait un enseignement de civilisation portant sur la civilisation occidentale partout où elle s'est répandue : les médias, la publicité, la consommation, la famille, les relations entre générations, la culture adolescente, les addictions et intoxications de civilisation (le consumérisme, l'intoxication automobile, etc.). Et, dans toutes les régions du monde où subsiste une civilisation traditionnelle, elle comporterait un enseignement portant sur les valeurs, les richesses, les savoirs, les savoir-faire de ces civilisations, ainsi que sur leurs manques et leurs carences (voir plus loin le chapitre « Les voies de réforme de la médecine ») ; il prônerait les symbioses de civilisation liant le meilleur de chacune.

De nouvelles générations d'éducateurs pourraient être formées, qui retrouveraient dans leur profession le sens d'une mission civique et éthique pour que chaque élève et étudiant puisse affronter les problèmes de sa vie personnelle, sa vie de citoyen, le devenir de sa société, de sa civilisation, de l'humanité.

De leur côté, les jeunes générations d'élèves et d'étudiants pourraient trouver intérêt et passion à un enseignement qui répondrait à leurs interrogations, à leurs curiosités, à leurs besoins. La connaissance serait réenchantée.

L'enseignement étant relationnel par nature, la qualité des relations entre enseignants et élèves, autrement dit l'ambiance de la classe, a un impact considérable sur les difficultés et les réalisations des uns et des autres. Il est établi que là où le climat est bon, l'apprentissage est, lui aussi, bon. Rappelons ici l'importance cruciale de l'enseignement secondaire qui concerne les âges adolescents, ceux, décisifs, où se forme la personnalité.

Rappelons aussi la vérité pédagogique première formulée par Platon : « Pour enseigner, il faut de l'éros. » Il y faut l'amour de la connaissance, mais aussi l'amour pour une jeunesse qu'il convient d'aider à entrer dans la vie. L'éducation devrait s'inspirer des expériences Montessori, Freinet, des idées pédagogiques d'un Paulo Freire ou de la Green School, école internationale inaugurée en 2008 à Bali (qui intègre des enseignements de consommation, d'énergie, d'écologie, de jardinage), du Programme « Racines de l'empathie », changer le monde enfant par enfant, créé en 1996, établi dans des écoles au Canada, États-Unis, Australie, Nouvelle-Zélande.

Une telle réforme d'éducation, aux aspects multiples, est inséparable de la réforme de pensée.

Paradoxalement, l'une suppose l'autre. Seuls des esprits réformés pourraient réformer le système éducatif, mais seul un système éducatif réformé pourrait former des esprits réformés. La réforme de pensée dépend de la réforme de l'éducation, mais celle-ci dépend aussi d'une réforme de pensée préliminaire : ce sont deux réformes maîtresses en boucle récursive, l'une productrice/produit de la réforme de l'autre. Marx se demandait déjà « qui éduquera les éducateurs ». En fait, ce sera par une multiplication d'expériences pilotes que pourra naître la réforme de l'éducation, réforme particulièrement difficile à introduire, car aucune loi ne saurait suffire à l'implanter. C'est pourtant elle qui conduira à créer la forme d'esprit capable d'affronter les problèmes fondamentaux et globaux, et de les relier au concret.

La crise scolaire en France

La France pâtit plus gravement que les autres pays de l'Occident d'une crise de désintégration scolaire. Les éducateurs, notamment les instituteurs, avaient, sous la IIIe République, un sens élevé de leur mission. Ils étaient, face au curé, les porteurs des idées de progrès, de raison, de démocratie, et ils faisaient rayonner dans les campagnes les idéaux de la République. Depuis lors, le progrès a été problématisé, la raison a pu se pervertir en rationalisation ou en raison instrumentale, la démocratie a pu révéler certaines de ses faiblesses. Le prestige des enseignants s'est terni dans la société, et, chez beaucoup, la mission s'est dissoute dans la profession. La clôture des enseignants du secondaire sur leur souveraineté disciplinaire leur a fait ignorer les nécessités d'un savoir inter- ou transdisciplinaire.

Sous la IIIe République, l'éducation primaire et surtout secondaire était un puissant moteur d'intégration pour les enfants d'immigrés. Ils devenaient français en s'incorporant l'histoire de France et la culture française dont la vertu est d'avoir toujours recelé une composante universaliste. Or l'enseignement actuel remplit d'autant moins bien cette mission qu'une partie de l'adolescence immigrée, marginalisée, se sentant rejetée, rejette ce qui la rejette, et, par là même, rejette ce qui pourrait l'intégrer à l'identité française.

Ajoutons qu'il y a toujours eu, dans l'école, coexistence de deux univers qui s'ignorent profondément l'un l'autre, celui des enseignants et celui des élèves. Les cas de compréhension mutuelle sont rares et singuliers. L'incompréhension s'accroît d'autant plus qu'une partie des adolescents arrivent au lycée sans un « Surmoi » qui leur ferait respecter une autorité adulte. Les enseignants souffrent d'irrespect, d'arrogance, de mépris, mais les adolescents voient dans les ordres, les marques d'irritation, d'exaspération et les punitions subies irrespect, mépris, humiliation. Les deux univers non seulement ne se comprennent guère, mais parfois se rejettent. Sauf cas exceptionnels, le cercle vicieux de l'incompréhension mutuelle est devenu, dans les quartiers défavorisés, difficile à briser. La situation pourrait être réformée non seulement par ce que nous avons déjà indiqué – la réforme des contenus de l'enseignement, la résurrection de la mission enseignante, l'introduction de la réflexivité dans la formation de l'enseignant comme dans celle de l'élève –, mais aussi par une réforme sociale qui réintroduirait la solidarité avec les populations défavorisées, réduirait les inégalités, mettrait en chantier une nouvelle politique de la ville (selon les indications avancées ici dans les autres chapitres). Dans des conditions devenues favorables on pourrait expérimenter des « écoles démocratiques », des établissements où les élèves sont libres d'aller en cours et apprennent dès l'âge de six ans la compréhension mutuelle et l'art de traiter les conflits.

L'éducation permanente

L'évolution rapide des connaissances rend nécessaires des recyclages post-scolaires ou post-universitaires non seulement pour les savoirs spécialisés, mais aussi pour les grands problèmes comme ceux de la mondialisation, de l'écologie, de l'économie, etc.

Des stages périodiques pourraient être institués au sein des lycées ou des universités. Par ailleurs, des initiatives pour tous âges, comme l'Université de tous les savoirs à Paris, les universités populaires telle celle de Caen, initiée par Michel Onfray, pourraient être généralisées dans toutes les régions. Enfin, l'initiative de Sciences et Citoyens, espace de réflexion ouvert aux jeunes de toutes conditions et de tous niveaux d'études, inauguré en 1990 par le CNRS, a pu montrer sa fécondité : des ateliers y traitent chacun un grand problème nécessitant la coopération de compétences issues des différentes disciplines concernées. Une telle initiative a déjà essaimé dans des pays voisins. C'est encore la seule qui fournisse aux adolescents l'accès à l'information et à la réflexion sur les grands problèmes, théoriques ou contemporains, autrement morcelés et séparés dans et par les disciplines[1].

---

1. Notons encore des initiatives citoyennes comme le Picri (Partenariat institutions-citoyens pour la recherche et l'innovation) en Île-de-France. Enfin le Net offre désormais des myriades de connaissances à la disposition des curiosités juvéniles ou adultes. Ne pourrait-on former aussi les éducateurs pour qu'ils contribuent par leur aide à l'utilisation pertinente et critique de ce qu'offre le Net ?

CHAPITRE 3

Démocratie cognitive et communicationnelle

Nos sociétés sont confrontées à un autre problème cognitif né du développement de cette énorme machine où science et technique sont intimement associées dans ce qu'on appelle désormais la *techno-science*. Cette machine ne produit pas que de la connaissance et de l'élucidation, elle produit aussi de l'ignorance et de l'aveuglement. Les développements disciplinaires des sciences n'ont pas apporté que les avantages de la division du travail, elles ont aussi apporté les inconvénients de la sur-spécialisation, du cloisonnement et du morcellement du savoir. Ce dernier est devenu de plus en plus ésotérique (accessible aux seuls spécialistes) et anonyme (concentré dans des banques de données), puis utilisé par des instances anonymes : au premier chef, l'État. De même, la connaissance technique est réservée aux experts dont la compétence dans un domaine clos s'accompagne d'une incompétence lorsque ce domaine est parasité par des influences extérieures ou modifié par un événement nouveau. Dans de telles conditions, le citoyen perd le droit à la connaissance. Il a le droit d'acquérir un savoir spécialisé en faisant les études *ad hoc*, mais il est dépossédé en tant que citoyen de tout point de vue englobant et pertinent. S'il est encore possible de discuter au café du Commerce de la conduite du char de l'État, il n'est plus possible de comprendre ce qui déclenche le krach de Wall Street, comme ce qui empêche ce krach de provoquer une crise économique majeure. Du reste, les experts eux-mêmes sont profondément divisés sur le diagnostic et sur la politique économique à suivre. S'il était jadis possible de suivre le cours de la Seconde Guerre mondiale avec des petits drapeaux fichés sur la carte, il n'est plus possible de concevoir les calculs et simulations des ordinateurs qui esquissent les scénarios de la guerre mondiale du futur. L'arme atomique a totalement dépossédé le citoyen de la possibilité de la penser et de la contrôler. Son utilisation est abandonnée à la décision personnelle et exclusive du chef de l'État, sans consultation d'aucune instance démocratique régulière. Plus la politique devient technique, plus la compétence démocratique régresse.

Le problème ne se pose pas seulement pour la crise ou la guerre. Il est de vie quotidienne. Tout esprit cultivé pouvait, jusqu'au XVIIIe siècle, assimiler les connaissances sur Dieu, le monde, la nature, la vie, la société, et informer ainsi l'interrogation philosophique qui est – contrairement à ce que croient souvent les philosophes professionnels – un besoin de tout individu, du moins jusqu'à ce que les contraintes de la société adulte l'adultèrent. Aujourd'hui, on demande à chacun de croire que son ignorance est bonne et nécessaire, et on lui livre tout au plus des émissions de TV où d'éminents spécialistes lui dispensent quelques leçons distrayantes.

La dépossession du savoir, très mal compensée par la vulgarisation médiatique, pose le problème historique clé de la démocratie cognitive. La continuation du processus techno-scientifique actuel – processus du reste aveugle, qui échappe à la conscience et à la volonté des scientifiques eux-mêmes – conduit à une forte régression de la démocratie. Il y a donc nécessité d'une prise de conscience politique de la nécessité d'œuvrer pour une démocratie cognitive.

Il est impossible de démocratiser un savoir cloisonné et ésotérisé par nature. Mais il est de plus en plus possible d'envisager une réforme de pensée qui permettrait d'affronter le formidable défi qui nous enferme dans l'alternative suivante : ou bien subir le bombardement d'innombrables informations qui nous arrivent quotidiennement en pluie par les journaux, radios, TV, etc., ou bien nous en remettre à des systèmes de pensée qui ne retiennent des informations que ce qui les confirme ou leur est intelligible, rejetant comme erreurs ou illusions tout ce qui les dément ou leur est incompréhensible. Ce problème se pose non seulement pour la connaissance du monde au jour le jour, mais aussi pour la connaissance de toutes choses sociales, et pour la connaissance scientifique elle-même.

Les voies de réforme et Internet

Une véritable « société de l'information » repose sur sa capacité à intégrer les informations dans une connaissance pertinente. Une véritable société de la connaissance repose sur la capacité de relier les connaissances séparées en une connaissance complexe.

Le développement de la compréhension humaine pourrait être favorisé par Internet qui, en principe, le permet grâce à la multiplication des réseaux (en assurant la transmission des connaissances) mais sans toutefois le produire automatiquement. En effet, la compréhension humaine envers une personne ou une ethnie ne saurait se réduire à des connaissances objectives, à des explications, à des données mesurées et mesurables ; elle nécessite une relation d'ouverture et de partage. La compréhension soulève le problème de la diversité culturelle dans un monde globalisé où nous sommes de plus en plus confrontés aux différences, et dans lequel nous percevons l'Autre comme différent de nous-même, ressortissant à un autre système de connaissances, à une autre culture. Comprendre l'autre c'est comprendre à la fois son identité et sa différence par rapport à nous.

Le système planétaire qu'est devenu Internet s'apparente à un gigantesque système neurocérébral semi-artificiel qui combine machines et humains. Tout ordinateur singulier est une structure hologrammatique qui contient potentiellement (virtuellement) toute l'information d'Internet. Non seulement la partie est dans le tout, mais le tout se trouve (virtuellement) dans la partie. Le tout constitue un réseau en permanente expansion que chaque élément nouveau transforme et enrichit ; ce système, constitué d'innombrables boucles récursives, s'autoreproduit en s'enrichissant et en se transformant. Les échanges entre différents internautes actionnent des échanges d'informations, de connaissances, d'idées, de pensées entre personnes de cultures différentes. Ces processus créent les conditions préliminaires à la connaissance et à la compréhension au sein d'une société-monde.

Mais, de même que la langue d'Ésope, de même que toutes les techniques et que la connaissance elle-même, Internet est la meilleure et la pire des choses. Il permet les échanges entre réseaux mafieux et criminels, ainsi que les pires spéculations financières. Aussi importe-t-il de développer le meilleur d'Internet dans le sens de la connaissance et de la compréhension.

En dépit des risques inhérents à l'exercice de la liberté, il faut sauvegarder la liberté de communication d'Internet. Internet a créé des biens cognitifs communs et ouvert la possibilité de jouir gratuitement, c'est-à-dire démocratiquement, de biens culturels jusqu'alors payants, réservés à une élite, devenus abordables à tous dans la chanson, la musique, les reproductions artistiques, la poésie, la littérature. Il faut certes, en contrepartie, trouver le moyen de rétribuer (par un fonds commun qui rémunérerait selon le nombre de téléchargements) les créateurs privés de droits d'auteur sur les ventes.

Les voies de la réforme cognitive, de la réforme éducative, de la promotion esthétique emprunteraient en parties les réseaux du Net. Ces voies contribueraient à la constitution de bien cognitifs et culturels communs pour une future société-monde.

Conclusion

Toutes les réformes de l'éducation sont complémentaires : les réformes de l'école, du lycée, de l'université, de l'éducation permanente et parallèle, de la démocratie cognitive s'entre-nécessitent les unes les autres. Les réformes de l'éducation et la réforme de la pensée se stimuleraient mutuellement en cercles vertueux, eux-mêmes indispensables à la réforme de la pensée politique, laquelle commanderait les réformes sociales, économiques, etc. Dans le même temps, la réforme de l'esprit induirait la réforme de vie. Là encore, nous pouvons percevoir et souligner le caractère solidaire de toutes les réformes qui s'entre-nourriraient. Mais sans la réforme de l'esprit, elles sont condamnées à avorter ou à se dégrader.

Troisième partie

RÉFORMES DE SOCIÉTÉ

Chapitre premier

Médecine et santé

La médecine occidentale

Situation

La médecine occidentale apparaît comme la seule médecine authentique. Ses découvertes, ses connaissances, ses performances ne cessent de progresser depuis le XIXe siècle : connaissances anatomiques, physiologiques, cellulaires, biochimiques ; vaccins antibactériens, corticoïdes, antibiotiques ; apports de l'imagerie médicale (radiologie, scanner, scintigraphie, endoscopie) ; performances prodigieuses de la chirurgie, notamment sur le cœur, le poumon, le foie ; succès contre la mortalité infantile, la mortalité en couches, la mortalité sénile, l'hypertension. Enfin la découverte de cellules-souches dans les organismes adultes constitue une promesse d'allongement non sénile de la vie humaine. Aussi la médecine occidentale s'est-elle diffusée sur tous les continents, reléguant les médecines traditionnelles au rang de pratiques arriérées, voire illusoires.

Ses progrès dans l'investigation, les connaissances, les thérapies, liés à ceux de l'hygiène, de l'éducation, du mode de vie, ont contribué à allonger l'espérance de vie de 25 ans à 70-80 ans dans le monde occidental.

De ce fait, la seule médecine officiellement reconnue est celle qui, enseignée dans les facultés, est pratiquée par les médecins généralistes ou spécialistes issus de ces mêmes facultés, en cabinet et dans les hôpitaux.

Pourtant, les gigantesques progrès de la médecine occidentale comportent des limites, des insuffisances et des carences.

Limites

Jusque dans les années 1960 a prévalu la conviction médicale que l'on allait vers une très prochaine liquidation définitive des bactéries et des virus. Les antibiotiques extermineraient les différentes bactéries, et la tuberculose semblait un résidu du passé. L'apparition du sida a montré que des virus nouveaux pouvaient apparaître, voire des anciens renaître. Parallèlement se sont manifestées des bactéries résistantes aux antibiotiques (dont une ultime, jusqu'à présent invulnérable), et leurs lieux de prolifération privilégiés ont été les hôpitaux. D'où les maladies nosocomiales souvent fatales à ceux qui les subissent.

L'idée d'une victoire finale sur les maladies infectieuses a donc vécu. La conscience nous est venue d'un combat permanent et interminable contre les populations bactériennes ou virales qui renouvellent leurs résistances et multiplient leurs mutations. De même que la conscience écologique nous a fait reconnaître les limites des pouvoirs humains sur la nature, nous sommes sommés de reconnaître les limites du pouvoir médical sur l'humaine nature.

Insuffisances

Dans sa lutte contre les maladies infectieuses, la médecine occidentale a longtemps privilégié l'idée que le mal venait de l'ennemi extérieur (pathogène) plutôt que de la faiblesse des défenses intérieures. Elle a sous-estimé les causes internes des défaillances immunologiques, notamment les causes psychiques (stress, dépression) qui agissent, *via* le cerveau – lequel est aussi une gigantesque glande productrice d'hormones –, sur l'ensemble de l'organisme. Si l'ennemi extérieur pénètre dans la forteresse, c'est qu'à l'intérieur il y a des défaillances qui lui permettent d'entrer. Bien qu'une médecine psychosomatique ait fait son apparition, celle-ci reste marginale, le plus gros du corps médical demeurant concentré sur le physiologique et sur le pathogène extérieur.

Les ambivalences

De même que les progrès accomplis dans les connaissances scientifiques produisent de nouvelles ignorances dues à la disjonction et aux compartimentations entre disciplines spécialisées qui empêchent de concevoir les problèmes globaux et fondamentaux, de même les progrès de l'hyperspécialisation médicale occultent les relations et interactions entre l'organe ou la maladie traitée et l'ensemble de l'organisme. La spécialisation fait progresser les connaissances, mais tend à séparer les connaissances qui devraient être reliées. La disjonction entre disciplines occulte les connexions et complexités au sein de l'ensemble humain. Paradoxalement, les progrès de la médecine provoquent des régressions de connaissance et de nouvelles ignorances. Aussi les ambivalences de la médecine occidentale sont-elles inséparables de ses progrès.

L'organe est isolé dans l'organisme. L'organisme est isolé du psychisme. Tout cela conduit à l'ambivalence de traitements et médicaments qui, malgré leur efficacité locale, ont des effets secondaires pervers. Ainsi les corticoïdes altèrent le système digestif ; les antibiotiques provoquent mycoses ou allergies ; la salutaire aspirine peut provoquer des hémorragies.

L'individu traité est perçu comme patient, mais ignoré comme personne. Il est isolé de son milieu humain. À la différence du médecin de famille, qui faisait ses visites à domicile, le médecin d'hôpital ou de ville traite le patient isolément de son espace domestique, de ses proches, de sa famille, de son milieu professionnel, urbain, social. Du temps où il y avait encore une civilisation rurale, le médecin de campagne était aussi et sans le savoir un psychosociologue. C'était un familier du foyer, il connaissait la famille, les caractères des parents. Il ne soignait pas seulement tel ou tel organe, il situait son patient dans son contexte humain.

Le médecin de ville perd le contact familial : il consulte dans son cabinet. Mais, surtout, au lieu d'être celui qui rassemble les données spécialisées pour en faire la synthèse, il est réduit à un rang subalterne d'obéissance aux instructions des spécialistes. Or il aurait été logique que le médecin généraliste soit au sommet de la hiérarchie médicale : dans un orchestre symphonique, c'est le chef d'orchestre qui connaît, dirige et contrôle les musiciens. Dans le domaine thérapeutique, celui qui devrait être le chef d'orchestre est réduit au plus bas rang, il devient le *petit médecin*.

La concentration exclusive sur l'organisme, c'est-à-dire sur tout ce qui relève du corps et de la physiologie, omet le rôle éventuel du psychisme. On perçoit que le corps agit sur l'esprit et le rend dépressif, mais on ne perçoit pas que l'esprit puisse agir sur le corps, pour le mal ou pour le bien. Pour le mal, par exemple, quand l'esprit est déprimé à la suite d'un deuil, d'un chagrin, d'un obstacle insurmontable, il peut en résulter un affaiblissement des défenses immunologiques. Pour le bien : quand l'esprit est actif, vigoureux, il peut aider à lutter contre la maladie, comme le font les malades qui, face à la souffrance et à la mort, s'accrochent à la vie et augmentent ainsi leurs chances de salut.

Antonio Damasio montre que les états joyeux, qu'il soient réellement ressentis ou seulement « imaginés », sont salutaires pour l'organisme : la coordination physiologique est alors optimale, la survie favorisée. À l'inverse, les états de tristesse provoquent un déséquilibre fonctionnel. « Il faut donc rechercher la joie par décret de raison, même si cette quête semble chimérique », conclut-il, et « se détacher des émotions négatives comme la peur, la colère, la jalousie, la tristesse »[1]. On connaissait les vertus d'un tel programme dans la quête de la sérénité stoïcienne ou bouddhique. Aujourd'hui, il apparaît comme le fondement même de notre santé, même si la médecine officielle le relègue à la périphérie de son attention (voir plus loin, le chapitre « Réforme de vie »)

Ainsi la focalisation sur l'organisme physique conduit à l'ignorance des forces de l'esprit capables de jouer soit un rôle destructeur, soit un rôle constructeur et positif pour la personne. Comme nous le verrons, le médecin joue lui aussi un rôle guérisseur, non pas seulement par les médicaments qu'il fait ingérer, mais par la confiance qu'inspire sa blouse blanche, par son langage ésotérique, par le caractère quasi hiéroglyphique de son ordonnance. L'exemple des chamans nous révèle l'existence de forces psychiques qu'on ne cherche malheureusement pas à reconnaître ni à étudier. Les chamans sont perçus comme des curiosités ethnographiques alors qu'on devrait interroger leurs pouvoirs spirituels.

La disjonction est encore très forte entre la médecine qui travaille le corps et les diverses psychothérapies, dont les psychanalyses. Il y a, de surcroît, des conflits entre psychothéra-

---

1. Antonio R. Damasio, *Spinoza avait raison. Joie et tristesse, le cerveau des émotions*, Odile Jacob, 2003.

pie et psychanalyse, et, en outre, des discordes moliéresques entre les différentes écoles psychanalytiques.

La médecine traite un organe, soigne un organisme, rarement la personne, laquelle est insérée dans un contexte d'abord familial. Une des vertus de la psychanalyse, bien qu'elle soit devenue extrêmement dogmatique, est de montrer le rôle des expériences, des traumatismes vécus aussi bien dans la petite enfance que dans le reste de la vie. L'être humain vit dans un contexte familial, puis éventuellement en couple, et toute perturbation dans ce contexte retentit sur son être.

Il y a la famille, mais il faut aussi compter avec le milieu, par exemple le milieu urbain. Dans une mégalopole comme Paris sévissent des maladies psychosomatiques de toutes sortes qui proviennent du stress, de la pollution, de l'accélération même de la vie. Des malades errent de médecin en médecin, se plaignent de fatigue, se voient prescrire des complexes vitaminés. Médecins et malades ignorent que ces affections sont des maladies de civilisation qui résultent de la vie urbaine.

L'individu vit au sein de plusieurs cercles. Il n'y a pas seulement le milieu urbain et le milieu social. Nous sommes sur une planète dotée d'une biosphère, et nous-mêmes en faisons partie. Nous sommes constitués principalement d'eau. Nous sommes faits d'éléments et de molécules qui se trouvent sur la Terre. Nous respirons l'air. Nous retrouvons là une idée des anciennes médecines traditionnelles pour qui l'eau, le ciel, la terre, l'air étaient des présences actives en l'être humain lui-même.

Il est avéré que certaines personnes sont perturbées au moment de la pleine lune. Nous savons que nous sommes quelque part dans un système solaire dont l'astre central est en éruption permanente. Les interactions entre les planètes pourraient avoir un certain rôle sur nous, même si ce n'est pas celui que prétend avancer l'astrologie classique. Nous sommes des enfants du Cosmos : nos particules sont nées lors de ses premières secondes, nos atomes de carbone se sont créés dans un soleil antérieur au nôtre. Nos molécules se sont formées sur la Terre. Tout en étant évidemment différents par la culture, par la connaissance et la science, nous portons en nous tout l'héritage de la Vie, nous sommes une minuscule fraction intérieure du Cosmos qui lui-même est à l'intérieur de chacun de nous.

Notre science et notre médecine nous ont isolés de notre monde comme si nous y étions étrangers. Nous devons rappeler la totalité complexe à l'intérieur de laquelle nous existons, vivons, souffrons, sommes heureux, malheureux, malades ou bien portants.

Ajoutons que le médecin doit posséder une vertu enseignée nulle part ; le flair, ce « je ne sais quoi » dont Jankélévitch a montré toute l'importance, c'est-à-dire un art du diagnostic, du pronostic et de la prescription. En fait, tout ce qui relève de la médecine est intime combinaison de science et d'art. L'art, le flair, le « je ne sais quoi » permettent de discerner, parmi des symptômes ambigus et parfois quasi imperceptibles, la nature du mal qui va se manifester sans équivoque à la survenue de la *crisis*, terme qui, pour Hippocrate, signifie le moment précis où l'on peut formuler un diagnostic assuré. Le bon médecin, en quelque sorte, anticipe la *crisis*, et peut ainsi intervenir au plus tôt, vu que l'on soigne plus aisément les maux à l'état naissant que lorsqu'ils s'enracinent. Ce type de médecin-là tend à disparaître ; il est remplacé par le médecin généraliste urbain, lui-même réduit au plus bas rang, qui reçoit les patients très rapidement sans même prendre le temps de connaître leur biographie.

Par ailleurs, l'enrichissement de la pharmacie contemporaine en produits nouveaux est allé de pair avec l'appauvrissement des connaissances médicales sur les vertus phytothérapiques. La concentration de la prescription sur les produits de l'industrie pharmaceutique a favorisé la formidable concentration de cette industrie depuis la fin du XXe siècle, et contribué à l'oubli total, par presque tous les médecins actuels, de l'ancienne et riche pharmacopée des plantes guérisseuses. J'ajoute que le caractère essentiellement analytique et réducteur de la médecine occidentale, qui a privilégié les molécules chimiques de l'industrie pharmaceutique, fait problème. Ces molécules ont parfois une origine végétale. Le plus bel exemple de cela est l'aspirine, l'acide acétylsalicylique, qui vient de l'arbre qu'on appelle le saule et qu'on fabrique maintenant synthétiquement. L'aspirine a de grandes vertus qu'on a découvertes grâce au saule, mais quelquefois aussi des inconvénients chez les personnes qui ont le sang trop fluide. De plus, la pensée médicale a accordé une importance exclusive à la molécule chimique et à ses propriétés thérapeutiques, sans penser que l'ensemble complexe de la plante pouvait renforcer la vertu de la molécule qui en était extraite.

Nul enseignement de la médecine, nul enseignement universitaire ne montre que l'être humain est multidimensionnel : qu'*Homo sapiens* est aussi *Homo demens*, que son cerveau est, selon l'expression de Paul MacLean, triunique (il n'y a aucune hiérarchie entre son héritage reptilien, son héritage mammifère et son néocortex rationnel). Nul enseignement médical ne montre que l'être humain n'est pas une machine triviale dont on peut prédire le comportement quand on connaît ses *input*, mais qu'il recèle en soi une potentialité d'inattendu, d'hors-normes. Nul enseignement de la médecine ne nous montre la nécessité de la sympathie pour comprendre autrui, pas plus que celle du vouloir-vivre (Nietzsche), du « conatus » (Spinoza).

L'invasion statistique

À tous ces problèmes « classiques » (déjà formulés avec une extrême vigueur il y a quarante ans par Ivan Illich), Philippe Abastado, dans son livre novateur *L'Impasse du savoir. Essai d'épistémologie médicale*[1], ajoute un nouveau problème central qui touche à la nature même de la connaissance médicale contemporaine : l'hypertrophie d'un savoir obéissant aux règles de l'« *evidence-based medecine* », médecine fondée sur la preuve : celle-ci institue un modèle de raisonnement fondé sur un travail statistique sophistiqué portant sur des populations bien classées ; ce modèle, qui incarne aujourd'hui le savoir supérieur, comporte de grandes faiblesses et débouche sur une impasse. Aujourd'hui, dit Abastado, « la réponse à la question la plus triviale est inaccessible au praticien isolé comme à l'hospitalier le plus puissant ». Elle nécessite « de réunir un

1. Éditions EDK, 2007.

collège d'experts, des moyens humains et financiers, des agents recruteurs », et « ce n'est plus par dix, cent, mille que les malades doivent être convoqués[1]... » Par de multiples exemples et illustrations qui jalonnent son livre, Philippe Abastado révèle toutes les imperfections d'un savoir aspirant à la perfection. À la limite, ce savoir détruit la personnalité du médecin autant que celle du patient. Or, comme le souligne un article de *Lancet* en 1999, « les patients ne sont pas des clones, et les médecins ne sont pas des automates[2] ».

Comme la spécialisation et l'individuation sont deux nécessités antagoniques et complémentaires, Abastado pense pouvoir sauvegarder les vertus de l'une et de l'autre par l'intégration de l'informatique (dont le télédiagnostic) pour élaborer des modèles virtuels (« virtuel » signifiant ici disposant de la connaissance des potentialités d'une pathologie et d'une thérapeutique), ce virtuel étant en dialogue constant avec le réel, c'est-à-dire avec le patient *hic et nunc*. Ce modèle permettrait le retour au qualitatif, indûment chassé par l'*evidence-based medecine*.

Pour conclure, Abastado se montre fort conscient que l'abandon du modèle encore

1. P. Abastado, *L'Impasse du savoir, op. cit.*
2. *Ibid.*

dominant nécessite une révolution épistémologique ; j'ajoute que c'est l'ensemble des problèmes suscités par l'hyper-spécialisation et l'hyper-rationalisation techno-scientifiques qui requiert une révolution épistémologique prenant en compte la complexité d'une réalité multidimensionnelle, laquelle englobe également les dimensions éthiques et politiques.

Notons qu'effectivement la médecine pose de plus en plus de problèmes bio-éthiques inconnus par le passé, dont la contradiction entre l'impératif hippocratique (qui est de préserver la vie à tout prix) et l'impératif d'humanité (qui veut qu'on épargne d'atroces souffrances à un malade qui le demande par le recours à l'euthanasie), entre le maintien d'un corps apparemment sans conscience dans un coma irréversible, et l'utilité salvatrice d'un don d'organe tiré de ce corps au bénéfice d'une personne accidentée. De même, les progrès de la médecine concernant la procréation, la naissance, les contraceptifs, l'avortement, les dons de sperme anonymes, les mères porteuses, les pères et mères homosexuels, posent des problèmes éthiques logiquement insolubles sur lesquels on ne peut qu'établir des compromis incertains et provisoires (voir *La Méthode*, t. 6, *Éthique*).

Enfin se pose le problème politico-éthique de la formidable inégalité entre ceux qui jouissent des progrès de la chirurgie, de l'imagerie d'investigation, des traitements les plus attentifs, et la plus grande partie de la population du globe (dépenses par personne en médicaments [en dollars] : France, 3 000 ; Brésil, 300 ; Inde 30).

Voilà donc une médecine triomphant sur tous les continents, mais profondément ambivalente. Elle résout des problèmes anciens, mais en crée de nouveaux. En Occident même, elle n'a pas éliminé guérisseurs, naturopathes et autres thérapeutes sauvages. Au contraire, on fait de plus en plus appel à eux dans le monde hyper-urbanisé. On relève un paradoxe très significatif dans la médecine occidentale : il y a un déséquilibre non résolu entre le puissant établissement médical, fondé sur la science, et l'insatisfaction croissante des gens concernant leur santé. Cette médecine est à l'image des immenses bienfaits et des très graves carences de notre civilisation occidentale.

Les voies réformatrices

La réforme des études de médecine

Celles-ci devraient comporter :

- un enseignement de sciences humaines intégrant psycho-sociologie des médecins et sociologie de la médecine ;
- un enseignement de civilisation (voir le chapitre « Réforme de l'éducation ») ;

• un enseignement sur la complexité humaine situant l'humain dans la nature vivante et dans le Cosmos ;

• un enseignement de connaissance et de pensée complexes qui permette d'affronter les relations entre le local et le global, la partie et le tout, ainsi que de surmonter les disjonctions et compartimentations liées à la spécialisation.

La réforme de la relation médecin/patient

Chez tout médecin il y a une efficacité non seulement professionnelle mais aussi charismatique voire quasi magique. Même le plus humble médecin de quartier ressuscite en lui un pouvoir thaumaturge. Ses ordonnances illisibles ont une vertu ésotérique. Le patient ignorant fait confiance à la blouse blanche qui dispose d'un savoir guérisseur. Une partie de la guérison résulte de la confiance, véritable placebo psychique. Ne risque-t-on de pas perdre les avantages de cette magie si l'on instaure entre patient et médecin un dialogue où le patient comprend et coopère ? La perte de magie pourrait-elle être compensée par un gain de conscience, et le gain d'une confiance non plus aveugle, mais éclairée ? N'y aurait-il pas progrès dans la mise en activité d'une automédication en coopération avec la médication extérieure ? Des expériences de rencontres-débats systématiques médecins/patients faites à Trieste vont dans ce sens. *Le développement de l'auto-observation personnelle que pourraient favoriser la réforme de l'éducation et la réforme de vie comprendrait aussi l'auto-examen du fonctionnement, des habitudes, des défaillances de son propre corps. Le « Connais-toi toi-même » serait non plus seulement psychologique, mais aussi biologique.*

La réforme de la relation généraliste/spécialiste

Le généraliste doit posséder non seulement une compétence générale (c'est-à-dire une polycompétence), mais aussi une compétence singulière des particularités individuelles, psychiques, somatiques et autres de son patient. C'est à lui de rassembler et synthétiser les informations provenant des examens spécialisés, de leur donner sens, de poser le diagnostic définitif et, en tenant compte des effets secondaires des traitements et médicaments, de délivrer l'ordonnance des prescriptions.

De multiples voies de guérison

La médecine occidentale privilégie les médicaments de l'industrie pharmaceutique et l'usage de la chirurgie. Elle pourrait élargir son éventail thérapeutique en utilisant les médecines douces de la phytothérapie pour les affections qui ne requièrent pas un traitement de choc. Voici, à titre d'exemple parlant, ce qui est arrivé, il y a vingt ans, à l'auteur de ces lignes. Des traitements ordinaires (injections de cortisone dans la moelle) se révélaient impuissants à me guérir d'une sciatique rebelle qui dura deux ans et dont la kinésithérapie prescrite par un grand spécialiste ne pouvait que retarder l'aggravation sans soulager la douleur. Au bout de la seconde année, sur le conseil d'un ami médecin de campagne, j'ai eu recours à la kinésithérapie « méthode Mézières » : j'ai été guéri au bout de deux mois, et les mouvements quotidiens qui me furent prescrits par ma « méziériste » m'ont évité, depuis, sciatiques et lumbagos.

Plus généralement, comme le dit Damasio, les méthodes les plus efficaces sont celles qui tablent sur les capacités de l'organisme à s'autoguérir ; la résolution des troubles passe par l'harmonie entre le cerveau émotionnel, le cerveau cognitif et la physiologie du corps. « C'est un nouveau monde du soin qui s'ouvre à la médecine », affirme-t-il. Dans quelques années, prédit-il encore, on comprendra que de simples mesures préventives sont plus efficaces que la chimie. On soignera la douleur, les affections psychosomatiques et les troubles psychiques par des traitements sur mesure à base de nutrition, d'exercices, de thérapies psycho-corporelles, la médication jouant un rôle complémentaire adapté au cas par cas. C'est la leçon de la médecine chinoise : le médecin est consulté pour maintenir la santé plutôt que pour guérir une maladie.

La réforme des budgets

En considérant le budget de la santé comme une entité séparée, on ne se rend pas compte qu'une grosse part des maux et maladies dont on souffre n'ont pas seulement une entrée biologique ou une entrée psychologique, mais aussi des entrées socio-écologiques – pollutions, stress du milieu urbain, etc. – qui suscitent bronchites, asthmes, allergies, dépressions, usage immodéré de tranquillisants ou de somnifères. Aussi, les énormes dépenses de santé seraient réduites si l'on arrivait à traiter au fond les problèmes de civilisation de notre société. Ainsi la piétonnisation des centres-villes, la construction de parkings à leur périphérie, bref l'humanisation des cités pourraient réduire les budgets de santé. Autrement dit, la médecine est dans la cité, elle concerne la politique de la cité et nous renvoie à la politique de civilisation.

Une nouvelle politique internationale de la santé

Le développement massif d'une médecine de prévention doit lui-même être lié au développement de l'hygiène et de la santé.

Les énormes inégalités de santé et d'accès aux soins médicaux, constitutives de l'aggravation des inégalités de par le monde, réclament plus que ce que font les organismes onusiens chargés des problèmes mondiaux de santé.

L'accès à la médecine et le droit à la santé devraient être inscrits parmi les droits humains fondamentaux et intégrés parmi les problèmes majeurs de la politique internationale.

La voie des symbioses entre médecines

a) Les autres médecines en Occident

Il y avait en Occident et il y demeure, quoique de façon résiduelle, une autre médecine. On peut l'appeler médecine des grand-mères, pratiquée par les paysannes qui se transmettaient des recettes d'herbes, utilisant certains végétaux ou diverses substances animales pour guérir. Ainsi les banales angines cédaient à l'eau citronnée ou, mieux encore, additionnée de vinaigre rosat. Ces cas ne nécessitaient pas des analyses visant à établir une cause bactérienne ou virale. La médecine officielle ignore aussi, par exemple, que la feuille d'olivier réduit l'hypertension. Tant de formules efficaces continuent à disparaître avec la mort de la culture paysanne, mais elles commencent aussi à réapparaître avec le regain des demandes phytothérapiques et la persistance de l'herboristerie.

Les guérisseurs que catholicisme et rationalisme ligués avaient relégués dans les campagnes reculées ont réapparu à ciel ouvert et deviennent de plus en plus nombreux par suite des carences de la médecine officielle. Enfin se sont installés en France des marabouts d'origine africaine qui font aussi office de guérisseurs.

Différents courants se sont développés à côté de la médecine normale, comme l'homéopathie qui fut longtemps condamnée et qui s'est pourtant introduite chez une partie du corps médical. De nouveaux courants, des inventions et des innovations thérapeutiques sont utilisés en marge de la médecine officielle, tandis que l'acupuncture chinoise pénètre jusque dans les hôpitaux. On assiste à des symbioses entre médecine occidentale et médecine traditionnelle chinoise, telles celles réalisées par le Dr Véret avec sa nutripuncture.

b) Les médecines traditionnelles

Ainsi, dans les pays occidentaux, il n'y a pas que la médecine dite « normale ». Mais ailleurs existent encore les médecines traditionnelles propres aux grandes civilisations. La Chine possède une expérience médicale multimillénaire. La médecine chinoise ne se réduit pas seulement à l'acupuncture, elle utilise beaucoup d'autres méthodes originales. En Inde subsistent de grandes traditions médicales, dont la médecine ayurvédique. En fait, chaque culture détient sa propre médecine. Et les médecines traditionnelles qui ont subi une éclipse sous la poussée de la médecine occidentale sont en voie de renaissance et même d'expansion dans leur pays d'origine et jusqu'en Occident.

Enfin il faut rappeler qu'il y a des connaissances médicales pertinentes dans les sociétés les plus archaïques de chasseurs-ceuilleurs. Chaque peuplade de l'Amazonie connaît les vertus et propriétés toxiques d'innombrables plantes. Les chamans utilisent des boissons particulières comme l'ayacusha, qui les plongent dans des états de transe où surviennent des pouvoirs guérisseurs.

On a donc là une vaste pluralité de médecines qui pourtant sont ignorées ou méprisées. Néanmoins, les grands trusts pharmaceutiques commencent à mettre à profit les connaissances des peuples indiens d'Amazonie. Sauf qu'ils n'utilisent pas directement les plantes, mais en prélèvent la substance proprement guérisseuse et la transforment en comprimés ou en gélules.

Pour ce qui concerne les prétendues superstitions, on peut citer un exemple intéressant, celui d'Indiens Pueblos de certaine région du Mexique qui se nourrissaient exclusivement de maïs. La cuisson du maïs dans tel village était faite en utilisant l'écorce des arbres ; dans tel autre, en utilisant de la chaux ; dans tel autre village, je ne sais plus quelle autre substance. Les anthropologues attribuaient l'utilisation de la chaux, de l'écorce et de l'autre substance à des croyances magiques. Jusqu'à ce qu'un bio-anthropologue analyse ces différentes matières et découvre qu'elles permettaient toutes à la lysine – c'est-à-dire le principal composant nourricier du maïs – d'être assimilée par l'organisme. Ces populations auraient dépéri si elles s'étaient bornées à cuire dans l'eau leur unique aliment[1].

Nous devons prendre conscience que la pluralité et la diversité des médecines constituent une extraordinaire richesse pour l'espèce humaine. Mais il y a non-communication entre elles, en partie parce qu'elles appartiennent à des peuples de régions éloignées les unes des autres, qui n'échangent pas entre eux, et il y a non-communication entre elles à cause

1. Voir Solomon H. Katz, « Anthropologie sociale/culturelle et biologie », in Edgar Morin, *L'Unité de l'homme*.

du mode de pensée de la médecine occidentale qui se considère comme la seule vraie médecine et exclut ce qui lui est étranger. Du reste, la carence communicationnelle est un des traits majeurs de cette médecine où les différents compartiments spécialisés ne communiquent pas les uns avec les autres.

c) Les voies des symbioses

Léopold Sédar Senghor disait que la civilisation planétaire devrait être celle du donner et du recevoir. Mais, selon la vision dominante en Occident, nous sommes des donneurs de leçons, nous détenons la vérité et n'avons rien à recevoir, y compris cognitivement, du monde que nous appelons sous-développé. Or toute culture a ses savoirs, ses savoir-faire, son art de vivre, et aussi ses erreurs, ses illusions, ses superstitions. C'est vrai aussi de la nôtre. Nous avons nos propres failles, nos superstitions, nos illusions, tout en détenant effectivement des vertus considérables, par exemple sur le plan de la démocratie ou des droits humains. C'est dire que nous n'occupons pas à tous points de vue une position supérieure par rapport à un monde inférieur. Et ce que nous disons ici de la culture vaut pour la médecine. Nous avons beaucoup à apprendre en même temps que beaucoup à enseigner, ce qui doit nous conduire à des symbioses pour une médecine planétaire dans laquelle serait recueilli le meilleur de chacune.

Ainsi nous pourrions redécouvrir, par le truchement d'autres médecines, de multiples vertus phytothérapiques, et nous pourrions incorporer bien des savoirs guérisseurs. Déjà, en divers lieux du globe – Chine, Inde, Afrique, etc. – des coopérations ont été entreprises entre médecine occidentale et médecines traditionnelles. Elles sont complémentaires. La médecine occidentale est une médecine d'innovation, de renouvellement, d'examen critique, mais elle manque d'approche globale, de tuf, d'ancrage anthropo-cosmologique. La médecine traditionnelle est statique, conservatrice, mais elle s'inscrit dans des expériences et des accumulations de savoirs et techniques millénaires et, dans le chamanisme, sur des pouvoirs spirituels spéciaux.

Les expériences effectuées au Bénin, au Togo, au Mali, au Sénégal, en Afrique du Sud et dans les centres de santé collaborateurs de l'OMS assurent la coopération entre les deux systèmes avec un dispositif de santé comportant une médecine alternative, l'accès de la médecine traditionnelle aux programmes d'aide médicale, la collaboration des guérisseurs traditionnels, particulièrement au niveau des soins de santé, de la recherche et de la formation. Les praticiens traditionnels et les médecins modernes peuvent échanger des patients selon le type de maladie à traiter (chronique, psychosomatique ou psychiatrique). En Côte-d'Ivoire, le Groupe national de réflexion sur la médecine traditionnelle, créé le 28 mai 1997 par le ministère de la Santé, a examiné la question de l'intégration de la médecine traditionnelle au système national de santé. Le centre Malango dans la forêt de Fatick, au Sénégal, a ouvert un processus de connaissance mutuelle qui s'oriente vers des symbioses pour une médecine plus complexe et plus riche. Malango, situé dans la région du Sine, est un centre expérimental de médecine traditionnelle unique au monde, placé sous la supervision de l'ONG nommée Prometra (Promotion de la médecine traditionnelle). L'enseignement de la méthode Fapeg (Formation d'auto-perfectionnement des guérisseurs) par Prometra intègre les guérisseurs traditionnels à la lutte contre les infections sexuellement transmissibles, le sida et à la protection de la santé maternelle et infantile.

Au niveau de la recherche, la coopération s'effectue dans le cadre d'un institut de recherche en pharmacopée africaine pour la médecine traditionnelle, comme à l'Institut de recherche scientifique de Kinshasa (République démocratique du Congo) et à Bamako (Mali), où des projets conjoints sont conçus et mis en œuvre afin de faciliter un vrai dialogue entre les deux types de chercheurs.

L'HÔPITAL

S'il y a un lieu d'humanité, c'est bien l'hôpital. Et s'il y a un lieu d'inhumanité, c'est encore l'hôpital.

L'hôpital concentre en lui le meilleur de la médecine et de la chirurgie. Il dispose des meilleurs appareillages et des meilleures techniques d'investigation et de soins. C'est un lieu de mission, parce que la sauvegarde de la vie humaine est de nature missionnaire. Mais il pâtit des défauts de la compartimentation et de l'hyperspécialisation, de la rigidité hiérarchique qui fait que l'on ne peut prendre aucune initiative sans en avoir référé à l'échelon supérieur – l'infirmière à la surveillante, la surveillante au médecin de garde, le médecin de garde au chef de service, etc. Le nécessaire respect de la hiérarchie par les infirmières empêche souvent la transgression salvatrice dans les cas extrêmes.

L'hôpital peut être aussi un lieu de perdition. L'être humain, déjà diminué à l'état de patient, est réduit à une extrême passivité. La surcharge de travail pour un personnel insuffisant en effectifs et mal payé, l'hyperspécialisation des grands médecins uniquement concentrés sur l'organe de leur compétence, font du malade un objet. La dégradation de la mission dégrade la fonction.

Les voies réformatrices

Il conviendrait de :

• *Régénérer le sens de la mission* par les réformes de la médecine indiquées plus haut.

• *Centraliser et décentraliser les hôpitaux.* Concentrer en de grands hôpitaux centraux l'appareillage et le matériel le plus sophistiqué, comme à Stockholm où s'est opérée la fusion des deux grands hôpitaux universitaires de la ville pour faire cesser une concurrence et une compétition coûteuses pour le budget de la Santé. Mais aussi décentraliser en créant des petits hôpitaux, dispensaires, unités de soins, hôpitaux ambulants pour les bourgs, petites villes et régions rurales. En Italie, la Toscane a créé de petits hôpitaux communautaires gérés par des médecins généralistes afin de désengorger les hôpitaux de court séjour et d'offrir une alternative à l'hospitalisation classique et aux soins à domicile.

• *Développer la lutte contre les maladies nosocomiales* qui, en France, touchent chaque année 800 000 personnes hospitalisées, soit un patient sur quinze ; plus de 4 000 en meurent.

• *Généraliser et améliorer l'HAD* (hospitalisation à domicile) qui contribuerait à une décentralisation des soins hospitaliers au profit des patients.

• *Réformer les communications humaines.* Pour l'hôpital comme pour la médecine en général, il importe de réformer la relation soignant/patient. Les professionnels du savoir doivent pratiquer l'auto-observation en observant les patients. Les infirmières ne doivent pas être considérées seulement comme des exécutantes ; elles ont acquis un savoir empirique, pragmatique, concret, ce qu'ont rarement les médecins, et leurs échanges avec les médecins devraient être institués de façon permanente. Le malade lui-même a un savoir qui peut être obscurci dans nombre de cas, mais il peut aussi être lucide sur lui-même, sur ses propres maux, sur l'évolution qu'il subit. Comme l'enseigne l'ethnométhodologie, chaque patient dispose d'une expérience de vie, d'un savoir qu'il s'agit d'activer.

La réforme viserait donc à décloisonner les relations au sein de l'hôpital. Certes, comme tout système rigidifié, le système hospitalier ne fonctionne bien que grâce à de multiples transgressions, et grâce à l'humanité de nombreux médecins et infirmières. Certaines personnes sont plus humaines que d'autres parce que ces autres ont succombé au poids de la routine, de la fatigue, du surmenage, de la compartimentation. Mais celles-ci ont la même potentialité d'humanité. Il faut donc réveiller l'humanité potentielle qui sommeille dans l'hôpital.

L'INDUSTRIE PHARMACEUTIQUE

Au cours des dernières décennies, l'industrie pharmaceutique a connu un formidable processus de concentration au profit de gigantesques multinationales qui contrôlent le plus gros du marché du médicament. Et dans de nombreux pays, une alliance de fait entre l'industrie pharmaceutique et le corps médical s'est formée pendant la révolution thérapeutique entamée avec l'invention des antibiotiques et la généralisation des essais cliniques contrôlés.

L'industrie pharmaceutique produit de nouveaux médicaments qui sont souvent dix, vingt et même trente fois plus chers que les remèdes déjà sur le marché, sans forcément avoir prouvé leur supériorité. C'est la condition pour que les grandes firmes pharmaceutiques puissent maintenir un fort taux de rentabilité. Les prix des nouveaux médicaments contre le cancer sont énormes. En France, l'Erbitux (le Cetuximab) reviendrait à 1 045 € la semaine de traitement sans avoir fait vraiment la preuve d'un bon rapport bénéfices/risques ; on a pu lire dans la revue *Prescrire* de juillet-août 2005 : « On se demande comment une agence du médicament digne de ce nom a pu recommander l'octroi d'une autorisation de mise sur le marché pour le Cetuximab sur la base du dossier présenté par la firme. »

Certains laboratoires profitent également de la période de monopole que leur reconnaît le droit des brevets pour multiplier parfois par quatre ou cinq le prix de médicaments déjà sur le marché dans les pays où les prix sont libres. C'est ce qu'a fait le laboratoire Abbott, en 2004, avec son médicament contre le sida ; c'est ce que vient de faire Celgene avec la Thalidomide, désormais utilisée dans le traitement de certains cancers. Une étude a montré qu'entre 1999 et 2004 le traitement médicamenteux du cancer du côlon aux États-Unis est passé de 500 à 250 000 dollars par an ! La résistance aux coûts excessifs s'opère par l'usage croissant des génériques. Les génériques sont en premier lieu des médicaments mis sur le marché il y a vingt ou trente ans, mais qui restent médicalement salutaires. Ils représentent déjà plus de 50 % des prescriptions aux États-Unis. Le retard pris par des pays comme la France, où ils représentent moins de 10 % des prescriptions, est uniquement dû au poids de réglementations trop récemment abrogées.

Une autre résistance se fait au détriment des patients : l'État élimine du remboursement certains médicaments dès lors qu'ils sont réputés médicaments dits de « confort », ou abaisse le taux de remboursement pour d'autres.

La question des brevets et l'assurance-maladie

C'est le procès intenté par les plus grands laboratoires pharmaceutiques du monde au gouvernement de l'Afrique du Sud qui a fait de la question des brevets une question politique.

Dans les maladies infectieuses, l'acquisition de résistances des agents infectieux oblige à l'utilisation de nouveaux médicaments. Les médicaments brevetés sont à des prix prohibitifs dans les pays pauvres, et souvent dépourvus d'un système d'assurance-maladie généralisée. Le fait que seulement 5 % des personnes qui, de par le monde, auraient besoin des antiviraux disponibles contre le VIH y ont accès montre une fois de plus qu'une des plus grandes inégalités est celle des hommes face à la maladie.

Dans les pays où il existe un système d'assurance-maladie, l'augmentation des coûts pourrait, à terme, faire exploser les systèmes de remboursement. Elle incite les pouvoirs publics à réduire régulièrement le pourcentage des dépenses prises en charge par l'assurance-maladie.

Les assurances complémentaires qui se généralisent dans un nombre croissant de pays ne fonctionnent pas sur le principe de la mutualisation, mais sur un principe assurantiel. Dans le premier cas, chacun cotise en fonction de ses revenus et bénéficie du système en fonction de ses besoins ; dans le second, on cotise en fonction des risques contre lesquels on souhaite se garantir ; les cotisations ne dépendent plus alors des revenus. Le système assuranciel pourrait progressivement supplanter le système mutualisé, comme c'est tendanciellement le cas en France. Ce serait un recul social de plus.

Les voies réformatrices

a) Développer la conscience et le rôle des citoyens qui sont tous des consommateurs de produits pharmaceutiques, et tous des patients potentiels, pour susciter des mesures politiques de contrôle à la fois international et national de l'industrie pharmaceutique. Face à une « offre » extrêmement puissante, la réponse résiderait dans la constitution d'une demande collective consciente de ses possibilités de boycott. Le talon d'Achille du capitalisme, dans une société consommatrice, est dans la conscience et l'organisation des consommateurs. D'où l'importance de la réforme de la consommation et de l'éducation à la consommation (voir plus loin le chapitre « La consommation »).

b) Instaurer un contrôle des brevets et permettre aux nations comptant d'importantes populations pauvres de produire des médicaments brevetés hors brevets.

c) Rendre obligatoires les études comparatives qui vérifieraient si les nouveaux médicaments mis sur le marché sont plus efficaces et mieux tolérés que ceux qui, tombés dans le domaine public, peuvent devenir désormais des génériques[1]. La réalisation d'études comparatives est actuellement laissée au libre choix des industriels. Or elle devrait être effectuée par les services publics.

e) Procéder à des appels d'offres pour financer les médicaments à la fois les plus utiles et les plus économiques.

---

1. Prenons un exemple. Les laboratoires américains Bristol-Myers Squibb attendent aujourd'hui une autorisation de l'UE de mise sur le marché européen pour leur nouveau neuroleptique (traitement symptomatique de la schizophrénie), l'Abilify. Il est déjà sur le marché américain à un prix public exorbitant. Le laboratoire demandera probablement un prix semblable en Europe, cent fois plus cher que le neuroleptique de référence, l'Haldol. On peut s'interroger : son bénéfice est-il cent fois supérieur à celui de l'Haldol ? On n'en sait rien, puisqu'il n'y a pas d'étude comparative dans le dossier.

Perspectives futures des progrès biomédicaux

a) La médecine anti-âge. La médecine anti-âge, ou « *optimal health medicine* », est une nouvelle branche médicale qui a pour objectif de promouvoir la santé physique et mentale des individus afin de leur assurer une qualité de vie optimale tout en ralentissant le processus de vieillissement. Elle pourrait se développer dans le futur avec l'utilisation des cellules-souches extraites de l'organisme même de la personne à traiter. Cela dit, une prolongation de la vie active et valide poserait des problèmes politiques, démographiques, économiques et éthiques qu'on devrait dès maintenant envisager.

b) Les progrès chirurgicaux. C'est avant la Première Guerre mondiale que furent mises au point les grandes techniques chirurgicales telles que la chirurgie de la paroi de l'abdomen, du tube digestif, du thorax, de la gynécologie. La seconde moitié du XXe siècle aura vu exploser les progrès de ces techniques. On voit alors se développer les greffes d'organes avec, dans les années 1950, les premières greffes du rein, de la moelle osseuse et du foie, puis ont suivi celles du cœur, du poumon, etc. La première transplantation cardio-pulmonaire réalisée par Christian Cabrol date de 1982. Le 1er août 2008, la première transplantation de deux bras entiers a été réalisée en Allemagne à la clinique universitaire de Munich. Ces évolutions des techniques chirurgicales ont été réalisées avec l'aide indispensable des nouvelles techniques d'imagerie comme l'échographie (1970), l'IRM (dans les années 1980), le Petscan et bien d'autres.

c) La thérapie génique. C'est une stratégie thérapeutique qui consiste à faire pénétrer des gènes dans les cellules ou les tissus d'un individu aux fins de traiter une maladie. Elle vise à remplacer ou complémenter un allèle mutant défectif par un allèle fonctionnel, ou à sur-exprimer une protéine dont l'activité aurait un impact thérapeutique. Or les connaissances en matière génétique sont encore insuffisamment développées pour qu'on puisse promouvoir une thérapie génique efficace. Celle-ci demeure une perspective.

CONCLUSION

Les réformes propres à la médecine ont besoin des réformes proposées par la politique de civilisation (humanisation des villes, régénération de la solidarité, diminution des inégalités, dont celles, criantes, en matière d'accès aux soins), des réformes de vie, des réformes de la consommation et de l'alimentation. Là encore, on ne saurait isoler une voie réformatrice.

D'autre part, la croissance des dépenses de santé (technologie et chirurgie de plus en plus sophistiquées) qui s'amplifie pour les séniors (des études ont montré qu'on dépense beaucoup plus pour sa santé dans les cinq dernières années de sa vie) et, sauf catastrophe, s'amplifiera encore avec la prolongation de la vie dans le futur, nécessitera de plus en plus de développer les systèmes préventifs, l'amélioration de la qualité de la vie, la régénération des solidarités. L'inflation technologique par des radios, IRM, scanner, etc., devra être jugulée par un retour au savoir-faire du médecin par examen clinique : visuel, auditif, tactile, ainsi que par le retour à l'exercice du *flair*. La course aux profits, incontrôlée, de l'industrie pharmaceutique capitaliste nécessitera des dispositifs modérateurs. On en revient ici à l'axiome : moins, mais mieux.

Chapitre 2

Ville et habitat

Le phénomène des villes

L'ensemble de la planète est aujourd'hui engagé dans un processus d'urbanisation accélérée. Entre 1950 et 2000, la population urbaine du monde, y compris dans les pays en développement, a plus que triplé, passant de 750 millions à 2,9 milliards de personnes[1]. Les prochaines décennies devraient confirmer (sauf ralentissement improbable !) la tendance. La population urbaine du monde augmente actuellement d'1 million de personnes par semaine, et ce rythme devrait s'accélérer selon les Nations unies qui prévoient une population mondiale de 8 milliards d'indivi-

1. Nations unies, Rapport sur la démographie des PED (pays en voie de développement) in Info Project, Center for Communication Programs, volume XXX, n° 4, Automne 2002, série M, n° 16, USA.

dus en 2030 (la population urbaine des pays en développement devrait doubler, passant d'un peu moins de 2 milliards en 2000 à près de 4 milliards en 2030). Selon ces mêmes prévisions, 21 villes compteront au moins 10 millions d'habitants en 2015 ; on estime que vers 2050 les deux tiers de la population mondiale vivront en ville. La majeure partie de cette croissance concernera les pays en développement dont les villes devront accueillir au moins 2 milliards d'habitants de plus qu'aujourd'hui.

La particularité de l'urbanisation de la plupart des pays du Sud, comparée à celle des pays du Nord, c'est l'ampleur et la vitesse du processus, c'est la croissance accélérée de la pauvreté et le développement rapide des bidonvilles. C'est aussi l'existence d'un secteur de l'économie informelle qui s'est développé à toute allure, car, contrairement aux villes occidentales, la majorité de celles du Sud (essentiellement celles d'Afrique) ont grandi sans développement économique, sans industrialisation ni progression de la productivité agricole. En raison des politiques imposées par le FMI, la croissance de la pauvreté au cours des décennies 1970 et 1980 a transformé les bidonvilles « traditionnels » en méga bidonvilles. Un milliard de personnes croupissent dans ces agglomérations, lieux de reproduction de la misère, instables, pollués et dangereux. Si ce n'est très partiellement au Brésil, aucun gouvernement n'a apporté de réponse adaptée à ce phénomène. On assiste à une hypertrophie urbaine aggravée par un déversement massif de produits manufacturés en provenance des pays développés, et à une spécialisation excessive de l'agriculture non vivrière.

Cette croissance urbaine est essentiellement marquée par un afflux des populations pauvres issues des migrations rurales vers la ville, mais il ne faut pas pour autant sous-estimer l'attraction de la ville. Une population de plus en plus nombreuse y cherche une solution à sa misère. La ville lui apparaît comme une alternative de progrès, d'opportunités de travail, mais aussi comme un espace de liberté et un lieu de vie obligé. L'exode rural va grossir de jour en jour les bidonvilles où s'autoproduit la misère : on assiste dès lors à leur multiplication et à leur extension dans et hors des villes du Sud. Ces bidonvilles qui naissent et croissent sans planification urbaine[1] sont souvent le produit d'occupations ou d'invasions illégales de terrains encore disponibles. Ils sont souvent les lieux par excel-

1. « La culture du bidonville », in Thierry Paquot (dir.), *Le Monde des villes, panorama urbain de la planète*, Bruxelles, Complexe, 1996, p. 459-465.

lence de la marginalité, de l'insalubrité, des violences urbaines, de la criminalité, des problèmes de santé et des trafics de drogues. Pourtant, dans certaines sociétés du Sud, des systèmes de solidarités retrouvées se font jour au sein de ces espaces où ils parviennent à atténuer la misère.

Partout dans ces pays on a pu constater les mêmes scénarios : croissance urbaine accélérée, exode rural massif, aggravation des inégalités (l'indice des inégalités a atteint son apogée durant les quatre dernières décennies). Quoique les causes de l'ampleur de cette croissance soient complexes, on peut distinguer dans le processus trois phases majeures :

- la première est liée à l'époque coloniale (période caractérisée par la contention du phénomène d'urbanisation par les pouvoirs en place) ;
- la deuxième phase (1950-1970) se caractérise par une croissance urbaine accélérée, liée à l'instabilité politique (guerres d'indépendance dans certains pays) et par la mécanisation des campagnes ;
- enfin, la troisième phase (1970-2000) est marquée par les PAS (plans d'ajustements structuraux). Cette période a connu une seconde poussée de croissance urbaine suscitée par ces plans soutenus par la Banque mondiale et le FMI. Ils ont aggravé la pau-

vreté dans ces pays et contribué aux phénomènes d'exode vers les villes d'une fraction importante des populations rurales à la recherche d'emplois.

Au bout de trente ans de mise en œuvre de ces plans, les conséquences sont dramatiques. Selon les travaux de l'OIT (Organisation internationale du travail), la pauvreté a augmenté de 50 % au cours de cette période. Partout le revenu médian dans les PED a chuté : de 30 % en Argentine, de 20 % au Brésil, de 40 % au Venezuela. Partout en Afrique, au Maghreb, les ajustements ont provoqué des coupes drastiques dans les économies urbaines et, de ce fait, une chute du pouvoir d'achat. En Côte-d'Ivoire, par exemple, la pauvreté urbaine a doublé entre 1987 et 1988. Partout l'extrême pauvreté s'urbanise toujours plus et croît dans des proportions dramatiques.

Dans un nombre croissant de pays du Sud, on assiste simultanément à l'émergence d'une ville duale : d'un côté, ces pays connaissent un boom remarquable dans la construction d'hôtels de luxe, d'infrastructures telles qu'autoroutes et équipements touristiques ; les nouveaux riches prolifèrent avec la multiplication des quartiers de luxe protégés. De l'autre côté, des millions de personnes entassées dans les bidonvilles vivent dans des conditions indécentes.

L'étalement croissant de la ville fait que ses habitants privilégient le transport individuel (en l'occurrence la voiture), ce qui explique la densité de la pollution atmosphérique. L'OMS estime que, dans le monde entier, 1,5 milliard de citadins sont soumis à des niveaux de pollution de l'air supérieurs aux maxima tolérables. Souvent, cette pollution est considérée comme un problème propre aux pays du Nord, étant donné le niveau élevé des activités industrielles et du trafic automobile, mais dans les pays en développement on relève plus de 70 % de décès supplémentaires consécutifs à la pollution atmosphérique. Sans doute est-ce dû pour partie à leurs populations souvent plus denses, mais aussi à des normes moins strictes que dans les pays du Nord.

Penser la ville

Dans l'histoire de l'humanité, toutes les instances décisives et décisionnelles ont toujours été inscrites dans la ville (pouvoir politique, pouvoir religieux, pouvoir économique, développement scientifique et technique), de même que les lieux de créations artistiques, de divertissements, de spectacles. Les villes-capitales ont attiré les populations et les professions les plus variées, les quartiers se sont diversifiés, toutes les classes sociales s'y sont installées, parfois violemment opposées. Les arts y ont fleuri. Rebelles et exclus ont peuplé ses bas-fonds. Un grouillement de vie bouillonne dans les capitales et mégapoles contemporaines, un intense trafic y apporte fusion et confusion.

La grande ville est un chaos où se combinent ordre et désordre[1]. Elle obéit à des lois, des prescriptions et des règles, mais se réorganise quotidiennement d'elle-même à partir des déplacements par myriades et des comportements individuels de ses habitants et usagers. Chacun et tous s'y déplacent pour accomplir leurs finalités singulières, et tout y semble animé d'un mouvement brownien.

Une aussi extraordinaire diversité dans l'unité, un tel fouillis d'interactions et de rétroactions constitue une sorte de chaos organisateur/désorganisateur. Henri Lefebvre disait que la ville est un organisme vivant. Effectivement, elle est auto-éco-organisatrice, son écologie n'étant pas seulement constituée par le milieu extérieur qui la nourrit et l'approvisionne, mais aussi par la nation dont elle fait partie et dont elle subit les lois et contrôles.

1. François Rangeon, « Désordres urbains », Centre universitaire de recherches administratives et politiques de Picardie, 1997.

À l'heure de la globalisation, la compétition des villes entre elles se traduit dans les pays du Nord par plusieurs défis majeurs lancés aux nouveaux ensembles urbains, ainsi que le souligne bien François Ascher[1]. Selon cet auteur, un premier défi est celui de la concurrence entre les villes (ce qui n'est pas chose nouvelle) qui doivent être en mesure d'attirer à elles des capitaux, des marchandises, surtout des professionnels de haut niveau. La présence de ceux-ci, comme le souligne Ascher, est indispensable pour séduire les investisseurs dans les domaines clés.

Un deuxième défi est celui de la différenciation sociale. Avec la métropolisation et le développement des vitesses de déplacement, les processus de ségrégation sociale changent également d'échelle. Aujourd'hui, on assiste dans un certain nombre de pays à une très forte tendance au regroupement de populations de plus en plus homogènes à l'échelle du quartier, voire de la ville. L'Amérique du Nord voit le développement de *Gated Communities*, c'est-à-dire de villes quasi fermées et privées. En France, certaines communes concentrent parfois les populations les plus riches, tandis que se forment en d'autres de

1. F. Ascher, « Les défis urbains de l'Europe », *Constructif*, n° 16, février 2007.

véritables ghettos de pauvres et d'exclus. Cette réalité devient analogue à celle de certaines grandes villes du Sud où l'on assiste de plus en plus au développement de beaux quartiers fermés et ultra-sécurisés, et à l'édification de « murs de la honte » cachant les espaces de pauvreté et de misère grandissantes.

Penser la ville, c'est aussi considérer un phénomène propre à la métropole, celui de la mobilité. Les déplacements sont devenus plus que jamais une nécessité dans les grandes villes. Hier on parlait encore des mobilités relatives aux déplacements alternant entre résidence et lieu de travail, mais les déplacements ont pris aujourd'hui une tout autre figure : on se déplace pour se divertir, se former, se loger, se soigner, etc. Or, une fraction non négligeable de citadins ne disposent pas de moyens d'accès suffisants aux transports collectifs et, de ce fait, se voient exclus de tout ce que peut offrir la ville comme avantages et loisirs. « L'un des paradoxes de nos mégapoles, aujourd'hui, est que des catégories de population modestes, qui sont allées chercher assez loin un peu plus d'espace habitable, sont très dépendantes de l'automobile, tandis que les couches moyennes supérieures, revenues dans les parties centrales des villes où elles trouvent l'habitat, les emplois et les diverses activités qui correspondent à leurs exigences, utilisent abondamment les transports collectifs, les vélos et la marche[1]... »

Le développement de la « cuisine mobile », ou ce qu'on appelle « plats à emporter », invention contemporaine qui s'explique par nos modes de vie de plus en plus individualisés, de plus en plus stressés par obligation de rentabilité au travail, multiplient les livraisons qui viennent à leur tour aggraver l'état du trafic, sans parler du caractère inhumain d'un changement de mode de vie qui n'est pas sans conséquences sur nos vies familiales, nos rapports sociaux, sans parler de nos digestions !

Tous ces défis posent le problème des institutions de nos démocraties dites développées. La décentralisation, qui a renforcé l'échelon local, a sans nul doute affaibli les pouvoirs centraux. Nos métropoles ont perdu au passage des moyens financiers et, par conséquent, des moyens politiques et réglementaires. Or, comme le souligne fort bien François Ascher, penser aujourd'hui la ville c'est réfléchir aux multiples dysfonctionnements (économiques, sociaux, environnementaux) qui résultent de cette nouvelle configuration ; c'est pouvoir comprendre cette nouvelle forme de gouver-

1. *Ibid.*

nance urbaine dans laquelle se jouera l'avenir de nos villes[1].

La ville ne peut être laissée au libre jeu des promoteurs, des constructeurs, des technocrates, des politiciens déculturés, au sein d'un marché voué au profit maximal. Une telle complexité vivante nécessite d'être pensée et repensée. Une pensée repensée doit se nourrir de connaissances historiques, économiques, écologiques, sociologiques. Elle doit tenir compte de la géographie, du climat (pluie, vent, soleil), englober l'urbanisme tout en le dépassant de tous côtés. Ainsi pourrait émerger un « urbanisme réflexif » qui développerait effectivement une réflexion sur le présent et l'avenir urbain à partir de connaissances liées de façon transdisciplinaire.

La ville n'est pas une simple projection au sol de rapports socio-économiques. La reconnaissance de l'existence d'une spatialité antérieure à celle de l'espace urbain autorise la prise en compte explicite, dans le débat sur la ville, des mythes fondateurs. Il ne s'agit certes pas des fantasmes de l'architecte ou du promoteur, mais de ces idées qui participent d'une finalité sociale ou encore qui l'insufflent. Si la ville est une entité matérielle, un construit socio-économique, un récit permet-

1. *Ibid.*

tant l'articulation entre les deux, réfléchir sur la ville de demain procède d'une démarche culturelle destinée à retrouver les fondements d'un lien entre le local et le global, le cadre urbain et le cadre naturel, l'exigence de la mobilité et celle de l'identité pour tous.

Penser la ville, c'est penser l'habitant ou plutôt la pluralité des habitants. Il ne suffit pas de questionnaires standard pour connaître les vœux et aspirations en matière d'habitat. Beaucoup de réponses aux questionnaires sont des réponses de conformité, de standing, souvent les aspirations profondes n'y sont pas exprimées soit par timidité, soit qu'elles ne sont pas totalement conscientes.

Quoi qu'il en soit, il y a un caractère premier et sacré de l'habitat : il doit être l'espace de l'intimité, de la *privacy*, de la liberté personnelle et familiale. Cette intimité doit être préservée des écoutes, protégée des bruits extérieurs (cloisons insonorisantes). L'habitat doit être aussi l'espace du bien-vivre, qui englobe le bien-être matériel mais doit comporter une dimension psychologique et morale, c'est-à-dire, pour les personnes esseulées ou délaissées, un dispositif d'entraide et de solidarité dans le cadre de l'immeuble ou quartier.

Enfin, penser la ville, c'est penser sa croissance et penser son avenir. En fait, au cours de la seconde moitié du XXe siècle et débordant sur celui-ci, la croissance urbaine s'effectue selon deux modalités qui sont associées :

• le mode compacté, où la concentration des activités et de l'habitat conduit à l'érection de tours et de gratte-ciel ;

• le mode de l'extension anarchique des *suburbs* et banlieues (d'où éloignement et hyper-mobilité nécessaires, pour les transports, entre habitat, lieu de travail, école, commerces et supermarchés périphériques, services publics, hôpitaux, lieux de spectacles).

Ce dernier mode et le précédent sont associés à New York (Manhattan, Brooklyn, Bronx) et dans de très nombreuses villes.

S'y sont ajoutées quelques expériences de villes nouvelles selon des modèles rationalisateurs prônés par Le Corbusier pour l'habitat, réalisés par Oscar Niemeyer pour la ville à Brasilia. Ce mode, qui a créé des blocs d'immeubles isolés de part et d'autre de larges avenues vouées aux voitures, a multiplié les espaces verts, mais empêche convivialité, flânerie, et se révèle inhumain par rapport à sa périphérie non planifiée, bricolée et bricoleuse.

Il nous semble important d'envisager des projets novateurs de villes futures, mais ceux-ci devront tenir compte des besoins humains d'autonomie, de convivialité, de solidarité et de sécurité.

En ce qui concerne le modèle à double visage compaction/étalement, il faudrait envisager une compaction et un étalement réformés dans le sens d'une humanisation de l'une et de l'autre. La compaction réformée maintiendrait ou ressusciterait une forte densité de population, avec commerces et services, dans les quartiers centraux qui devraient être piétonnisés au maximum, dotés de transports non polluants, où les déplacements de l'habitat au travail, à l'école et aux services publics seraient courts et pourraient être effectués à pied ou à vélo. Elle pourrait comporter en certains lieux des tours ou des gratte-ciel où devraient être instituées des relations communautaires internes. L'étalement réformé devrait être bien irrigué en transports publics et chaque noyau suburbain comporter sa poste, son dispensaire, son cinéma, ses petits commerces.

Enfin, penser la croissance urbaine demande d'envisager l'arrêt du gigantisme et l'inversion des flux migratoires. Les prédictions des démographes, économistes, sociologues projettent candidement les grands courants actuels dans le futur sans songer que les courants dominants créent des contre-courants, que l'inattendu arrive souvent (ce fut le cas pour la prédiction statistique européenne à la fin des années 1950), et ils tiennent trop le probable pour certain. Or, nous l'avons vu, l'improbable (pour le meilleur comme pour le pire) est souvent advenu dans l'histoire humaine.

Le probable est que, prochainement, dix mégapoles comprendront chacune de 20 à 30 millions d'habitants, et que l'urbanisation se poursuivra jusqu'à la désertification totale des campagnes vouées aux agricultures et aux élevages industrialisés. L'inversion des flux migratoires paraît toutefois possible. Déjà, dans une métropole comme Paris, le flux s'est inversé. Ce mouvement vers les campagnes est le fait de jeunes gens tentés par l'agriculture biologique, l'élevage, la viticulture, et de retraités qui recherchent paix et harmonie ; il est déjà stimulé par les possibilités du télétravail. On peut envisager que l'accroissement des stress urbains, que l'augmentation du nombre de retraités, que la force d'appel d'une nouvelle vie rurale ou pastorale développeront cette tendance. Mais elle ne pourra vraiment s'affirmer que par une politique de revitalisation des campagnes (voir chapitres « Agriculture, campagnes » et « Politique de civilisation ») qui favoriserait l'installation de néo-paysans, néo-ruraux et néo-télétravailleurs.

Les voies réformatrices

Les voies réformatrices s'inscrivent dans un projet global d'humanisation des villes, qui comporte en premier lieu l'instauration d'une bonne gouvernance.

• Pour une bonne gouvernance

Depuis quelques années, les notions de « démocratie participative », « participation », « bonne gouvernance », plus particulièrement de « gouvernance urbaine » sont apparues sur le devant de la scène. Il convient d'ores et déjà de souligner que ces termes restent encore l'objet non seulement de nombreux malentendus, détournements et autres instrumentalisations, mais également de réelles difficultés d'application concrète. Ils recouvrent encore trop souvent des concepts flous, parfois trompeurs.

Parallèlement à ce foisonnement de termes et de théories fleurissent de toutes parts de nombreuses initiatives. Elles témoignent de l'éveil d'une nouvelle forme de citoyenneté, d'engagement et de mobilisation. Par leurs réussites ou leurs échecs, elles portent non seulement les espoirs, illusions et désillusions de démocratie participative et de bonne gouvernance, mais elles illustrent les capacités d'action et les progrès restant encore à accomplir pour soutenir ce vaste mouvement de participation et de concertation à l'échelle locale, en un mot de reconquête de la citoyenneté locale.

• Des priorités pour une ville plus inclusive

Il faudrait d'abord que le politique puisse mettre au centre de ses priorités majeures le projet d'une politique de développement économique avec insertion sociale des populations démunies. Il faudrait développer des micro-entreprises, des commerces de proximité, des activités de service là où les espaces sont stigmatisés. Il faudrait, en parallèle, prévoir des parcours d'insertion avec mise en place de centres de ressources capables de travailler en réseau afin de capitaliser et d'enrichir leurs expériences.

Il faudrait également assurer la qualité des espaces urbains en dotant les quartiers d'équipements publics et en sécurisant les plus difficiles parmi eux (ici la sécurité policière ne doit cependant pas aggraver la stigmatisation des quartiers dits difficiles).

Il faudrait accompagner cette politique d'une politique de prévention qui touche à la fois les enfants au niveau scolaire et les jeunes adultes en quête d'activité professionnelle. Il y a là aussi tout un ensemble d'interventions à fédérer et à faire travailler en partenariat.

Un autre défi s'impose, celui relatif à la question du logement. Il est souhaitable que nos politiques prennent en considération les effets pervers des politiques d'habitat dans les pays d'Europe en général, plus particulièrement en France depuis plus de quatre décennies. On parle justement de ghettos, d'espaces de relégation. Une politique adaptée pourrait réhabiliter ces espaces et permettre plus de cohésion sociale.

Autre défi, enfin : notre capacité à développer du lien social, à chercher à faire de nos différences (ethniques, raciales, culturelles, économiques) une richesse, et non un appauvrissement.

Dans les pays en développement favorisés par les mouvements de démocratisation et par la multiplication des revendications populaires, l'essor des associations et l'émergence d'une société civile organisée ont permis de rendre plus concrète la démocratie participative. Outre ce mouvement de démocratisation « par le bas », on remarque également que des évolutions « par le haut » ont entraîné la mise en place de structures ou de dispositifs favorisant une telle démocratie. Au surplus, les injonctions des institutions internationales concernant la « bonne gouvernance », ainsi que l'accent mis sur le renforcement du partenariat et de la concertation entre tous les acteurs du développement, ont favorisé la mise en œuvre des approches participatives.

Au niveau des nations, le vaste mouvement de décentralisation qui s'est amorcé au Nord comme au Sud a permis un transfert de compétences (plus ou moins réel) vers les collectivités territoriales, plus précisément vers les villes et vers les communes rurales. Disposant de nouvelles compétences et de nouvelles responsabilités, les collectivités locales doivent encourager les processus de concertation avec leurs administrés, non seulement pour répondre au mieux à leurs besoins, mais également pour assurer une cohésion sociale sur le territoire qu'elles administrent. Par ailleurs, la multiplication des acteurs qui agissent sur la ville, le quartier ou la commune rurale complexifie la gestion du territoire, rendant les limites de compétences d'autant plus floues ; la concertation locale apparaît dès lors comme une nécessité pour gérer pacifiquement et avec cohérence.

Il faut consolider et valoriser le potentiel humain que représentent les populations pauvres. Aujourd'hui, le constat fait l'unanimité : le système d'assistanat a échoué dans le cadre d'une lutte efficace contre la pauvreté urbaine. De nombreuses initiatives populaires ont vu le jour depuis lors, surtout dans les quartiers défavorisés. Celles-ci montrent les capacités d'auto-organisation et de mobilisation des ressources dont savent faire preuve les populations afin de s'en sortir. C'est sur cette vitalité et cette inventivité que repose le développement de la ville informelle. Nombre de travaux, de rapports et d'acteurs du développement local décrivent aujourd'hui les capacités inventives des populations démunies des grandes villes du Sud. Maints quartiers sont devenus des « pôles d'innovation sociale » et de créativité. Il faut valoriser ce potentiel humain que représentent les populations pauvres en soutenant les initiatives et en contribuant au renforcement des capacités. Très souvent, étant donné le désengagement de l'État dans les espaces de la fragilité urbaine, les initiatives propulsées par les habitants eux-mêmes ont pu se révéler très efficaces.

Il faut promouvoir la construction d'un référentiel méthodologique au service du développement social. Aujourd'hui, on assiste çà et là à l'émergence de nouveaux intervenants sociaux sur la scène urbaine. Depuis trois décennies, les associations de quartier, les ONG, les bailleurs de fonds se mobilisent et revendiquent un rôle dans la gestion de la ville. Étant donné le caractère nouveau de cet interface dans le domaine de l'intervention urbaine, surtout dans les espaces de pauvreté des pays du Sud, les expériences de ces nouveaux acteurs doivent contribuer à la réflexion et à l'élaboration d'une méthodologie et d'un référentiel en matière d'accompagnement social dans les projets menés sur la ville. Un partenariat entre les divers intervenants doit pouvoir être consolidé ou exister afin de créer une force commune capable d'agir efficacement dans le cadre d'une gestion concertée. Cette approche doit s'appuyer sur la capitalisation de toutes les expériences réussies en matière de gestion urbaine partagée, afin de les pérenniser et d'en faire des enseignements applicables ailleurs, en les adaptant bien évidemment aux particularités et aux spécificités de chaque cas.

Il faut multiplier les formations des travailleurs sociaux. Souvent, l'absence de formations adéquates dûment qualifiées porte préjudice à la réussite des projets de développement social. Face à l'enjeu actuel, et étant donné que cette interface entre populations et institutions est plus que jamais nécessaire, des formations d'agents sociaux sont indispensables afin de permettre à ces nouveaux opérateurs de la ville de s'investir dans l'action sociale urbaine et dans la lutte contre la misère et l'exclusion. Il faut plus que jamais encourager la création de modules de formation à ces nouveaux métiers, les rendre capables d'être les intermédiaires nécessaires entre les divers intervenants de la ville dans un contexte de désengagement de l'État central.

Afin d'aller vers un meilleur développement urbain, il faut avoir le souci de promouvoir et mettre en œuvre un développement intégré à l'échelle d'un territoire d'action défini avec l'ensemble des intervenants concernés. Le développement urbain doit être compris dans une dynamique complexe de la Ville tenant compte des liens forts entre l'ensemble de ses composantes. Agir sur la Ville requiert une connaissance de tous les systèmes complexes qui interagissent et produisent des espaces d'inclusion ou d'exclusion.

D'autre part, dans un contexte de désengagement de l'État central – et d'essor des démocraties naissantes dans les pays du Sud –, le champ de compétences des élus locaux s'élargit, la société civile émerge et s'impose de plus en plus comme un partenaire de bonne gouvernance en matière de politiques publiques. Des espaces de gouvernance et d'action participatives voient le jour. Ils appellent un renforcement de leurs capacités et le transfert d'outils et de méthodologie de diagnostic, de planification, d'action et de suivi. C'est ainsi que nous pourrons assurer leur réussite.

Il faut militer pour un réel développement urbain participatif où la ville serait comprise dans sa complexité. Il est primordial de penser la ville en relation avec son espace régional, le réseau urbain dans lequel elle s'inscrit, et, au-delà, les réseaux de villes auxquels elle est susceptible de participer. C'est là une approche globale qui tient compte de la complexité de la ville, des spécificités de ses composantes, des dynamiques des différents espaces dans lesquels elle s'inscrit.

L'au-delà du bidonville

Une étude sur le terrain[1] a bien montré que souvent les habitants des bidonvilles au Maroc n'aspirent pas à changer leur vie de bidonvillois. Interrogés lors de programmes de relogement social[2], ils manifestent un refus d'intégrer les nouveaux logements sociaux. Quitter le bidonville, lieu de convivialité et d'entraide, pour intégrer un appartement dans les immeubles de l'anonymat est souvent difficile pour des personnes qui sont pour la plupart d'origine rurale. Attachés à une vie de convivialité et de services rendus, ils aspirent certes à une nouvelle condition, mais non à de nouveaux lieux. Cela se retrouve partout où les bidonvilles ont préservé les relations de solidarité de famille et de voisinage, partout où des micro-commerces et des micro-entreprises se sont créés, partout où une économie informelle ignorée de l'extérieur a pu faire survivre chaque jour le plus grand nombre.

Une prise en charge efficiente des dimensions sociales devrait contribuer à une amé-

1. Sabah Abouessalam, *Étude sociologique pour la création de la ville nouvelle de Tamesna*, Rabat, Maroc, 2004.
2. S. Abouessalam, *Programme VSB*, enquête sociale, 2009, Maroc.

lioration durable des conditions de vie par la résorption de l'habitat insalubre dans des quartiers intégrés à la ville. Dans la pratique, il y faut une bonne ingénierie sociale des projets, qui contribuerait à une meilleure adéquation entre le projet et les caractéristiques socio-économiques de la population des quartiers défavorisés.

Pour l'humanisation des villes

Une politique de ré-humanisation des villes devrait notamment comporter :

• La piétonnisation des centres-villes, des lieux historiques, des rues commerçantes ou de loisirs des quartiers, à l'exemple de Fribourg-en-Brisgau, dans le pays de Bade : toute ville devrait comporter une double ceinture de parkings, la première payante, autour du centre piétonnisé, réservée aux transports publics, la seconde gratuite, autour de l'agglomération, à ciel ouvert, avec, en prime, un titre de transport également gratuit.

Les quartiers seraient ré-humanisés en se transformant en éco-quartiers (comme le quartier Vauban, à Fribourg) où seraient effectuées la dépollution, l'écologisation de l'habitat, notamment par l'emploi d'énergies propres, où seraient rétablies les mixités sociales, où s'épanouiraient les convivialités. À la plaisanterie d'Alphonse Allais, proposant de transférer les villes à la campagne, pourrait se substituer l'insertion concrète d'espaces de jardinage, de petits élevages, d'apiculture sur les toits des villes comme à Toronto et ailleurs. Ainsi la lutte contre pollutions, nuisances, stress, anonymat serait en même temps une démarche concrète pour la qualité de la vie.

• Les transports publics et privés devraient être non polluants (voitures électriques ou hybrides). Des péages urbains pourraient être institués comme à Londres, ce qui y a considérablement réduit le trafic venu de l'extérieur. Des vélos et des autos en location seraient à la disposition de tous. Pour les transports hors zones piétonnes, la prise de conscience citoyenne inciterait au covoiturage, aux taxis collectifs, aux triporteurs électriques. Les autobus à essence feraient place aux tramways et aux métros, lesquels pourraient largement irriguer les espaces suburbains et banlieusards. Les horaires d'accès au centre-ville des camions seraient limités à des heures matinales et des services de livraison par transports non polluants seraient effectués, pour les personnes hors de chez elles dans la journée, à des points relais proches de leur résidence.

En Amérique latine, par exemple, un certain nombre d'agglomérations, dont Bogota (Colombie) et Curitiba (Brésil), ont choisi de fonder leur système de transports sur un réseau de bus en site propre intégral, moins coûteux et présentant des performances honorables. Ces aménagements s'accompagnent d'une stricte réglementation par les pouvoirs publics municipaux, qu'on ne rencontre nulle part ailleurs. Dans quelle mesure ces exemples latino-américains pourraient-ils servir de modèles à certains pays du Nord et apporter des solutions techniques à la crise des transports urbains en d'autres pays du Sud ? Ces réussites peuvent-elles inspirer en termes d'organisation et de régulation pour concevoir un système de transport plus efficace au service de l'aménagement urbain ? L'approche privilégiée par Bogota et Curitiba fournit en tout cas l'occasion de discuter d'une politique et d'une compétence locale d'organisation des transports urbains.

Enfin le destin des villes dépend encore trop rarement d'initiatives audacieuses et volontaristes, qui souvent s'expliquent par la personnalité d'un individu (un maire, par exemple), la volonté de la société civile (les habitants de quartiers organisés en association) ou d'ONG (*cf.* les budgets participatifs de Porto Alegre, de Recife, Medellín, etc). Les exemples de telles initiatives commencent à se multiplier çà et là et donnent des résultats probants à leur échelle. Mais le sort de la plupart des mégapoles et capitales, livrées à l'économie libérale, reste sous la domination des promoteurs et des spéculateurs, d'une part, et, d'autre part, de spécialistes (urbanistes, architectes) compartimentés chacun dans son domaine, qui ne perçoivent nullement le caractère multidimensionnel des problèmes urbains et sont inaptes à penser la ville dans sa globalité complexe.

Conclusion

L'humanisation des villes constitue un enjeu majeur pour un avenir meilleur. Dans les pays du Sud comme dans ceux du Nord, un nombre non négligeable de villes mettent en œuvre une gouvernance reposant sur le rôle décisif de la participation des habitants-citoyens. Cette citoyenneté retrouvée n'est ni un rêve, ni une utopie inaccessible. Aujourd'hui plus que jamais, les pouvoirs locaux comprennent qu'il est de plus en plus difficile de gouverner sans tenir compte des demandes sociales qui se font entendre dans les villes, et sans associer citoyens et associations locales aux projets qui les concernent.

Annexe

Quelques exemples réformateurs urbains réalisés ou en cours

Stockholm, ville de 1 million habitants, est un modèle de ville verte. Elle utilise à 80 % un chauffage urbain, dont 70 % à base d'énergies renouvelables. La ville s'est fixé pour objectif de ne plus avoir recours aux énergies fossiles d'ici 2050. Les aspects environnementaux sont systématiquement pris en compte dans les décisions d'aménagement urbain et dans le budget de la ville.

Aujourd'hui, 95 % de la population de Stockholm vit à moins de trois cents mètres d'un espace vert. Les nombreuses zones vertes de la ville participent à la purification de l'eau, à la réduction du bruit, à la diversité biologique et au bien-être des habitants.

La mise en place d'un péage urbain, voté par référendum dès 2007, a permis de réduire la pollution atmosphérique et de développer les transports en commun non polluants. Ainsi, depuis 1990, les émissions de gaz à effet de serre ont diminué de 25 % à Stockholm même et sont aujourd'hui de 50 % inférieures à la moyenne suédoise.

Stockholm a également mis en place un système innovant de gestion intégrée des déchets qui assure un taux de recyclage élevé, notamment pour ce qui est des déchets organiques.

Le quartier de Bonne, à Grenoble, est un éco-quartier où la volonté de mixité a établi à la fois des logements sociaux en propriété, des résidences d'étudiants, des commerces, des bureaux, un cinéma.

Le Conjunto Palmeiras, près de Fortaleza, au Brésil, était au départ un bidonville où s'étaient réfugiés les habitants pauvres du centre-ville chassés par les promoteurs immobiliers. Sous l'impulsion de Joaquim Melo, ce bidonville s'est converti en quartier populaire aux maisons construites en dur, sur l'emplacement originel. Il a sa banque populaire qui fournit du micro-crédit et propose toutes les opérations bancaires aux habitants ; il a même sa monnaie locale et a préservé sa vie communautaire. Il compte aujourd'hui 30 000 habitants.

Auroville, en Inde du Sud, dont nous parlerons ailleurs (voir le chapitre « La voie de la réforme de vie », p. 257) est une ville de 2 000 habitants, communautaire par fondation, qui pratique l'économie sociale et solidaire.

À Hambourg, l'éco-quartier en construction sera chauffé par cogénération : il utilisera le solaire et le photovoltaïque, et gérera la récupération des eaux de pluie.

Masdar, cité en construction depuis 2008, près d'Abou Dhabi, dans les Émirats arabes unis, fonctionnera exclusivement au moyen d'énergies renouvelables, dont le solaire, ressource constante dans le désert de l'émirat. Elle doit être achevée en 2015 et comptera 50 000 habitants. Elle est prévue pour fonctionner avec un niveau zéro d'émission de gaz carbonique, et sans déchets. Elle sera *car-free* (sans voitures).

Dongtan, en Chine, est un projet de ville écologique qui était censée voir le jour pour l'Exposition universelle de 2010 à Shanghai et servir de modèle à d'autres écopolis. La nouvelle ville serait située sur l'île de Chongming, à l'embouchure du Yangzi Jiang, au nord de Shanghai. Construite sur 86 km, la ville devrait compter initialement entre 50 000 et 80 000 habitants. Il est prévu que 500 000 personnes y soient installées en 2050.

Dongtan permettrait de mettre en place, grandeur nature, toutes les dernières innovations techniques et urbanistiques notamment en termes de production d'énergie verte, d'isolation, de circulations douces. Les derniers principes en matière d'écologie seront appliqués, comme l'implantation d'éoliennes, le développement de transports en commun propres, de véhicules électriques, l'utilisation de la biomasse, l'isolation végétale, les panneaux solaires, etc.

L'*ecotown* BedZED[1], en Grande-Bretagne, produit plus d'énergie qu'elle n'en consomme et présente un bilan carbone positif.

New Songdo est une ville nouvelle en construction sur une île artificielle près de Séoul, en Corée du Sud. Projet immobilier privé le plus important au monde, elle prévoit d'accueillir, en 2014, 65 000 résidents et 300 000 travailleurs. Ses habitants disposeront d'un « Central Park » new-yorkais, de canaux vénitiens, d'un hôpital « américain » John Hopkins, et d'écoles préparatoires gérées par la Harvard's Education Faculty. New Songdo sera une ville-laboratoire où les poubelles publiques utiliseront des étiquettes spécifiques pour créditer d'un certain montant tout habitant qui recyclera une bouteille vide ; les sols des appartements seront sensibles aux pressions et, s'ils détectent une chute, contacteront les services d'urgence... Dans la *U-City*, la même clef servira à prendre le métro, à payer son parking, à voir un film, à ouvrir son appartement... Tous les systèmes d'informations (résidentiels, médicaux, d'entreprise, administratifs) partageront leurs données.

1. Beddington Zero Emissions Development.

Résidences et bureaux seront équipés à l'origine de multiples capteurs senseurs qui collecteront des données d'identification, de localisation, climatiques, corporelles, elles aussi réinjectées dans le système d'information global de la ville. Ce volontarisme des autorités et des entreprises sud-coréennes suscite beaucoup d'admiration, mais aussi beaucoup de craintes. L'intégration très en amont, le déploiement à grande échelle, dans New Songdo, des technologies et services de l'informatique pervasive constituent une occasion unique d'observer *in situ* l'émergence de leurs usages. Un centre de recherche sur les *RFID*[1] est d'ailleurs en cours d'implantation à New Songdo, financé par le gouvernement sud-coréen à hauteur de 297 millions de dollars.

Les écopolis qui devraient être réalisées en France seront des villes d'au moins 50 000 habitants, intégrant une haute qualité environnementale et les toutes nouvelles technologies de communication. Elles serviront notamment à faire progresser massivement l'urbanisme général au service d'objectifs tels qu'infrastructures haut débit, transports technologiquement de pointe, constructions « durables ». Ces « espaces urbains durables » devront intégrer emploi, logement, cadre de

1. *Radio Frequency Identification* (Radio identification).

vie et mixité sociale, et mettre en œuvre des ressources énergétiques renouvelables : éoliennes, panneaux solaires, etc. Ils joueront ainsi le rôle de laboratoires pour la réduction de la consommation d'eau, le tri des déchets, le développement de la biodiversité, la réduction de la consommation d'air conditionné, l'aménagement de plans d'eau, la création d'espaces verts (équivalant à 20 % de la surface de la ville), l'accès très large et gratuit aux nouvelles technologies de l'information. Ils devront enfin encourager la mixité sociale.

La ville ruinée de Detroit comporte déjà de grands potagers ; un entrepreneur y propose une ferme urbaine. Les écologistes prônent l'implantation de pistes cyclables, de coulées vertes, d'espaces de loisirs à l'emplacement des anciennes usines.

À Marinaleda (2 700 habitants), en Andalousie, sous l'impulsion du maire Manuel Sanchez Gordillo, la ville est autogérée par les habitants. S'y tiennent des assemblées publiques chaque semaine. Les citoyens entretiennent les rues et les parterres gratuitement chaque dimanche. Il n'y a pas de police municipale. La coopérative agricole rentabilise les terres après l'expropriation des 1 200 hectares de l'aristocrate latifundiste ; elle emploie la majorité de la population avec un salaire égal pour tous. Le chômage a été éliminé.

CHAPITRE 3

Agriculture et campagnes

Situation

Un phénomène inédit est advenu dans l'histoire de l'humanité. Les extraordinaires développements de production, de productivité, d'irrigation en agriculture se sont accompagnés de la dépendance alimentaire accrue de millions d'êtres humains. Sur 1,3 milliard de sous-alimentés (selon la FAO), près de 900 millions sont des ruraux. La FAO dénombre 1 milliard d'affamés en 2009, dont 15 millions dans des pays dits développés, le reste dans les autres. Un humain sur six souffre de faim ou de malnutrition. En outre, dans des régions de haute productivité agricole mais vouées à l'exportation, comme l'Égypte ou le Niger, des famines ont réapparu. Matthieu Calame remarque que « la peur de la famine est de retour... Pourrons-nous, en 2050, nourrir 9 milliards d'hommes sans par ailleurs dégrader l'environnement de manière irréversible, sans transformer la terre en un désert ocre ? Quel sera le régime alimentaire ? Quelle valeur aura l'énergie ? Quels gains de productivité pourra-t-on espérer ? Sur combien d'hectares de terre pourrons-nous compter ? *Et cetera*. Et l'on soulignera alors que les questions techniques, biologiques, sociales s'interpénètrent[1]... »

Le problème de l'agriculture est un problème planétaire indissociable de ceux de l'eau, de la démographie, de l'urbanisation, de l'écologie (changements climatiques), bien entendu aussi de l'alimentation, problèmes eux-mêmes interdépendants les uns des autres.

L'eau. Comme le dit Matthieu Calame, « sans eau il n'y a pas de culture, donc pas de nourriture ». Selon la FAO, la maîtrise de l'eau est un élément clé de la sécurité alimentaire[2], de la sécurisation de la production et de l'amélioration rapide de la productivité du secteur agricole, en particulier en Afrique où l'on utilise moins de 4 % des ressources hydriques renouvelables (contre 20 % en Asie). Dans les pays en développement, seuls

1. Matthieu Calame, *La Tourmente alimentaire. Pour une politique agricole mondiale*, Éditions Charles Léopold Mayer, 2008, et *Une agronomie pour le XXIe siècle*, Éditions ECLM, 2007.

2. UN-WATER http://www.fao.org/nr/water/indexfr.htm.

20 % de la superficie agricole sont irrigués, et fournissent 40 % de la production ; en Afrique sub-saharienne, seulement 4 % des terres arables sont irriguées (contre 38 % en Asie). Les prélèvements effectués par plusieurs pays y dépassent les capacités actuelles de recharge des nappes, mais certains n'hésitent pas à pomper les précieuses eaux fossiles potables des aquifères pour leurs cultures.

La démographie. La « révolution verte », première forme de rationalisation de l'agriculture accroissant les rendements, a répondu à la croissance démographique mondiale dans la seconde moitié du XXe siècle. Depuis lors, nous le verrons, l'agriculture industrialisée pose plus de problèmes qu'elle n'en résoud. Le problème démographique se profile à nouveau. Le prolongement des courbes de croissance démographique laisse augurer 9 milliards d'humains en 2050. Il est donc nécessaire de prévoir un accroissement des ressources vivrières, mais, nous allons le voir, cet accroissement ne saurait se faire selon les méthodes, même perfectionnées (avec OGM, notamment), de la « révolution verte ». Nous indiquerons plus loin les possibilités de réponse à ce problème, notamment par la multiplication des productions vivrières locales, des techniques fertilisantes saines (biochar, goutte-à-goutte), l'aquaculture, etc., mais aussi par une réforme de l'alimentation carnée des pays riches.

L'urbanisation. L'urbanisation croissante diminue la population paysanne, accroît la population dépendante en matière d'alimentation ; elle rétrécit les zones alimentaires ; de plus, provoqué par les besoins urbains en véhicules, le développement des cultures pour biocarburants accroît cet étrécissement : d'où hausse des prix, aggravation de la sous-alimentation des populations pauvres, apparition de famines régionales.

La crise de l'agriculture et de l'élevage industrialisés

« Le modèle agricole des années 1960, qui a permis de négocier assez efficacement le passage de 3 à 6 milliards d'individus dans le monde, est épuisé. » Fabrice Dreyfus, directeur de l'Institut des régions chaudes à Montpellier, membre de l'IAASTD[1], parvient à cette conclusion : « Il est désormais évident que nous ne pouvons plus poursuivre dans cette voie. Même les pays le plus farouchement partisans de l'agriculture intensive, comme les États-Unis ou l'Australie, commencent à

1. International Assessment of Agricultural Knowledge in Science and Technology for Development.

accepter – timidement – l'idée du changement[1]. »

Sous l'incitation des besoins et la poussée du profit capitaliste, la tendance dominante, un peu partout sur le globe, est pourtant de continuer et amplifier agriculture et élevage industrialisés qui concourent à la disparition des paysans, à l'urbanisation croissante, ainsi qu'à la dégradation générale des sols et de la qualité des produits.

En effet, les évolutions favorables à la productivité « sont aussi favorables aux maladies fongiques, aux insectes parasites et aux mauvaises herbes, écrit Jean Marc Meynard, agronome à l'INRA. Les cultures céréalières intensives sont (...) très exigeantes en traitements phytosanitaires (...) et les pesticides sont devenus les pivots des systèmes de production[2] ». Les pesticides sont en effet passés du stade de remède à celui de drogue. Fruits, vins, etc., en contiennent des résidus.

---

1. Fabrice Dreyfus, *in* « Rapport de l'expertise intergouvernementale de l'IAASTD sur l'agriculture mondiale », avril 2008.
2. Jean Marc Meynard, *in* « Produire autrement ; réinventer les systèmes de culture ». In R. Réau et T. Doré, *Des systèmes de culture innovants et durables : quelles méthodes pour les mettre au point et les évaluer ?* Educagri éditions, Dijon, 2008.

« Depuis des décennies, les produits phytosanitaires sont développés par des multinationales qui diffusent ces produits auprès d'agriculteurs à qui elles imposent leur solution[1] », signalent Pierre Mischler, du bureau d'études Agro-Transfert, et Bernard Triomphe, du Cirad.

Plus encore, les épandages massifs, les pollutions des cours d'eau et des nappes phréatiques ont des conséquences écologiques et sanitaires de plus en plus néfastes. L'agriculture industrialisée est l'une des principales causes d'épuisement des eaux, d'appauvrissement des sols et de pollution chimique. De fait, 1,9 milliard d'hectares et 2,6 milliards de personnes sont désormais affectés par cette dégradation de l'environnement.

Paradoxalement, la crise alimentaire est intervenue alors même que les espaces irrigués de par le monde atteignaient des records en superficie et en progression annuelle. On compte aujourd'hui environ 290 millions d'hectares irrigués à travers le monde, et l'agriculture irriguée ponctionne entre 70 et 80 % des eaux douces disponibles. Pour la seule

1. Pierre Mischler et Bernard Triomphe, CIRAD. Voir R. Réau et T. Doré, *Systèmes de culture innovants et durables*, Transversales et Educagri éditions, Dijon, 2008.

Égypte, les cinquante dernières années ont vu la création d'environ 2 millions d'hectares de périmètres irrigués grâce à la construction du barrage d'Assouan. Cela a permis à l'Égypte de produire des céréales vivrières, mais aussi de compter parmi les grands exportateurs agricoles (primeurs de fruits, de légumes et de fleurs). En 2008, la crise alimentaire s'y est soldée par la mort d'une quinzaine de personnes (selon les autorités), de beaucoup plus selon des sources indépendantes. L'Afrique est l'unique continent où la production agricole par tête a diminué au lieu d'augmenter. Pour Tiémoko Yo, ministre ivoirien de l'Agriculture, « l'Afrique reste le continent qui produit ce qu'il ne consomme pas et consomme ce qu'il ne produit pas ». L'Afrique doit maintenant importer un tiers de ses besoins.

L'explication de ce paradoxe se trouve dans la politique de pays qui favorisent les exportations agricoles au détriment de leur souveraineté alimentaire, laquelle permettrait de nourrir de façon autonome, notamment en céréales, leur population. Le blé à bas prix originaire des pays qui subventionnent leur production céréalière (France, États-Unis), et qui remplace mil, sorgho, manioc, élimine du coup les productions indigènes. Sur le terrain, cette politique se traduit par l'élimination des ressources des petites paysanneries pratiquant une agriculture vivrière au profit des agro-investisseurs préférant travailler prioritairement pour le marché international avec le soutien matériel de gouvernements en quête de devises étrangères[1].

Au-delà de la crise alimentaire de 2008 qui a aggravé la dépendance alimentaire des pays du Sud et de leurs communautés locales, l'industrialisation agricole effrénée provoque la dégradation accélérée de la terre, de l'eau, et un appauvrissement rapide de la biodiversité. Plus grave encore, la concurrence inégale sur les ressources aggrave le processus d'appauvrissement et d'exclusion de millions de familles de petits paysans.

Les productions de monocultures intensives, avec leur logique de rentabilité à court terme, ne prennent pas en compte les désastres climatiques, environnementaux et sociaux qu'elles provoquent en partie.

Ainsi le développement de l'agriculture et de l'élevage industrialisés détruit les agricultures vivrières, réduit la biodiversité, ravage les forêts, dégrade les sols. Il a provoqué non seulement des dégâts environnementaux considérables, mais aussi des dégâts

1. Il est certes important pour les États africains de développer leurs cultures d'exportation en fruits et produits tropicaux (ce qui nécessite une industrialisation modérée), mais à condition de sauvegarder leur agriculture vivrière.

humains, non moins considérables, dont la misère, l'exclusion, les migrations. Il continue d'entraîner la désertification des campagnes et la mort des paysans ; il a aggravé les inégalités criantes entre pays riches et pays pauvres.

Matthieu Calame indique que les ravages causés par l'agriculture et l'élevage industrialisés entraînent d'autres problèmes en chaîne : « celui des filières internationalisées de l'alimentation qui font circuler les produits d'un continent à l'autre au prix de transports routiers et aériens consommant une très grande quantité d'énergie et produisant une grande quantité de CO_2 ; celui d'une économie planétarisée commandée par le seul profit, où les enrichissements produisent de nouveaux appauvrissements et de nouvelles prolétarisations ; où les progressions techniques et économiques provoquent de nouvelles régressions morales et psychiques ; où nous perdons en qualité ce que nous gagnons en quantité ; où une partielle rationalité économique provoque une irrationalité économique globale : ainsi l'agneau de Nouvelle-Zélande acheminé par avion est vendu à 7 euros le kilo dans les grandes surfaces, soit la moitié du prix de l'agneau élevé en France, mais, transporté par avion sur plus de 18 000 kilomètres, il émet des quantités de

CO_2 qui totalisent plus de cinquante fois son poids[1] ! »

À cela s'ajoute le néocolonialisme agraire, avec l'achat massif depuis 2008 de terres de l'hémisphère Sud par des firmes du Nord pour satisfaire une consommation extérieure. Le business du Nord acquiert des terres fertiles, parfois grandes comme des États, en même temps que le capitalisme, chinois, brésilien ou indien, y accapare les gisements de matières premières (cobalt, lithium, bauxite). Les terres du Sud sont devenues des actifs rentables pour les capitaux boursiers. En un an, des dizaines de millions d'hectares, représentant des pourcentages parfois élevés des surfaces arables des pays concernés sont passés sous le contrôle de quelques grands groupes. Bien que la moitié des terres arables mondiales soient encore disponibles, l'Afrique, par exemple, n'a pas ou n'a que peu de bonnes terres encore libres[2].

Au rang de ces investisseurs privés, plusieurs pays du Nord (Allemagne, Suède) voient leur intérêt dans l'achat de biens fonciers à bas prix ou moyennant des baux emphytéotiques à 1 €/an sur 99 ans, exempts d'impôt foncier,

1. M. Calame, *La Tourmente alimentaire. Pour une politique agricole mondiale*, *op.cit*.
2. Paul Mathieu, expert en gestion foncière FAO.

avec une main-d'œuvre locale à bas coût, une défiscalisation partielle ou totale des activités et des biens de l'entreprise, des terres adaptées à la production d'agro-carburants. D'autres pays investisseurs associent la croissance de leurs investissements capitalistes à la protection de la sécurité alimentaire de leur population ne disposant pas de terres de qualité ni d'eau, voire de ressources énergétiques propres suffisantes (Arabie Saoudite, Corée, Libye, Chine, pays du Golfe, Émirats, Malaisie, Inde, Japon...).

Sauf exception comme le Niger, les anciens pays colonisés, devenus États souverains, font souvent la promotion des investissements étrangers, seuls capables selon eux de tirer le meilleur parti des ressources et des terres du Sud grâce à leurs capitaux et à la prétendue supériorité de la production technologique sur la production familiale ou paysanne. Ces États receveurs d'investissements cèdent ainsi des avantages à long terme et des biens précieux, comme la terre, contre des avantages financiers à très court terme.

La FAO, la Banque mondiale, Via Campesina, notamment, contredisent cette thèse qui ne tient pas compte des connaissances ancestrales, climatologiques et écologiques qu'ont accumulées les paysans pour la mise en valeur de leurs terres.

Le vol des terres des populations rurales du Sud, doublé de la négation de leurs droits coutumiers, aurait fait plus d'un milliard de personnes déplacées vers les bidonvilles[1].

La marchandisation de la terre par la captation des richesses et des rentes, rendue licite par des contrats « volontaires » conclus dans un rapport des forces financièrement, techniquement et juridiquement inégal, accélère le chômage avec la mécanisation, la prolétarisation, la migration et la disparition irréversible de la moitié rurale de l'humanité et de ses savoirs.

Les déplacements de ces réfugiés agricoles aggravent la pauvreté, l'insécurité alimentaire, les risques de conflits sociaux et ethniques, le grossissement des bidonvilles et de l'immigration clandestine à destination des pays « développés ».

Finalement, la crise agricole qui frappe surtout les paysans déracinés et les urbains du Sud est issue des effets de la mondialisation au triple visage (globalisation, développement, occidentalisation), du déferlement incontrôlé de l'économie capitaliste, avec l'extension de l'agriculture industrialisée et toutes ses conséquences.

1. Liz Alden Wily, « Whose land is it ? Commons and conflict states », *Rights and Resources initiative*, Washington, 2008.

Les voies réformatrices

Nous retrouvons ici les deux impératifs à la fois antagoniques et complémentaires : mondialiser et démondialiser.

a) Une politique d'ensemble mondialisée

Une politique d'ensemble implique une régulation du marché mondial reposant en aval sur un soutien aux prix, en amont sur une taxation des facteurs de production (eau, terre, intrants, énergie). Les taxes sur l'amont permettront de financer l'aval. Un tel système favoriserait les agriculteurs dont les techniques agricoles sont écologiquement efficientes (Matthieu Calame).

Une politique d'ensemble devrait être à la fois globale et différenciée pour l'utilisation des terres mal exploitées. La FAO estime à 1,53 milliard d'hectares les terres en pleine culture, et à 3 milliards d'hectares les terres mal exploitées.

Une politique d'ensemble se conjuguerait avec une politique de réforme alimentaire. On pourrait nourrir 9 milliards d'humains avec 1,5 à 2 milliards d'hectares de terres, en abandonnant le modèle carné nord-américain ou argentin ; 7 kilos de céréales sont nécessaires à la production d'1 kilo de viande. La consommation de viande moyenne annuelle est passée dans le monde, de 1970 à 2010, de 25 à 38 kilos par personne.

b) La démondialisation

Elle doit aller dans le sens de l'autonomie vivrière des nations, voire de leur souveraineté alimentaire[1] ; grâce à d'éventuelles protections douanières ; grâce à des aides étatiques ou internationales[2] à la promotion des petites

1. L'Inde et la Chine ont désormais pour visée politique de freiner leur exode rural.
2. La sécurité alimentaire est une véritable protection sociale, a estimé la directrice exécutive du Programme alimentaire mondial (PAM), Josette Sheeran, lors du Sommet de l'Union africaine à Kampala, en Ouganda, en juillet 2010. « Le PAM promet d'être présent aux côtés des Africains piégés dans les conflits et dans les catastrophes climatiques, et qui souffrent de la faim, a-t-elle dit dans une allocution prononcée devant les participants à la conférence. Les programmes de protection sociale comme les cantines scolaires, ou les programmes tels que "Nourriture contre éducation" ou "Alimentation contre travail" sont des outils de base qui permettent non seulement de mettre un terme à la faim et à la malnutrition, mais également de conduire plus rapidement au développement économique et agricole. » Selon la directrice du PAM, en offrant de l'argent en échange d'alimentation, ces programmes participent directement à la reconstruction ou au dévelop-pement. Ils permettent d'injecter de l'argent dans l'économie locale, d'offrir une occupation et un salaire à ceux qui en bénéficient, tout en construisant des routes, des infrastructures d'irrigation ou des installations industrielles qui rapprochent les agriculteurs des marchés. « Les programmes de protection sociale basés sur l'alimentation peuvent

exploitations répondant aux demandes locales (une parcelle bien exploitée de 1 000 m^2 peut assurer la prospérité d'une famille dans le Sud pourvu qu'elle dispose d'un circuit de commercialisation adéquat) ; grâce à une meilleure limitation et à une régression progressive des monocultures industrialisées ; grâce à la formation des exploitants aux techniques non polluantes et à la protection de l'environnement (reboisement) ; grâce au développement de l'alimentation de proximité pour les villes ; grâce à l'essor des systèmes locaux incluant l'écologie (agriculture fermière et bio) ; grâce à l'impulsion donnée aux

---

être un des moyens les plus fiables pour l'achat auprès des petits exploitants », a-t-elle précisé. Le PAM fournit environ 1 milliard de dollars d'aide alimentaire chaque année, et multiplie en outre les initiatives visant à soutenir les petits agriculteurs dans leurs communautés, afin de permettre aux villages de devenir autosuffisants. « À travers une initiative comme "Achat pour le progrès", mise en œuvre dans 16 pays d'Afrique, nous renforçons les capacités des petits exploitants agricoles en facilitant leur rattachement aux marchés, a encore souligné la patronne du PAM. J'ai récemment visité le Niger, la République démocratique du Congo (RDC), le Rwanda et l'Ouganda, et dans tous ces pays j'ai entendu le même appel des peuples qui souhaitent devenir autonomes pour construire une vie meilleure pour leur communauté, et surtout mettre un terme à l'insécurité alimentaire. »

pratiques de distribution directe du producteur aux consommateurs.

c) Il y a nécessité à lier une gouvernance mondiale des approvisionnements à la souveraineté alimentaire des Nations.

Une instance planétaire devrait être vouée à la gouvernance mondiale des approvisionnements que n'assument aujourd'hui ni l'Organisation des Nations unies pour l'agriculture et l'alimentation (FAO), ni l'Organisation mondiale du commerce (OMC). De toute façon, les États du Sud, surtout ceux d'Afrique, devraient pouvoir mener leur politique agricole sans sacrifier leurs petits producteurs, et ce, en cumulant production vivrière pour la population et production pour l'exportation[1]. La solution la meilleure semblerait devoir résider dans une synergie entre capitaux étrangers et locaux, moyens techniques, cultures agroforestières et agro-écologiques, et connaissances paysannes liées aux savoirs ancestraux.

Les investissements reçus par les gouvernements hôtes pourraient être une bonne oppor-

1. L'Afrique doit acheter une large part de sa nourriture sur les marchés mondiaux, car elle a fort peu investi dans son agriculture vivrière. La FAO note que sa production a été multipliée par trois en vingt-cinq ans, mais le manque d'infrastructures fait que la moitié des récoltes n'arrivent pas sur les marchés.

tunité dans la perspective d'une véritable politique agricole de développement des infrastructures de production, de transformation et de commercialisation, laquelle serait ainsi génératrice de revenus et d'emplois.

d) Il faut conjuguer la politique mondiale d'ensemble et les politiques différenciées selon les lieux.

Il nous faut ainsi voir les changements climatiques à la fois sous l'angle de la mondialisation (conséquences démographiques, sociales, politiques) et sous celui de la régionalisation (sécheresse ici, excès de précipitations là). Il est devenu vital d'envisager un vaste programme, à la fois planétaire et local, d'économie de l'eau (voir le chapitre « L'eau »). Enfin, la sauvegarde des cultures de terroir peut et doit être encouragée par des associations planétaires de préservation et de solidarité entre les modes d'élevage et de culture autochtones comme Terra Madre (1 600 communautés de nourriture traditionnelle établies sur tous les continents, 5 000 paysans éleveurs-producteurs dans 150 pays, 400 enseignants, 1 000 cuisiniers ; après celle de 2006, une rencontre mondiale des communautés de nourriture a réuni en 2010 6 à 7 000 personnes de tous les continents). Ou bien comme Agrisud (Stéphane Hessel et Robert Lyon) qui a permis le lancement de 19 500 petites exploitations dans dix pays africains, dont le taux de survie a été de 85 % au bout de cinq ans d'expérience. Ou encore Alliance-Terre citoyenne...

Les voies de revitalisation des campagnes

1) La revitalisation des campagnes est la finalité fondamentale de la politique d'ensemble mondialisante et démondialisante en matière agricole. Une politique de régénération des campagnes permettrait d'inverser les flux migratoires, de revitaliser les villages, de remplacer les grandes exploitations industrialisées par des moyennes et petites exploitations fermières ou bio[1]. Par des aides et des protections, elle encouragerait les exodes urbains (fuir le stress, la pollution, les nuisances), le maintien ou la reprise des petits commerces, elle animerait la recolonisation des bourgs et des villages ruraux ainsi que le tourisme agro-gastronomique qui fournirait aux producteurs des ressources supplémentaires. La régénération des campagnes entraînerait la création de parcs naturels comme celui de Montesinho, au Portugal, qui permet non seulement la protection

1. Citons, dans ce sens, entre autres, le Mouvement pour la Terre et l'Humanisme : Colibris, initié par Pierre Rabhi, qui développe l'agriculture bio, l'écoconstruction des enseignements de santé et d'écologie, et suscite rencontres et forums.

d'une flore et d'une faune très variées, mais aussi le maintien de villages où l'on encourage l'artisanat, l'utilisation des moulins à eau, où l'on restaure les vieilles fermes, où l'on favorise l'élevage du cochon maigre qui se nourrit de glands et qui fournit jambon et chorizo, attirant des amateurs venus de tout le Portugal.

La nouvelle politique agricole ne pourrait qu'être stimulée par la conscience croissante des conséquences nocives de l'industrialisation forcenée des cultures (pesticides s'infiltrant dans les fruits et légumes) et de l'industrialisation forcenée de l'élevage du porc (pollution des nappes phréatiques), des volailles et des bovins.

Elle se fonderait sur le droit à la terre des paysans du Sud sans terre ou expropriés, ce qui, comme dans le Nordeste du Brésil, nécessiterait une réforme agraire (laquelle aurait évité en partie les grandes migrations vers São Paulo). Elle protégerait la propriété communautaire de la terre tout en privilégiant les systèmes de fermage long (25 ans) pour les exploitations privées. Elle légaliserait les droits fonciers existants, surtout ceux des communautés paysannes et des petits fermiers (ex : en Afrique, 80 % des droits de propriété ne sont pas enregistrés par écrit) et ferait participer les paysans locaux aux négociations des cessions de terres.

Par ailleurs, l'installation de producteurs dépourvus de capital, venant du monde urbain, serait favorisée par une mutualisation du capital telle qu'on la voit en œuvre dans « Terre de liens[1] ».

2) C'est dans la même perspective mondialisation/démondialisation qu'on devrait accroître les surfaces cultivées. Aujourd'hui, on l'a vu, 1,5 milliard d'hectares sont consacrés à l'agriculture. La FAO estime que 4,2 milliards d'hectares seraient cultivables, dont facilement 1,5 milliard supplémentaire en utilisant les vastes territoires en friche de Sibérie, de Russie, de Pologne, d'Amérique du Sud, d'Afrique. (L'Asie, elle, n'aurait que peu de marge). On pourrait également fertiliser les zones arides (par adduction d'eau, goutte-à-goutte, biochar), fixer les sols contre l'érosion, revitaliser les terres stérilisées par l'agriculture industrialisée (en Australie, des paysans sont payés pour maintenir ou reconstituer des haies où viennent nicher les oiseaux), rétablir les chemins creux, c'est-à-dire restaurer des micro-climats bienfaisants.

La réduction progressive de l'utilisation de pesticides se ferait en relation avec la diminution progressive de l'agriculture industrialisée au profit de l'agriculture fermière et bio.

---

1. Mouvement associatif qui souhaite « agir concrètement pour permettre l'installation de paysans et le développement d'une agriculture biologique ».

Il serait également nécessaire de réduire puis de supprimer les biocarburants (co-responsables de la hausse des prix alimentaires).

3) Partout les instances nationales et internationales devraient apporter un soutien systématique au développement et à la propagation d'une agrobiologie qui éliminerait les moyens chimiques au profit de moyens biologiques. L'ingénierie biologique elle-même devrait rapidement permettre aux plantes cultivées de s'affranchir des engrais azotés en puisant l'azote directement dans l'air. Il s'agit de créer et développer rapidement des technologies écologiquement idoines. Ainsi, 60 m^2 de biochar peuvent produire annuellement plus d'une tonne de végétaux, soit de la nourriture pour une famille de dix personnes, plus des ventes au marché local. Cette production, indépendante des saisons, moyennant un cycle de 45 jours, permet une importante réduction (80 %) de l'usage de l'eau.

Il serait également nécessaire de rechercher l'« intensification écologique » qui augmente les rendements en utilisant les fonctionnalités bio-écologiques des éco-systèmes, ce qui conduirait à développer les reforestations (qui régulent le cycle de l'eau)[1].

1. Ce qu'a initié en Colombie l'association Las Gaviotas, de Paolo Lugari.

4) Le défrichage et l'arrachage des arbres sur des milliers d'hectares contribuent au déséquilibre hydrique et à la désertification. « Partout sur la planète, "cette agriculture-là fait le désert" (...). Le déboisement et la désarbrisation (destruction d'arbres hors forêt) aveugles transformeront par exemple les sources tropicales du Nil en oued sec sur les trois quarts de l'année. Enfermés dans la logique de la production effrénée, les capitalistes, politiciens, techniciens responsables de la déforestation amazonienne pour l'agriculture, l'élevage et l'industrie, veulent encore ignorer que le recyclage de l'eau des nuages par la forêt fournit la moitié du débit de l'Amazone[1]... »

5) Redévelopper l'agro-forestier présente, selon Matthieu Calame, des avantages innombrables. C'est une réforme alimentaire et agronomique qui doit conduire à abandonner le « dogme céréalier ». « L'avenir de l'humanité passe par l'agro-foresterie (association d'arbres, de culture et d'élevage) et par l'arbre agronomique (noyer, pommier, châtaignier, arbre à pain, amandier, olivier, etc.). L'histoire agronomique regorge de ces systèmes d'agroforesterie dont personne n'a jamais contesté les performances. L'efficience agro-écologique

1. E. Morin, *Terre-Patrie*, Le Seuil, 1991.

et énergétique des arbres alimentaires et des systèmes d'agro-foresterie est très supérieure à la polyculture-élevage, et bien sûr à la monoculture ! Nous pourrions mettre en place un "plan fructose" et substituer ce dernier au saccharose ; donner priorité absolue aux huiles "arboricoles" (noyer et olivier plutôt que colza et tournesol) ; réduire la part des céréales dans l'alimentation des animaux monogastriques (poulets et porcs), et réutiliser les glands[1] ».

6) De même, il convient, selon François Garczynski, ingénieur en génie rural, de ressusciter l'association de cultures avec arbustes et arbres par replantation d'arbres ruraux : « Sous les arbres, les rendements peuvent être plus que doublés. Non seulement ils assurent la fertilisation du sol, mais ils établissent un microclimat autour des cultures en brisant le vent et en maintenant une bonne humidité. » Ce type d'agriculture permettrait de gagner de nouvelles terres, dans les régions arides, sans avoir recours à l'irrigation massive.

Des agronomes méconnaissent encore le rôle salutaire de l'arbre isolé qui contrôle les flux d'eau, d'air et d'éléments chimiques dans le sol, qui dispose d'un pouvoir épura-

---

1. M. Calame, *La Tourmente alimentaire. Pour une politique agricole mondiale, op.cit*.

teur sur l'eau et l'air, et est conservateur de fertilité.

« Car la forêt n'a aucun rôle agro-environnemental au-delà d'environ cent mètres de sa lisière. Depuis 2000, je prouve ce rôle de l'arbre jusqu'à une distance égale à environ dix fois sa hauteur – environ 100 mètres pour une hauteur de 10 mètres (...). Planter des brise-vent hauts de 10 mètres et distants d'environ 200 mètres double ou triple les récoltes en près de vingt ans. » (Garczynski)

Le retour à l'agriculture, depuis l'équateur jusqu'au cercle polaire pourrait s'opérer, toujours selon Garczynski, non grâce à des forages, mais par replantation d'arbres ruraux. On pourrait très bien, à notre avis, pratiquer, selon les contextes, reforestation, plantation d'arbres, agro-foresterie, forages et utilisation du biochar comme engrais...

7) Conformément aux principes d'une politique de l'humanité qui s'adapte aux conditions culturelles singulières, il importe de déstandardiser les normes, d'unir les connaissances paysannes héritées d'expériences séculaires, voire millénaires, aux connaissances résultant des recherches agronomiques actuelles (végétaux résistant au stress climatique, stockage du carbone, banques génétiques pour végétaux, biotechnologies visant à améliorer les variétés). Ce qui implique une meilleure utilisation des animaux (traction,

fumier, etc.), ainsi que le retour à l'utilisation de la main-d'œuvre non seulement dans le Sud, mais partout où l'intervention manuelle est garantie de qualité ou de santé par rapport à l'intervention mécanique. Qui a dit « la généralisation du piocher supprimerait la faim dans le monde »... ?

8) L'amélioration des conditions de vie en milieu rural, sur les plans humain, éducatif, social, économique et agricole, requiert la création de protections sociales et de services sociaux dans les pays du Sud qui en sont dépourvus. Nanti d'une qualité de vie agréable, le monde rural n'aura alors plus besoin ni envie d'aller grossir les rangs de l'urbanisation ou de l'immigration.

9) Il est devenu capital, aujourd'hui, de problématiser les OGM censés éliminer certains pesticides (mais non endiguer la dégradation des sols), en enquêtant minutieusement sur les diverses conséquences de leur utilisation, notamment la réduction universelle de la biodiversité. De toute façon, il importe d'annuler les brevets de Monsanto et autres firmes qui placent les cultivateurs sous la dépendance exclusive de leur monopole.

10) Il faut susciter une prise de conscience des populations urbaines et des pouvoirs publics sur les problèmes de qualité, de santé et de gaspillages alimentaires ; une prise de conscience des citoyens sur les dangers et le

coût d'un approvisionnement dépendant essentiellement du marché mondial et de l'industrie agro-alimentaire. Cette prise de conscience doit se doubler d'une éducation à la consommation et à l'alimentation (voir les chapitres « L'alimentation » et « La consommation »).

11) Il faut réformer les aides humanitaires. Les gigantesques moyens alloués pour les situations d'urgence (désastres, inondations, famines) sont non seulement en grande partie gaspillés en passant par des administrations corrompues, mais surtout sont sans commune mesure avec ceux, insignifiants, destinés à la sauvegarde et au développement de l'agro-foresterie, de l'agriculture bio, des moyennes et petites exploitations, ce qui explique les stagnations et régressions dans les pays sinistrés, et révèle l'inefficacité de beaucoup de ces aides. De même certaines ONG apportent les conceptions du Nord aux problèmes du Sud en aggravant par là ce qu'elles voudraient améliorer.

Il faut envisager plutôt un *développement participatif* qui considère que les populations du Sud sont capables de prendre en main leur destin et leur donne accès aux bons outils. L'apport des associations ou ONG se traduirait alors par des formations (comptabilité, gestion, informatique...), par l'apprentissage et le partage de techniques agroforestières et d'expériences agricoles, etc. (ex : le travail de Pro-Natura international en Afrique, avec ses jardins potagers au Bénin et au Niger, qui associent l'irrigation goutte à goutte aux cultures de légumes et d'arbres frutiers). C'est à partir des expérimentations d'agriculteurs constitués en réseaux que devraient émerger de nouvelles méthodes. D'un rôle passif d'utilisateurs, ceux-ci passeront à un rôle actif d'expérimentateurs.

12) L'assistance serait remplacée par un partenariat réciproque Nord-Sud. Ce partenariat, fondé sur le principe d'échanges et de réflexions en commun, reconnaîtrait la richesse des apports et des progrès que les agriculteurs des pays du Sud, forts de savoirs ancestraux et familiaux, de capacités d'adaptation à des écosystèmes et climats différents des nôtres, pourraient nous fournir (ex : France-Volontaires a trouvé auprès de producteurs africains la possibilité de développer une filière de coton bio attractive sur le marché).

Conclusion

Toutes ces voies réformatrices réclament une ambitieuse politique aux multiples développements, à contre-courant de la tendance actuelle : promulguer des réformes agraires pour donner des terres aux paysans plutôt qu'aux « grands entrepreneurs » ; valoriser les systèmes de production de « haute qualité environnementale », économes en eau et en engrais ; modifier nos habitudes alimentaires pour réduire notre consommation de viande. Il est possible de réinventer une agriculture qui assurerait la qualité de l'eau, préserverait la biodiversité, combattrait l'érosion afin de nourrir la planète à la fois en quantité et en qualité[1].

---

1. Outre la lecture des livres de Matthieu Calame cités dans les notes de bas de page, ce chapitre s'est enrichi de celle de nombreux rapports.

CHAPITRE 4

L'alimentation

Situation : la crise alimentaire

Les déséquilibres sont énormes entre la suralimentation carnée, grasse, sucrée, des classes aisées, et la sous-alimentation des urbains pauvres, surtout dans l'hémisphère Sud. On compte 1 milliard d'obèses sur-nourris sur la planète, et 2 milliards de personnes souffrant de malnutrition, dont 195 millions d'enfants. Un milliard de personnes sont sous-alimentées – 8 millions vivent en France. La sous-alimentation a évidemment des causes économiques (pauvreté, misère), régionales ou locales (insuffisance des ressources vivrières), et parfois des raisons psychologiques (anorexie) ou culturelles (tabous alimentaires).

Les gaspillages sont eux aussi énormes. Une étude parue dans la revue scientifique *PLoS One* montre que, chaque année, 40 % de l'alimentation disponible aux États-Unis est jetée.

Ce gâchis entraîne la dilapidation d'un quart de l'eau douce consommée annuellement dans le pays (l'eau utilisée pour produire ces aliments), et de l'équivalent annuel en énergie de 300 millions de barils de pétrole. Ces données confirment les estimations antérieures du gaspillage alimentaire dans les pays développés, évalué à 30-40 % des denrées. Dans les pays riches, l'essentiel des pertes a lieu « en bout de chaîne » ; la distribution rejette une partie des produits en fonction de leur mauvaise apparence et applique d'importantes marges de sécurité sur les dates limite de consommation. Des pertes considérables ont également lieu dans la restauration collective et les cuisines des particuliers.

Le gaspillage touche également les pays en développement. Les chiffres sont discutés, mais les pertes atteindraient entre 10 % et 60 % des récoltes selon les produits agricoles : ces pertes « sont dues à de mauvaises conditions de récolte, de transport, de stockage, et à une formation insuffisante sur les méthodes de conservation des aliments », explique Stepanka Gallatova (FAO). Assez limitées pour les céréales, elles peuvent atteindre des volumes considérables pour les denrées périssables. Elles s'amplifient avec l'urbanisation : plus les lieux de consommation s'éloignent des lieux de production, plus les risques de détérioration augmentent.

En mer comme sur terre, des aliments consommables sont jetés. Sept millions de tonnes de poisson seraient rejetées chaque année dans l'océan, soit un peu moins de 10 % de la totalité des captures. Selon les pêcheries, les rejets vont de 10 % à 90 % des prises. Les pêcheurs remettent à l'eau d'une part les poissons peu appréciés, qu'ils ne pourraient pas commercialiser, d'autre part ceux dont la prise est interdite par la réglementation (spécimens trop petits ou pour lesquels le quota est épuisé).

L'industrialisation alimentaire

La nourriture est de plus en plus annexée par l'industrie agro-alimentaire, laquelle obéit aux critères de profit, compétitivité, rentabilité, productivité de l'économie actuelle. Sous la pression de la concurrence, les entreprises agroalimentaires s'acharnent à compresser les coûts de production. Conséquence : les aliments sont de plus en plus pauvres en nutriments. Les fruits et légumes, issus d'espèces sélectionnées pour ne pas pourrir et produits de façon intensive, deviennent fades. Ils perdent une bonne partie de leurs vitamines et antioxydants durant le transport. Les conserves comportent une quantité excessive de sel, de sucre, d'agents de saveur, de colorants pour donner goût et couleur. Les graisses insaturées, néfastes (dans les margarines, biscuits, sauces, plats préparés...), sont en augmentation, les graisses saturées (huiles végétales, graisses de volailles, poissons) en diminution. Les conservateurs détruisent les nutriments les plus utiles, et certains se sont révélés dangereux. Un puissant marketing et une publicité permanente incitent à consommer des boissons sucrées (sodas, colas, jus adoucis) en lieu et place de l'eau ou du thé.

La qualité est dégradée dans les chaînes de restauration rapide, les « hamburgers-frites », les plats préparés à réchauffer au micro-ondes, les plats produits en série pour les hôpitaux et les restaurants, les pots pour bébés. Les glaces, confiseries, sodas produits industriellement tentent d'éliminer les productions artisanales. Celles-ci résistent heureusement dans les domaines du vin, des charcuteries, chez les petits restaurateurs.

La publicité agro-alimentaire qui s'est saisie du thème de la santé et prétend apporter des compléments vitaminés, du calcium (lequel est en fait très difficilement assimilable), se targue de multiples vertus régénératrices. Les marques d'eau embouteillée vantent des qualités illusoires. Les producteurs de céréales pour petits déjeuners insistent sur les bienfaits des « fibres », mot magique qui promet l'excellence du transit intestinal.

Dans ce contexte, la puissance publique devrait intervenir. Il est urgent de rendre l'industrie agro-alimentaire responsable de la qualité de ses produits, comme l'est l'industrie du tabac.

Par ailleurs, les produits frais vendus sur les marchés et dans les grandes surfaces, ainsi que les vins, subissent les méfaits de l'agriculture industrialisée ; ils sont désormais de taille, de couleur, de goût standardisés et contiennent des résidus de pesticides.

La mondialisation alimentaire

La mondialisation a favorisé les importations de fruits exotiques appréciés et inexistants dans les pays tempérés, mais elle a aussi favorisé les importations dispendieuses (légumes et fruits d'été de l'hémisphère Sud importés en hiver dans l'hémisphère Nord, agneau de Nouvelle-Zélande importé en France, etc., voir le chapitre « Agriculture et campagnes »)

Les voies réformatrices

Il faut là encore combiner le double impératif : mondialiser et démondialiser.

Mondialiser suppose l'avènement d'une gouvernance mondiale des approvisionnements que n'assume aujourd'hui ni l'Organisation des Nations unies pour l'agriculture et l'alimentation (FAO), ni l'Organisation mondiale du commerce (OMC).

La mondialisation du commerce des aliments indispensables aux populations de très nombreux pays doit être maintenue, mais il faut en même temps démondialiser, c'est-à-dire développer les alimentations locales.

La mondialisation des ressources exotiques tropicales doit être préservée et même encouragée, mais *via* le commerce équitable.

La sauvegarde des nourritures de terroir doit être assurée par des actions locales et nationales, ainsi que par des associations planétaires comme Terra Madre.

La réduction des gaspillages alimentaires et les réformes d'alimentation nécessitent à la fois conscientisation des consommateurs et mesures publiques appropriées.

• *Normes alimentaires*

On ne saurait proposer un régime alimentaire standard valable pour toutes les personnes en tous lieux. Les organismes adultes sont en priorité adaptés à l'alimentation reçue pendant la petite enfance, quand bien même elle passerait, dans le contexte d'autres cultures alimentaires, pour trop grasse ou trop alcoolisée. Il faut tenir compte de la diversité des diètes dont font partie les tabous et prescriptions d'origine religieuse.

Toutefois, il est des règles générales universellement utiles pour éviter les carences ; en premier lieu, celle de la variété : tout régime alimentaire doit comporter céréales et légumineuses, fruits et légumes frais (entre 400 et 800 grammes par jour) qui contiennent des antioxydants. Parmi les aliments contenant des antioxydants figurent entre autres les fruits et légumes riches en vitamine C (kiwis, agrumes), en caroténoïdes (carottes, abricots, melons, tomates, potirons, légumes à feuilles vertes), en folates que l'on trouve dans les épinards, en polyphénols que l'on trouve dans les pommes, le raisin, le thé, le cacao, le vin rouge, les huiles végétales ; les céréales et les coquillages apportent des éléments protecteurs comme la vitamine E, le cuivre et le manganèse, à quoi l'on peut ajouter des oligo-éléments tels que le zinc et le sélénium.

Un régime riche en fibres peut protéger contre le cancer de l'intestin en compensant la consommation aujourd'hui insuffisante en végétaux.

Certains facteurs cancérigènes pourraient être écartés en évitant l'excès de charcuteries, riches en graisses animales, et de fumaisons et salaisons pouvant favoriser les cancers digestifs. L'excès d'alcool associé au tabagisme est un redoutable pourvoyeur de cancers des voies aériennes et digestives. L'excès de cholestérol, l'obésité peuvent également avoir des effets négatifs en accélérant le vieillissement.

Chacun de nous est encouragé à adopter et diffuser un nouveau mode d'alimentation basé sur la saveur et l'arôme des aliments, reconnaissables grâce à des sens éduqués et bien entraînés ; l'environnement, qui doit être respecté en accordant une grande importance aux méthodes de culture, d'élevage, de transformation, de marketing et de commerce équitable ; la justice sociale, qui doit être recherchée par des conditions de travail respectueuses des droits des travailleurs et apportant de justes rémunérations ; la sympathie et la solidarité, le respect des diversités culturelles et des traditions qui devraient contribuer à un commerce mondial de l'alimentation fondé sur l'équité.

Les cultures rurales et traditionnelles entretenaient le goût des aliments. Ce goût s'est dégradé dans l'alimentation rapide par la prolifération de produits insipides ; se manifeste heureusement un peu partout une réaction pour retrouver la qualité et le goût que satisfont certains restaurants, des bars à vin, des épiceries, des boutiques bio. L'invasion de la nourriture standard sécrète son antidote. Des magazines et des émissions télégastronomiques en témoignent. Il faudrait plus encore. Une conscientisation généralisée des consommateurs citoyens ferait de chacun un gourmet, voire un gastronome.

• *Rééquilibrer la consommation*

Ce rééquilibrage implique l'adoption d'une alimentation variée, comme il est indiqué plus haut. Il suppose une diminution de la consommation de viande dans les pays riches, et sa régulation dans les pays émergents comme la Chine ou l'Inde où la consommation croît avec l'amélioration du niveau de vie. Selon la FAO, elle était estimée en 2007 à 284 millions de tonnes, et devrait doubler d'ici à 2050. « Ce n'est pas possible : il n'y aura pas assez de surfaces agricoles disponibles. Le mode de consommation calqué sur celui des Américains doit changer », dit Michel Griffon, agronome et économiste, auteur de plusieurs ouvrages sur la sécurité alimentaire dans le monde. Il serait plus efficace que les populations consomment directement les protéines végétales – dont le soja et le maïs – au lieu de les donner au bétail comme cela est fait actuellement dans le système d'élevage intensif. Le bilan des émissions de CO_2 de l'élevage bovin, équivalent à celui des transports, milite également pour une diminution du régime carné. Alfred

Sauvy disait déjà, en 1971 : « Les vaches des pays riches sont les concurrentes directes des pauvres des pays pauvres. »

À ce propos, des chercheurs hollandais espèrent produire d'ici dix ans de la viande non plus en élevant des animaux, mais en cultivant à grande échelle des cellules musculaires de porc, de poulet ou de bœuf dans des bioréacteurs comme il en existe déjà pour fabriquer de la bière, des yaourts ou de l'insuline. On devrait y arriver d'ici une dizaine d'années selon Marloes Langelaan, de l'université d'Eindhoven, aux Pays-Bas, où les recherches sont le plus avancées. En 2000, des chercheurs du Touro College de New York ont annoncé dans la revue *Acta astronautica* avoir réussi à produire de la chair de carpe à partir de cellules prélevées sur un spécimen vivant.

On ne sait quels seraient le goût et la texture de cette nourriture artificielle. Grâce aux nutriments, facteurs de croissance et autres traitements biophysiques, il devrait être possible, selon les chercheurs hollandais, d'obtenir un produit proche de la viande sur pied, voire plus saine. On ne saurait dire actuellement si cette perspective a de l'avenir. Toutefois, certains défenseurs des animaux ont déclaré qu'ils seraient prêts à manger ce type de viande artificielle plutôt que des animaux élevés en batterie dans des conditions épouvantables.

Quelques initiatives

1) Slow Food

Créé en 1989 par le Piémontais Carlo Petrini, Slow Food est devenu un porte-drapeau du bien-manger. Il prône un retour aux saveurs, aux goûts et aux plaisirs gustatifs. Aujourd'hui soutenue par près de 100 000 gastrosophes répartis dans plus de cent pays, la tendance a traversé les frontières et essaimé en Europe, au Japon, aux États-Unis... En 2003, l'association Slow Food-France a été créée. Elle rassemble 2 000 aficionados, annonce son président, Jean Lhéritier. Le but : sauvegarder le patrimoine culinaire. À travers des salons et des manifestations nationales comme les Ateliers du goût, Slow Food souhaite pérenniser l'agriculture locale en soutenant les producteurs, conserver la diversité gastronomique et, plus largement, préserver la planète et la biodiversité. Terra Madre, réseau mondial qu'a créé Slow Food, prolonge ainsi dans des communautés rurales du monde entier la sauvegarde des productions de terroir.

2) Épicerie sociale

L'Association nationale de développement des épiceries solidaires (ANDES) a pour objectif, à travers les épiceries qu'elle rassemble, de permettre à une population exclue des circuits de consommation traditionnels d'acheter à faible prix des denrées de qualité. En proposant des activités où les compétences de chacun sont mises en avant, les HYPERLINK, épiceries solidaires et sociales, se veulent, par-delà l'aide matérielle qu'elles peuvent dispenser, un outil de réinsertion durable.

3) Filières courtes

Le grand intérêt du développement des filières courtes est qu'elles évitent (de même que le commerce équitable) les prélèvements souvent considérables de la distribution qui à la fois pressure le producteur et spolie le consommateur. En quelques années, les filières courtes – pour les produits frais : fruits et légumes, viandes, fromages... –, sans intermédiaire entre producteur et consommateurs, sont passées du stade embryonnaire à l'état de circuits d'avenir. Elles lient les producteurs aux consommateurs soit directement (Amap), soit par des coopératives d'intérêt collectif (SCIC), et s'adressent non seulement aux particuliers, mais aussi aux restaurants de collectivités et aux cantines scolaires.

Le développement des filières courtes est favorisé par les progrès de la conscience écologique et par l'intérêt humain du lien personnel. Il existe divers types de filières courtes, à commencer par les antiques marchés de producteurs qui restent encore le principal circuit de la vente directe. Autre pratique séculaire : la vente à la ferme, à l'image des vingt-deux cueillettes du groupement d'intérêt économique (GIE) « Chapeaux de paille », qui tend à s'amplifier : les producteurs laissent les consommateurs arpenter, généralement en famille, leurs champs, potagers et vergers. Les producteurs agricoles franciliens proposent aux voyageurs leur « panier fraîcheur » dans trente gares de la région. Les magasins de producteurs connaissent eux aussi un succès croissant, ils tendent à se multiplier et à se spécialiser. Enfin, par le Web, quelques agriculteurs s'affranchissent des intermédiaires, mais les coûts liés aux contraintes sanitaires des produits frais restent un frein au développement des ventes directes sur Internet.

La Confédération paysanne (proche des altermondialistes) se félicite quant à elle de ce mouvement qui « contribue à relocaliser les productions ». Mais la vente directe reste une pratique commerciale encore largement marginale.

L'enseigne spécialiste du bio La Vie claire a, de son côté, lancé « Esprit de saison », en mai 2007 : un panier hebdomadaire de fruits et légumes bio fourni par des producteurs locaux.

Conclusion

Le système de production et de consommation alimentaires le plus communément appliqué à ce jour est dangereux pour la terre, les écosystèmes et les humains. La voie des réformes alimentaires s'impose. Réforme de l'alimentation et réforme de l'agriculture sont liées. Réforme de l'alimentation et réforme de la consommation sont liées. Réforme de la consommation et réforme de vie sont liées. Toutes ces réformes ont besoin d'être aidées, stimulées par la réforme de la pensée, par les réformes politiques, économiques et sociales.

CHAPITRE 5

La consommation

Un mot d'ordre de la politique de civilisation est : *moins, mais mieux*. Ce mot d'ordre va à contre-courant de la formidable machine à consommer produite et animée par le profit. Mais les consommateurs sont voués à s'auto-éduquer, s'autoréguler, s'auto-organiser, et la politique de civilisation propose d'aller dans ce sens.

Diagnostic

Le développement ininterrompu du complexe technico-économico-industrialo-capitaliste de notre civilisation implique une croissance ininterrompue des besoins et des désirs suscitée par le couple production/consommation. Tout en comportant des zones de pauvreté et de sous-consommation, notre civilisation, avec l'appoint des incitations publicitaires et autres, incite à l'hyperconsommation. Comme l'a dit Marx, le capitalisme ne crée pas seulement un producteur pour le consommateur, il crée aussi un consommateur pour le producteur. La multiplication des produits offerts à la consommation propose de nouveaux plaisirs, de nouvelles satisfactions, permet de nouvelles autonomies (qui, comme toutes les autonomies, sont dépendantes de ce qui les entretient). Au-delà de ces aspects positifs qui ouvrent au consommateur de nouveaux univers matériels, sensuels, spirituels, la consommation se transforme en consommationnisme où l'ex-superflu devient indispensable, les anciens luxes deviennent nécessités, les nouvelles utilités deviennent besoins, et où l'incitation publicitaire conduit à l'achat de produits chargés de vertus illusoires (pour la santé, l'hygiène, la beauté, la séduction, le prestige). Le consommationnisme pousse à la sur-consommation que l'on a nommée « consumérisme ».

Tout en recelant des zones de pauvreté et de sous-consommation, notre civilisation pousse au consumérisme, stimulé par l'obsolescence rapide des produits, la promotion du jetable au détriment du durable, la succession accélérée des modes, l'incitation permanente au nouveau, le souci individualiste de statut ou « standing », ainsi que les frustrations psychologiques et morales qui trouvent une consolation, passagère, dans l'achat et l'abus de boissons, nourritures, objets et gadgets.

Certes, la concurrence commerciale joue en faveur de la variété des produits et de la régulation des prix. Mais l'industrialisation tend à détruire les qualités artisanales et, dans le domaine de l'alimentation, l'agriculture et l'élevage industrialisés, l'industrie des conserves et l'impératif de longue conservation ont éliminé des variétés végétales et animales de qualité, ont dégradé le goût des produits et atrophié les capacités gustatives des consommateurs (voir le chapitre « L'alimentation »).

L'utilisation accrue du crédit pour conserver le niveau de vie acquis des classes populaires et moyennes américaines, appauvries par le néo-libéralisme et par la hausse des prix, a engendré une bulle financière qui a déclenché la crise économique que l'on connaît depuis 2008. De son côté, la surconsommation a aggravé à la fois la crise économique et la crise écologique.

Produit et producteur de la civilisation occidentale, le consommationnisme s'universalise avec le développement de nouvelles classes moyennes en Asie, en Indonésie, en Amérique du Sud, en Afrique. Les besoins de confort, de chauffage, de réfrigération des voitures, de voyages accroissent les consommations, dont celles d'énergie. Nous commençons seulement à prendre conscience que le consommationnisme comporte des gaspillages et des dilapidations, et produit des dégradations, des pollutions et des raréfactions (dans les gisements d'énergie fossile) ; nous devons aussi prendre conscience que le problème ne concerne pas seulement l'énergie, mais notre mode de vie.

Le consumérisme présente deux aspects liés et antagoniques. D'un côté, il s'offre à satisfaire les besoins subjectifs et personnels, et, par là, favorise l'individualisme. Mais ses produits standardisés contribuent de fait au développement d'un individualisme standardisé. L'individu devient subjugué par le consommationnisme qui le met d'autant plus sous sa dépendance qu'il se place à son service.

Enfin le mal-être, les angoisses et les frustrations propres à notre civilisation et à notre temps déterminent d'une part des achats compulsifs, d'autre part de multiples addictions et intoxications.

Les intoxications de civilisation

Commençons par examiner un certain nombre d'*intoxications civilisationnelles* qui contribuent grandement au gaspillage énergétique, à la dégradation écologique et, corrélativement, à celle des conditions de vie.

La loi du « toujours plus, toujours plus vite », qui commande les activités des élites dirigeantes, est subie par les travailleurs qui leur sont subordonnés.

L'élite dirigeante multiplie les rendez-vous expéditifs, transforme les déjeuners et même les petits déjeuners en repas d'affaires, passe d'un téléphone à l'autre, d'un TGV à l'autre, d'un avion à l'autre. Elle est intoxiquée par une surcharge d'activités, dont elle jouit en même temps comme d'une drogue qui la dignifie dans son importance. Les élites professionnelles et managériales sont hantées par le souci de l'efficacité, du rendement, de la productivité, le « coaching », le « débriefing ». Parce que leur chronométrie est faite d'avidité, de hâte, de précipitation, elles font subir au monde du travail une chronométrie d'obligations, de contraintes, de stress.

L'obsession permanente du profit devient une intoxication où l'argent, de moyen, devient fin.

L'obsession du quantitatif, du calculable, du chiffrable devient une intoxication cognitive généralisée.

Le métro-boulot-dodo de la grande ville, les rythmes oppressants dans le travail, la fatigue, le mal-être, les incompréhensions multiples, jusqu'au sein des familles, tout cela incite à la prise de substances psycho-actives, drogues, amphétamines. Au-delà des multiples tasses de café, verres de réconfort, gélules proclamées dynamisantes, la spirale de l'addiction peut s'enclencher. Toutefois, l'usage de substances psycho-actives (alcool, drogues licites ou illicites) ne rend pas plus performant au travail, bien au contraire, il affaiblit la santé, dégrade la mémoire, suscite des angoisses, voire des hallucinations. Les corticoïdes, détournés par certains de leur fonction d'anti-inflammatoires dans le but de réduire la fatigue, peuvent aussi provoquer désorganisation psychique, dépression, ulcère, diabète... Les amphétamines, aujourd'hui interdites en France, utilisées par certains salariés pour stimuler leur attention, lutter contre la fatigue, peuvent provoquer insomnies, hyper-agressivité, troubles cardiaques et parfois décès.

Intoxications et addictions consommationnistes

L'omniprésence publicitaire dans les médias et sur les murs des villes, la valorisation de produits dotés de vertus illusoires pour le goût, pour la santé, pour la beauté, pour la séduction, tout cela incite aux intoxications consommationnistes dont nous proposons plus loin les antidotes.

Le terme « addiction » désigne une dépendance extrême de la personne à une source de désir ou de jouissance. C'est cette notion d'addiction qui doit être présente à la conscience plutôt que celle de drogue. En effet, des substances nommées drogues comme le haschisch, la cocaïne et même l'héroïne peuvent être consommées par un certain nombre de personnes sans provoquer chez elles de dépendance obsessionnelle, c'est-à-dire d'addiction. Il en va de même du tabac et de l'alcool, qui ne sont néfastes que pour les « addicts ».

Par ailleurs, il y a des addictions comportementales concernant les jeux de hasard ou de compétition, la télévision, Internet, l'image pornographique, le portable, la drague, et, finalement, toute activité ou tout objet donnant la sensation d'être impérativement nécessaire. Le dopage, généralisé chez les sportifs pour améliorer leurs performances physiques, voire chez les étudiants préparant des examens pour améliorer leurs performances psychiques et cérébrales, peut éventuellement se transformer en addiction.

Selon le produit consommé, l'addiction peut provoquer des troubles psychiques ou somatiques, et la situation de manque créer un besoin si irrépressible qu'elle peut conduire au vol ou au crime.

Les addictions de certains individus à l'alcool, au tabac, à la cocaïne, à l'héroïne et autres drogues, légales ou illégales, posent d'énormes problèmes. Il s'agirait en tout premier lieu de procéder à une large recherche pour reconnaître les déterminants de l'addiction : sont-ils génétiques ? physiologiques ? psychologiques ? sociologiques ? parfois tout cela combiné ? Ce serait un préalable à la mise au point des meilleures méthodes curatives selon les cas.

La véritable réforme consisterait en la légalisation internationale, dans tous les pays, des drogues illégales, qui seraient dès lors vendues en pharmacie. La prohibition favorise en effet les mafias, isole les « addicts », transforme certains en délinquants ou en criminels pour se procurer leur drogue. La libéralisation supprimerait le pouvoir financier et politique des mafias, devenu gigantesque, mettrait fin à la délinquance des « addicts », réintégrerait ceux-ci dans la vie sociale. La déprohibition des drogues interdites est une réforme de portée planétaire et d'intérêt humanitaire majeur.

L'intoxication automobile

Arrêtons-nous un moment sur le cas de l'intoxication automobile, qui est d'autant plus intéressant que la conduite automobile procure à la plupart des conducteurs de vives satisfactions et de grands plaisirs. En effet, la voiture particulière est une conquête de notre civilisation d'autant plus largement répandue qu'elle répond aux besoins d'autonomie des individus, à leurs aspirations à la mobilité, qu'elle symbolise liberté, confort et puissance (une légère action sur la pédale d'accélération déclenche une formidable énergie). Elle est, en ce sens, inséparable de la qualité de la vie.

L'intoxication automobile s'est montrée irrésistible dans la mesure où l'automobile concentre en elle-même toutes les vertus et tous les vices. Machine utilitaire et machine divertissante, petite maison à roues, animal domestique fidèle, maîtresse-épouse aux formes arrondies et aux intérieurs molletonnés pour les hommes, mâle d'acier surpuissant dominé et asservi pour les femmes, infantilisant l'adulte et adultifiant l'adolescent[1], rendant barbare le civilisé et civilisant le barbare, accomplissant la souveraineté du Moi tout en l'insérant comme un escargot dans une coquille, libératrice et aliénante, symbole et instrument d'une indépendance qui asservit, alternativement individualiste, familiale, amoureuse, nid de voluptés pour les amants et bocal de discorde entre époux, enivrante de vitesse et apaisante de ralentis, cocon protecteur et char d'assaut, déclenchant la volonté de puissance dans la divine accélération et le goguenard tête-à-queue, incitant aux habiles stratégies dans la jungle urbaine mais impuissante dans l'embouteillage, transformant le paisible urbain en monstre féroce, favorisant l'individualisme humain en même temps que

1. Voir le rite d'initiation avec péril de mort de la *Chickie Run* de James Dean dans *Rebels Without a Cause* (*La Fureur de vivre*) de Nicholas Ray (1955).

l'animalité sanguinaire, exaltant la vie mais dans le risque de mort, l'automobile est le plus rationnel des modes de transport à la fois pour la ville, la campagne, le travail, le loisir, parce qu'il est à la fois rapide, confortable et personnel, et dans le même temps le plus irrationnel, parce qu'il provoque embouteillages, retards, stress, nervosités qu'anesthésient quelque peu radio et musique et qu'il produit d'énormes pollutions et dépenses d'énergie. L'automobile nous donne la liberté en nous esclavagisant, elle nous donne la mobilité pour mieux nous immobiliser dans les bouchons.

L'usage intempérant de la voiture (à Paris, on utilise à 65 % la voiture, alors qu'à Barcelone et Berne on ne l'utilise qu'à 35 %), conduit à la paralysie de la circulation. L'intoxication automobile transforme les besoins légitimes de mobilité en bougeote. Son usage excessif détruit la qualité de la vie : embouteillages autour et dans les villes, recherche de places de stationnement, perte de temps, pollution, agressivité que déclenche la maîtrise d'une puissance énergétique à l'abri de la carapace close d'une carrosserie.

Étant donné les satisfactions polyvalentes qu'elle procure et les irrésistibles addictions qu'elle détermine, l'automobile, sacralisée du P-DG au prolétaire, qui avait conquis l'Occident, est partie à la conquête des 6 milliards d'humains à travers le monde. Sans doute trouvera-t-on d'autres sources d'énergie que le pétrole, d'autres ingrédients que le lithium pour les voitures électriques, car on voit mal comment stopper le raz-de-marée automobile et pourquoi en priver ceux qui en sont encore dépourvus. Car la voiture, tout en étant une fatale source de débordements, de pollutions, d'insanités et d'illogismes, est le plus beau jouet/instrument pour adulte qu'ait conçu et fabriqué la civilisation industrielle.

Une voie réformatrice juste consisterait à réguler son usage par des mesures coercitives et surtout incitatives (piétonnisation des centres-villes ; ceintures de parkings autour des agglomérations à proximité des terminus de transports publics ; multiplication des transports publics non polluants : métro, tramway ; covoiturage ; diminution de la propriété automobile par le recours à la location, etc.).

Il faut donc envisager, tout en préservant l'agrément du transport automobile, d'entreprendre une désintoxication de son utilisation, non par la seule pénalisation, mais aussi par la cure piétonne, vélocipédique et par l'amélioration des transports collectifs.

Les voies réformatrices

Ainsi s'impose la nécessité d'une politique à visée à la fois énergétique, écologique et civilisationnelle, dont on peut énoncer les premiers éléments au stade de la consommation. Cette politique doit tendre non tant à des restrictions ou privations qu'à la lutte contre les dilapidations ou intoxications consuméristes et à une promotion hautement bénéficiaire des qualités aux dépens des quantités. Notons qu'une crise économique peut, par nécessité de restriction, aider à se délivrer de l'hyperconsommation ; la première réaction à l'appauvrissement est le recours au crédit, la seconde est le contrôle de sa propre consommation.

Il importe en même temps de promouvoir une tempérance consommatrice mais qui doit elle-même être tempérée (on excusera l'oxymore !) par des intervalles d'excès. Car le grand enseignement des cultures archaïques et traditionnelles est que la sobriété quotidienne doit être interrompue par des moments de fêtes, de dépenses, d'ivresse, d'extase. C'est alors que la consommation fait place à la consumation[1].

Une réforme de la consommation impliquerait nécessairement de :

• réduire les intoxications consommatrices qui poussent aux achats d'objets chargés de

1. Sur la consumation, voir Georges Bataille, *La Part maudite*, Éditions de Minuit, 1967.

qualités illusoires, ou effectués pour calmer l'angoisse, ou encore se consoler de frustrations ou de chagrins ;

- encourager à prendre conscience que la recherche éperdue de satisfactions matérielles découle souvent de profondes insatisfactions psychiques et morales ;
- promouvoir les finalités qui inciteraient à la recherche de la qualité et aux plaisirs qu'elle procure ;
- fixer et imposer des normes de qualité aux produits de consommation ; revérifier les indications de qualité (labels, appellations contrôlées, etc.)
- instaurer une éducation des consommateurs portant sur la qualité dans le choix des produits, commençant à l'école (cours consacrés à l'étude de notre civilisation – voir plus haut, p. 158-159) et se poursuivant de façon permanente afin que les consommateurs contrôlent toujours plus la qualité de leurs achats ;
- favoriser les mouvements de réforme de vie qui sont des mouvements de recherche de qualité de la vie et contribuent à modifier la consommation ;
- favoriser le renouveau des artisanats de réparation (cordonniers, horlogers, ravaudeurs divers) ;
- remplacer la production d'objets jetables par des objets réparables ; remplacer les objets

produits pour une durée limitée par des produits durables ;

• favoriser le retour à la consigne plutôt qu'au rejet des bouteilles (comme en Allemagne) ; faire payer les sacs plastique (comme en Irlande) ;

• généraliser le recyclage des produits jetés (Solerabals, une société basée à Addis-Abeba, fabrique des chaussures à partir du caoutchouc de pneus usés, en y ajoutant de la toile), notamment du papier ;

• instituer des certificats de garantie des produits libres de toute exploitation des travailleurs au long de la chaîne productive et comportant un triple sceau de qualité : libre de travail infantile, libre de discrimination, libre de travail forcé (initiative de l'Institut bolivien du commerce extérieur soutenue par le gouvernement de La Paz, l'Organisation internationale du travail et l'Unicef).

La réforme devrait tendre à remplacer les hypermarchés de périphérie, gros consommateurs d'énergie, par des supermarchés de quartier, et surtout à *promouvoir le retour des commerces de proximité* (voir le chapitre « Ville et habitat »).

Elle devrait favoriser l'usage des produits bio et fermiers, ainsi que des produits du commerce équitable.

Elle devrait favoriser les comités d'éthique de la consommation, l'action des organismes de défense des consommateurs (associations ou ligues de consommateurs établissant des procédures pour tester les produits et orienter les achats).

Elle devrait propager une politique de la consommation et, par là même, créer une force politique des consommateurs, organisés en associations ou ligues face aux producteurs et aux distributeurs et disposant de l'arme du boycott des achats, non moins efficace que l'est la grève des travailleurs au niveau de la production.

CHAPITRE 6

Le travail

Introduction

Le mot « travail » est un monolithe qui doit être décomposé.

Il recouvre dans un sens étroit les métiers requérant l'énergie physique de ceux qu'on appelle justement travailleurs, soit urbains (ouvriers d'industrie, maçons, éboueurs), soit ruraux (ouvriers agricoles, métayers, fermiers, etc.).

Dans un sens large, il concerne toutes les activités professionnelles, y compris celles de l'écrivain ou de l'artiste qui « travaillent » à leur œuvre.

Il recouvre le travail asservi ou dépendant.

Il recouvre le travail dirigeant, le travail autonome, les professions libérales.

Il y a le travail pénible, le travail dangereux ; le travail fastidieux et sans intérêt pour celui qui le subit ; le travail auquel on s'identifie et qui peut procurer d'amples satisfactions (celui de l'artiste, de l'écrivain, du politicien, du chercheur scientifique, souvent de l'avocat, de l'ingénieur, etc.), en un mot le travail qui suppose une part d'initiative, voire de création.

Aussi bien les réformes doivent-elles être différentes selon le type de travail abordé.

Par exemple, les retraites devraient être précoces pour le travail pénible, dangereux, asservissant, mais elles pourraient être différées à la demande ou selon le bon état intellectuel dans les professions qui donnent satisfaction à ceux qui les exercent comme à ceux qui en bénéficient. De même, la réduction des heures hebdomadaires de travail doit tenir compte de la nature du travail.

L'humanisation du travail s'impose pour les travaux pénibles et fastidieux, soumis à des règles coercitives portant sur la chronométrie, les cadences, les rythmes.

Évolution du travail

Au cours du XXe siècle, le travail en usine ou sur chantier a été l'objet de la surexploitation patronale jusqu'à ce que l'action des syndicats et des partis de gauche ait pu imposer, dans les pays occidentaux, meilleurs salaires et protections sociales. Il a été plus durablement victime de l'hyperspécialisation :

Charlie Chaplin, dans *Les Temps modernes*, montre l'exemple de l'OS (ouvrier spécialisé sur machine) devenu appendice de sa machine sur laquelle il effectue le même geste d'automate à un rythme ultrarapide, subissant cadences infernales et asservissement chronométrique.

Le travail physique utilisant l'énergie humaine (notamment celui de l'ouvrier) est en diminution sous l'effet de l'automatisation et de la robotisation au sein des usines. Le travail industriel est lui-même en diminution au profit du développement des services et de l'essor du travail informationnel ou informatisé.

S'il y a, depuis la seconde moitié du siècle dernier, diminution au profit de machines automatisées du travail aliéné, on est passé de l'exploitation en usines à l'exploitation dans les bureaux des administrations et des entreprises, *via* le management et la gestion des ressources humaines.

L'hypercompétitivité de l'ère néolibérale conduit à abaisser les coûts, à accroître la productivité, à rationaliser le travail, à « dégraisser » les entreprises ou administrations, à accroître précarité et chômage. D'où la nouvelle souffrance au travail dans les offices et les bureaux, qui s'est traduite en France par des vagues de suicides. Cette souffrance au travail ne concerne plus les seuls emplois « précaires », elle s'étend aux emplois même les plus stables de la compétitivité généralisée, y compris les activités dites « à statut » des secteurs protégés.

La nouvelle souffrance au travail résulte de la combinaison du primat des bénéfices de l'actionnaire, de la recherche permanente des bas coûts qu'aiguillonne la compétitivité généralisée, enfin d'une organisation du travail méticuleusement surveillée et chronométrée, vouée à la productivité et au rendement. Cette organisation rationalisatrice se pare des vertus de la rationalité ; or, comme nous l'avons vu, la rationalisation n'est pas synonyme de rationalité, elle en est l'opposé.

La vie clandestine des entreprises et des bureaux

Si les travailleurs obéissaient de façon rigide aux ordres stricts de bon fonctionnement d'une entreprise, celle-ci se trouverait immédiatement bloquée, car les instructions qui tombent du sommet sont abstraites et ne tiennent pas compte des épisodes imprévus et incidents divers qui adviennent. Ainsi, toute grève du zèle, consistant en une application stricte et minutieuse du règlement, comme celle qu'ont pu par exemple pratiquer les douaniers, paralyse tout fonctionnement par excès d'ordre.

Aussi, à l'organisation officielle ou formelle de l'entreprise se combine une organisation clandestine ou informelle qui oppose aux ordres contraignants une résistance collaboratrice au sein du travail : résistance au sens d'une résistance à un ordre inhumain et absurde ; collaboratrice parce que cette résistance est ce qui permet à l'ensemble de fonctionner.

Cette forme d'expérience a été vécue et relatée il y a cinquante ans chez Renault par un ouvrier P2 qui est ensuite devenu sociologue. Il s'agit de Daniel Mothé. Dans son atelier de fabrication de machines-outils, lui et ses copains se concertaient pour se répartir le travail d'une façon secrète qui leur permettait d'aller de temps à autre, à tour de rôle, fumer une cigarette, boire un coup, se balader, etc., contrevenant ainsi aux ordres de la direction. À la chaîne de moteurs U5, l'ordre impératif était qu'en cas d'arrêt de la chaîne il fallait immédiatement téléphoner à la maîtrise et attendre l'arrivée du spécialiste. En fait, quand la chaîne s'arrêtait, les ouvriers donnaient un coup de marteau ici et là, et la chaîne repartait. Si elle ne repartait pas, ils téléphonaient. On observe là une résistance aux ordres, à la mécanisation, qui sauve quelque peu les travailleurs de l'asphyxie et, dans le même temps, fait paradoxalement tourner la machine.

Partout où règne une organisation autoritaire existe toujours, par en dessous, une organisation informelle et clandestine. C'est vrai du camp de concentration nazi ou stalinien, c'est vrai aussi des institutions d'utilité publique comme l'école. Les élèves ont leur organisation clandestine faite d'interdits transgressés, de services rendus en cachette, de non-dénonciation, qui sauvegarde un minimum de leur autonomie.

Prenons un exemple macro-économique : l'Union soviétique fonctionnait suivant un plan rigide décidé d'en haut. Si ce plan avait été strictement appliqué, rien n'aurait fonctionné. Mais les directeurs d'entreprise trichaient, faisaient de faux rapports, s'arrangeaient entre eux pour échanger services et produits ; les travailleurs se débrouillaient, transgressaient les impératifs d'horaires, s'absentaient illégalement, chapardaient... Finalement, grâce à cette anarchie à la base, l'économie fonctionnait. C'est là un cas extrême, mais, en réalité, toutes les grandes machineries complexes ne peuvent fonctionner par l'obtempération à un ordre simple et impératif. Elles ont même besoin de transgressions plus ou moins clandestines pour tourner. L'ordre de l'organisation humaine a besoin de désordre.

Il est clair que l'organisation informelle ou spontanée au sein d'une organisation formelle et officielle favorise non seulement la transgression soulageante ou utile, permet une apparente perte de temps de travail qui est finalement un gain pour ce même travail en ce qu'il diminue le stress, mais il permet surtout l'initiative, voire la créativité. La réalité informelle est invisible au sommet et à l'extérieur de l'organisation, mais elle lui est vitale. C'est une *résistance collaboratrice*.

En même temps, cette vie clandestine des entreprises est révélatrice des vrais besoins et des vrais problèmes de ceux qui y travaillent.

Les expériences Hawthorne menées aux États-Unis ont montré que l'hyperspécialisation attachée à une tâche monotone a des effets négatifs sur le rendement (absentéisme, accidents du travail, défaillances), et que le *job enlargment* a permis d'atténuer la robotisation des travailleurs manuels. De son côté, l'organisation de Skoda avant-guerre a montré que des ateliers autonomes ont de meilleurs rendements qu'une organisation strictement centralisée et hiérarchisée.

Il est un certain seuil de complexité au-delà duquel tout ce qui est efficace dans une organisation simple, c'est-à-dire fondée uniquement sur l'autorité et l'obéissance aux ordres, cesse de l'être.

Du coup, on peut comprendre que la rationalisation qui, en deçà d'un certain seuil, peut être efficace, devient contre-productive au-delà de ce seuil. Elle devient irrationnelle, car elle a ignoré que l'être humain, à la différence des machines artificielles, n'est pas une machine triviale.

Mais n'oublions pas ce qui fut le problème clé que posèrent socialisme, communisme, anarchisme : celui de l'exploitation des travailleurs. Le progrès du droit, les conquêtes de l'action syndicale et politique avaient amoindri cette exploitation dans les pays occidentaux dotés du *welfare state* ou État providence. Mais les déchaînements du capitalisme depuis 1990 et l'incapacité où sont les partis de gauche et les syndicats d'y mettre un frein ont conduit à une nouvelle exploitation fondée sur les critères de rentabilité, de productivité, de rendement, de compétitivité (caricature de la concurrence). S'est ainsi affirmée dans les usines, sur les chantiers, dans les bureaux une exploitation généralisée, encore plus barbare lorsqu'elle frappe les émigrés dépourvus de droits et tous ceux qui sont renvoyés ou soumis au travail intermittent quand la précarité inhibe ceux qui travaillent d'oser formuler la moindre revendication. Alors que dans les pays du Nord subsiste encore un minimum de protection sociale pour les travailleurs, toute protection est inexistante dans les pays émergents où sévit encore l'esclavagisme industriel.

Les voies réformatrices

La grande voie des réformes est celle de l'humanisation et/ou de la réhumanisation du travail ; elle comporte plusieurs voies qui devraient confluer. Cela ne se résume pas seulement à l'élimination progressive des tâches les plus pénibles et les plus fastidieuses, ni à des conditions éthiques pour le travailleur, esthétiques pour les lieux de travail ; cela signifie surtout la reconnaissance que tout employé ou travailleur possède un capital de savoir personnel qu'on a tout intérêt à reconnaître, et qu'il dispose de capacités d'initiative.

Au niveau planétaire

1) Institution de règles internationales (par le Bureau international du travail) visant à rendre obligatoires les libertés syndicales.

2) Élaboration de sanctions commerciales, par des mesures de protection douanière, visant les pays « esclavagistes » où les travailleurs sont sous-payés et privés de tout droit. De telles mesures conduiraient à terme à l'amélioration matérielle et politique de la vie des travailleurs de ces pays.

3) Généralisation du contrôle des multinationales par des accords-cadres mondiaux

entre une Fédération syndicale mondiale et la direction d'une entreprise donnée, afin que celle-ci respecte les mêmes normes dans les différents pays où elle est implantée, notamment les libertés d'association et de négociation. La première entreprise à avoir accepté de négocier avec une fédération syndicale internationale a été Danone en 1989. Puis 50 accords-cadres ont été conclus en 2006. Comme nulle obligation n'impose ces accords-cadres, il conviendrait de leur assigner un statut légal.

Les accords-cadres mondiaux sont les précurseurs d'une mondialisation du dialogue social où seraient énoncés les droits et intérêts des travailleurs organisés en fédérations syndicales de compétence mondiale.

D'autres initiatives, encore balbutiantes, sont à signaler, comme la mise en œuvre de normes et de systèmes de vérification par la Global Alliance for Workers and Communities créée par la Banque mondiale, Nike, Gap et la Fondation internationale de la jeunesse pour le respect des normes internationales du travail et la prise en compte des besoins communautaires.

Au niveau des entreprises et des administrations

Comme nous l'avons vu, la vie clandestine des entreprises révèle les vrais besoins et les vrais problèmes : elle met en évidence la nécessité de l'action réformatrice contre l'exploitation des travailleurs et contre leur asservissement (parcellarisation, mécanisation, chronométrisation).

1) Les propositions visant à réformer le système centralisé-hiérarchisé-hyperspécialisé par un système associant centrisme et polycentrisme, hiérarchie et poly-hiérarchie, spécialisation et poly-compétences, sont indiquées plus haut au chapitre « La débureaucratisation généralisée ». Elles permettraient de donner au travailleur de l'autonomie, de l'initiative, de remplacer la rationalisation inhumaine par une rationalité humaine qui favoriserait en même temps l'entreprise.

Le modèle « *low cost/low price* = valeur pour l'actionnaire » devrait être remplacé par un modèle « valeur pour tous » impliquant la valorisation des savoirs et des savoir-faire de tous les salariés.

Par ailleurs, il semble utile, plutôt que de les disjoindre, de conjuguer les trois logiques : technique, gestionnaire et commerciale. Une réforme du management permettrait d'éviter le leadership « pathogène ». Une réforme des conditions de formation, de sélection et de gestion des responsables est également nécessaire.

2) Humanisation des tâches monotones et asservissantes.

Elle comporterait une régression progressive des chronométrisations du travail.

Les opérations demandant une dépense physique fréquente et répétitive devraient, si possible, être mécanisées et automatisées. Des efforts physiques importants sur une période prolongée causent fatigue, baisse de la concentration et du rendement, avec des effets négatifs directs sur la rentabilité, la sécurité et la santé. Le fréquent levage de charges doit être soit remplacé par une automatisation partielle ou totale, soit facilité par des aides appropriées. De nombreux accidents avec arrêt de travail sont consécutifs à des manutentions ou à des postures inadaptées.

Dans la mesure du possible, les postures forcées sont à éviter. En cas de travail prolongé sur écran, du mobilier adapté doit permettre le changement de position. D'occasionnels exercices de stretching ou de gymnastique pendant le travail devraient être encouragés.

Des postes et des processus de travail ergonomiques sont indispensables au bien-être des personnels.

Toutes ces améliorations ne peuvent qu'avoir une influence positive sur les travailleurs, sur l'emploi et sur l'entreprise elle-même.

3) Développement de l'économie sociale et solidaire.

Si la propagation des idées émises par des entreprises éthiques ou citoyennes peut avoir des effets positifs sur les travailleurs, sur les fournisseurs et sur les clients, c'est le développement des entreprises sociales et solidaires que nous avons examiné au chapitre 9 de la première section (voir p. 106 et suiv.) qui permettrait, entre autres mesures, d'humaniser le travail.

4) Égalité de la femme au travail.

Des situations dégradantes pour les femmes subsistent sur de nombreux continents en dépit des recommandations de l'ONU qui, en 1975, a choisi la date du 8 mars pour célébrer, chaque année, la « Journée internationale de la femme ». En 1979, la communauté internationale a adopté la Convention internationale sur l'élimination de toutes les formes de discrimination à l'égard des femmes, ratifiée par 170 pays. En dépit de cette volonté politique, les droits des femmes continuent d'être bafoués dans de nombreux pays du monde sous le double poids des traditions et de la pauvreté.

Le principe de l'égalité homme/femme est acquis en Occident, mais s'est très inégalement inscrit dans la réalité sociale. D'importantes disparités demeurent en matière professionnelle et salariale, ainsi que dans la représentation politique. En France, la loi du

6 juin 2000 sur la parité politique tarde à produire des effets sensibles.

5) Voies du télétravail.

Le télétravail, impliquant la délocalisation et l'externalisation des services aux entreprises des pays industrialisés vers les pays en développement grâce aux technologies de l'information, crée des emplois d'une part dans des services « parlés » tels que centres d'appels ou de contact clientèle, d'autre part dans des services administratifs tels que la finance, la comptabilité, le traitement et la gestion des données informatiques, le développement des ressources humaines. C'est là un secteur en plein essor, estimé à 90 milliards de dollars.

Les salaires des employés indiens équivalent à peu près au double des salaires moyens pratiqués en d'autres secteurs de l'économie indienne. Un rapport de l'OIT (Organisation internationale du travail) intitulé « Délocalisations et conditions de travail dans le télétravail » délivre les informations suivantes. Pour fournir en temps réel un service aux clients qui se trouvent dans d'autres fuseaux horaires, le travail de nuit est fréquent ; les employés supportent de lourdes surcharges déterminées par les objectifs de performance sous surveillance électronique. D'où un fort taux de rotation des effectifs, lequel, dans certaines sociétés, peut atteindre jusqu'à 100 %

chaque année. Le télétravail est de plus en plus rentable car on y opère une réduction des coûts et on y a recours à des technologies de plus en plus sophistiquées et de moins en moins chères. À quelques exceptions près, les femmes représentent la grande majorité (60 %) des employés dans presque tous les pays disposant d'un véritable secteur du télétravail. Pour conclure, l'étude de l'OIT formule un certain nombre de recommandations politiques à l'intention des gouvernements. Parmi celles-ci, la mise en place de mesures plus strictes pour protéger la santé et la sécurité des travailleurs de nuit ; le réaménagement des procédures de travail, en particulier dans les centres d'appels, afin que les employés aient davantage la possibilité d'exploiter leurs qualifications et de gérer leurs temps de pause ; l'adoption de mesures visant à améliorer la représentation collective des travailleurs et à promouvoir le dialogue social.

Dans un cadre national, le télétravail, on l'a vu, permet le travail hors ville et peut contribuer à la décongestion urbaine et à la revitalisation des campagnes. Il peut résoudre des cas particuliers (déménagement du salarié, problèmes de santé). Il peut aussi être abordé par accord entre employé et employeur. Bien entendu, le télétravail doit éviter la surcharge et les télétravailleurs devraient avoir leurs propres branches syndicales.

Des collectivités territoriales ont décidé d'investir dans ces nouvelles formes d'activité pour redonner une vitalité économique à leur contrée. C'est le cas du Pays de Murat, une communauté de communes du Cantal qui y a développé le télétravail par divers moyens depuis 2006 : d'abord en mettant en place des formations pour les télétravailleurs indépendants et salariés, dont certains viennent de toute la France ; ensuite en créant des télécentres locaux, au cœur de la commune, avec quatre ou cinq bureaux et des ordinateurs. Les télétravailleurs peuvent venir y travailler en permanence, ou quelques heures par semaine, pour sortir un peu de chez eux, ou encore ponctuellement lorsqu'ils sont de passage dans la région.

L'expérience ayant réussi, le conseil général du Cantal a décidé en 2009 de développer un réseau de télécentres dans son département – il y en a déjà sept, bientôt huit. Le département a deux principaux secteurs économiques : le secteur agricole et d'élevage montagnard et le secteur touristique. Les nouveaux télétravailleurs, en s'adonnant à toutes sortes d'activités, vont permettre une diversification inconcevable auparavant.

Pour renforcer cette dynamique, le Pays de Murat organise des forums sur le thème de l'installation en milieu rural grâce au télétravail indépendant ou salarié.

Le développement du télétravail est favorisé par un investissement peu coûteux, une plus grande efficacité et une meilleure qualité de vie des télétravailleurs. Une étude de l'Insee datant de mars 2009 a montré que 60 % des grandes entreprises comptaient des télétravailleurs dans leurs effectifs. ATOS, par exemple, a 6 000 salariés dispersés en région parisienne : 5 000 rejoignent son siège à la Défense, les mille autres sont organisés en télétravail. De petites sociétés y ont également recours.

Conclusion

Le problème de la disparition du travail et de son remplacement par la machine n'a de sens que pour le travail pénible non seulement physiquement, mais aussi moralement. Le travail qui implique activités diversifiées, autonomie, initiative, voire créativité, devrait à l'inverse se généraliser.

La réforme du travail suppose les réformes économiques que nous avons énoncées au chapitre « Économie », lesquelles contrôleraient les excès du capitalisme et feraient régresser son aire au profit de l'économie sociale et solidaire, celle-ci engendrant nécessairement l'humanisation des conditions de travail.

Les réformes mises en œuvre dans la consommation, l'alimentation, l'agriculture, que nous envisageons (voir chapitres 3, 4 et 5 de cette troisième partie), liées aux développements d'une politique de la solidarité, permettraient la résurrection de métiers artisanaux, de métiers de passion, comme l'agriculture ou la viticulture biologiques, et la création des métiers vivants de convivialité et de solidarité. Enfin, la réforme du travail contribuerait à celle du mode de vie, tout comme la réforme du mode de vie contribuerait à celle du travail.

QUATRIÈME PARTIE

RÉFORMES DE VIE

CHAPITRE PREMIER

La voie de la réforme de vie

Ô vous frères humains et futurs cadavres,
ayez pitié de vos communes morts ;
que de cette pitié naisse enfin
une humble bonté plus vraie et plus grave
que le présomptueux amour du prochain.

Albert COHEN.

Pour les femmes et les hommes des civilisations occidentales et occidentalisées, la réforme de vie est le socle sur lequel devraient converger toutes les autres réformes et celle qui devrait dans le même temps les irriguer toutes.

Nous nous croyons civilisés alors que la barbarie s'empare intérieurement de nous dans l'égoïsme, l'envie, le ressentiment, le mépris, la colère, la haine. Nos vies sont dégradées et polluées par le niveau lamentable et souvent calamiteux des relations entre individus, sexes, classes, peuples. L'aveuglement sur soi et sur autrui est un phénomène quotidien.

L'incompréhension non seulement du lointain mais aussi du prochain est générale. La possessivité et la jalousie rongent les couples et les familles : que d'enfers domestiques, de microcosmes d'enfers plus vastes dans le milieu du travail, l'entreprise, la vie sociale ! L'envie et la haine empoisonnent la vie non seulement des enviés et des haïs, mais aussi celle des envieux et des haïssants. L'inhumanité et la barbarie sont sans cesse prêtes à surgir en chaque humain civilisé. Les messages de compassion, de fraternité, de pardon des grandes religions, les messages humanistes des laïcités n'ont qu'à peine ébréché la cuirasse des barbaries intérieures.

Nos vies sont amoindries par l'excès de prose consacrée aux tâches obligatoires qui ne procurent aucune satisfactions, au détriment de la poésie de la vie qui s'épanouit dans l'amour, l'amitié, la communion, le jeu.

L'argent et le profit se sont répandus dans des domaines autrefois réservés à la gratuité, au service rendu, au troc, au don, et suscitent chez les uns une boulimie d'argent, chez les autres l'angoisse d'en manquer. « Autrefois, ce qui avait de la valeur n'avait pas de prix ; aujourd'hui, ce qui n'a pas de prix n'a pas de valeur », dit très justement Patrick Viveret. La soif de possession et la soif de consommation sont devenues des formes d'addiction qui refoulent une angoisse existentielle toujours renaissante.

Nos vies occidentales sont dégradées, intoxiquées par les compulsions « de possession, de consommation ou de destruction » (P. Viveret) qui occultent nos véritables aspirations et nos vrais problèmes. L'esprit de réussite, de performance, de rendement, d'efficacité est hypertrophié et hypertrophie le caractère égocentrique de l'individu. Il asservit employés, travailleurs, ouvriers soumis à ses exigences croissantes. La compartimentation et l'hyperspécialisation du travail, la pression accrue du rendement et de l'efficacité secrètent un mal-être qui vient s'ajouter aux autres mal-être.

Les relations humaines s'étiolent dans l'anonymat des grandes villes, des transports en commun. Les locataires d'un même grand immeuble ne se saluent pas. Le vieillard ou l'infirme qui tombe dans la rue est contourné par les passants ; le SDF à terre est ignoré. Les automobilistes, enivrés par l'énergie que déclenche une minime impulsion du pied, s'insultent mutuellement. Pour un rien, partout pleuvent les « connard ! », « fumier ! », « ordure ! ».

De même la vitesse en toutes choses et tous domaines, du *fast-food* aux *inclusive tours* des agences de tourisme, tend à occulter une absence de sens et à combler un vide intérieur.

Les urgences quotidiennes nous font perdre la valeur du temps et de la vie, comme elles minent nos relations avec autrui et notre relation à nous-même. La chronométrie débite en minutes et secondes hachées la continuité de notre temps intérieur. Nous ne perdons pas seulement le fil de notre temps, nous perdons aussi du temps de vie dans les attentes téléphoniques interminables, les files d'attente aux guichets, les embouteillages urbains.

C'est en 1970 qu'Ivan Illich diagnostiquait les grands problèmes de notre civilisation : la dégradation de la convivialité dans l'anonymat, la mécanisation, l'hyperspécialisation.

Alors que l'autre grand problème, celui de la dégradation de notre biosphère, a progressivement commencé à être reconnu à la suite de pollutions et de catastrophes écologiques, la dégradation de nos vies quotidiennes est restée invisible en tant que mal de civilisation, chacun ne percevant que le caractère subjectif de son mal-être (abattement psychique, dépression[1],

1. Alain Ehrenberg estime que l'individualisme et le culte de la performance expliquent la fréquence des troubles dépressifs ; dépourvu du soutien d'une communauté, d'une Église, d'un parti, d'un syndicat bien structurés, exhorté à s'accomplir sous sa seule responsabilité, l'homme connaît la « fatigue d'être soi ».

démoralisation, anxiété) et cherchant à le traiter par des moyens privés. Ainsi la France, réputée pays du bien-vivre, est le plus gros consommateur d'antidépresseurs de la planète.

De fait, la civilisation qui a promis le bonheur dans le bien-être a suscité du mal-être dans le bien-être matériel, lequel n'a pas été lié à un bien-vivre. Elle nous a fait identifier bien-être et beaucoup-avoir (P. Viveret). Anesthésiques, somnifères, anxiolytiques, euphorisants, drogues, psychothérapies, psychanalyses, chamans, gourous sont appelés pour dissiper et chasser ce mal-être. Les milliards dépensés pour acquérir des stupéfiants nous en font pressentir la profondeur et l'étendue. Le taux de dépressifs en France a été multiplié par sept de 1970 à 2006 ; le suicide est la première cause de mortalité chez les 25-40 ans, la deuxième chez les 15-24 ans[1].

Le calcul monétaire ne saurait évaluer bien-être et mal-être. Les indicateurs qui tiennent compte du niveau d'éducation et des conditions sanitaires ignorent que diplômes et absence de maladie peuvent être compatibles avec mal-être et dépression.

Le chagrin, l'abandon, la solitude cherchent consolation dans l'achat et la consom-

1. G. Lipovetski et Jan Serroy, *La Culture monde, réponse à une société désorientée*, Odile Jacob, 2008, p. 60.

mation. Chez les classes moyennes, la consommation devient souvent addiction, dépendance à des produits censés apporter beauté, minceur, jeunesse, séduction.

Partout la logique du calcul, de la machine déterministe, du rendement, de la productivité se répand dans la société et tend à se saisir des individus. Aussi résistons-nous dans et par nos fêtes, nos commensalités, nos amitiés, nos amours, nos jeux, et la Matrix elle-même nous fournit d'innombrables divertissements. Ici, il faut prendre le mot « divertissement » dans ses deux acceptions : ce qui nous procure amusement et plaisir, ce qui nous distrait de nos problèmes les plus importants, dont celui du sens de nos vies.

La réforme de vie est d'abord la conquête d'un art de vivre.

Les philosophies d'Inde, de Chine, de l'Antiquité grecque se sont consacrées à cette recherche. Elle se présente de manière nouvelle dans notre civilisation caractérisée par l'industrialisation, l'urbanisation, le profit, la suprématie du quantitatif. L'aspiration contemporaine à un art de vivre est d'abord une réaction salutaire à nos maux de civilisation, à la mécanisation de la vie, à l'hyperspécialisation, à la chronométrisation, à l'application à la vie des individus de la logique calculatrice et déterministe. La généralisation d'un mal-être, y compris au sein du bien-être matériel, provoque, en réaction, un besoin à la fois de paix intérieure, de plénitude, d'épanouissement, c'est-à-dire une aspiration à la « vraie vie ».

L'appel à la spiritualité (employons ce mot faute de mieux par rapport à la matérialité et au profit) s'infiltre un peu partout dans notre société. Plus nous manquons d'une dimension intérieure, plus la logique de la machine artificielle nous envahit et nous opprime, plus nous infeste le monde quantitatif du « toujours plus », plus ce qui nous manque devient besoin : la paix de l'âme, la détente, la réflexion, la recherche d'une autre vie qui réponde à ce qui, à l'intérieur de nous, est brimé, étouffé.

La réforme de vie propose d'aller au-delà de l'esprit de réussite, de performance, de compétition, non pour l'annihiler, mais pour le tourner vers des activités ludiques, comme le sport, et pour le réguler par le développement de valeurs réputées féminines : amour, tendresse. L'homme porte en lui des potentialités féminines occultées ou inhibées, comme la femme porte en elle des potentialités masculines occultées ou inhibées. Chacun(e), tout en maintenant la primauté de son sexe, pourrait et devrait avoir en lui (elle), un yin/yang, « les deux sexes de l'esprit », pour reprendre la formule de Michelet.

La réforme de vie ne pourrait que réduire la puissance de l'argent et du profit. Elle ferait redécouvrir ce que chacun sait en profondeur, mais qui est occulté par ce qu'il croit être « son » intérêt, alors que son intérêt véritable réside dans l'épanouissement, autrement dit la réalisation de ses virtualités.

Puisque le bien-être matériel peut sécréter du mal-être, la réforme de vie doit être animée par l'aspiration au bien-vivre.

Le bien-vivre est un thème essentiel qu'ont formulé aussi bien le président équatorien Correa que le Forum social mondial de Belem, en Amazonie. Leurs dénominateurs communs s'énoncent ainsi : la qualité prime sur la quantité, l'être prime sur l'avoir, le besoin d'autonomie et le besoin de communauté doivent être associés, la poésie de la vie, en premier lieu l'amour, est notre vérité suprême.

La réforme de vie nous conduirait à vouloir nous libérer des contraintes et obligations extérieures comme de nos intoxications de civilisation ; elle nous conduirait à exprimer les riches virtualités inhérentes à tout être humain ; elle nous inciterait à vivre poétiquement.

Elle nous pousserait à éviter les stress que provoquent les contraintes liées au temps, les hâtes, précipitations, empressements, ressentiments, énervements de toutes sortes, et à retrouver nos rythmes vitaux, à ralentir, comme l'a fait le mouvement *Slow-Food* pour la gastronomie, initiative que l'on pourrait étendre à bien d'autres domaines : *slow-parenting, slow-travel, slow-cities, slow-money*, etc. Il s'agirait de « vivre sa vie plutôt que de courir après ». Sur notre planète livrée à une course d'une folle vélocité, la réforme de vie prône un ralentissement généralisé. Alors, en réduisant le temps haché des chronomètres, nous retrouverions le fil du temps intérieur.

Les finalités de la réforme de vie peuvent être ainsi énoncées :

1) Sérénité-intensité

Comme l'a justement écrit Patrick Viveret, il faut substituer à l'alternance pernicieuse dépression/excitation le couple combinant ou alternant sérénité et intensité.

L'alternance dépression/excitation procède non seulement de cycles internes plus ou moins accentués, mais aussi d'alternances de contretemps, contrariétés, stress, ennuis, et de stimulations diverses dont celles de l'alcool, des compétitions, des jeux, des divertissements.

L'acquisition de la sérénité et l'avènement de l'intensité requièrent un cheminement éducatif et/ou auto-éducatif qui comporte :

– l'humanisation de nos pulsions et de nos émotions, c'est-à-dire la capacité de contenir énervements, rancunes, ressentiments, colères, etc. ;

– la capacité de se moquer de soi, ainsi que la liberté de « faire le clown » (chacun a en soi un clown enfermé qui ne demande qu'à monter sur scène) ;

– la dialogique permanente entre raison et passion : une vie obéissant à une raison glacée perd ses qualités ; une passion sans contrôle rationnel devient délire ; le difficile et nécessaire art de vivre comporte une navigation permanente, aléatoire, comme tout art, sous la double commande antagoniste de la raison et de la passion ;

– le développement de l'auto-examen et de l'autocritique pour se connaître soi-même et comprendre autrui ;

– la possibilité de forger l'estime de soi par ses actes et son comportement ;

– la préservation d'un temps pour la méditation, aussi bien au sens occidental du terme (réflexion approfondie et sereine) qu'en son sens oriental (faire le vide intérieur, s'oublier pour mieux se retrouver) ;

– la désaddiction des intoxications consommationnistes pour mieux retrouver les jouissances de la bonne consommation ;

– l'alternance sobriété/fêtes : le retour à la sobriété quotidienne doit s'accompagner du retour aux excès et débordements des jours et nuits de fête. La sobriété guérit de la « fièvre acheteuse », mais n'interdit pas un achat d'enchantement. Loin de dédaigner la qualité des aliments, elle les appelle. Elle revêt un caractère hédoniste en permettant de retrouver les plaisirs des papilles, alors que l'intoxication consommationniste nous rend esclave de saveurs artificielles et de désirs superflus. Le temps de la fête brise les normes, les règles, dispense ivresse, effusion, extase, et, à ce titre, est un temps d'exaltation poétique. La sagesse a besoin de tempérance, mais aussi d'excès...

2) Autonomie/communauté

La réforme de vie doit comporter simultanément ce qu'ont tenté de réaliser tant de « communes » juvéniles en Californie dans les années 1960 : autonomie et communauté.

Il s'agit là des deux plus profondes et complémentaires aspirations humaines : celle de l'affirmation du « je » en liberté et responsabilité, et celle de l'intégration à un « nous » qui établit la reliance à autrui en sympathie, amitié, amour. La réforme de vie nous incite à nous inscrire dans des communautés sans rien perdre de notre autonomie.

3) Convivialité et compréhension

La réforme de vie nous conduirait à restaurer la convivialité, cette aptitude à la sympathie et au dialogue avec les partenaires de nos vies quotidiennes, à commencer par nos voisins, comme avec les inconnus de rencontre. Il s'est créé dans ce sens diverses associations de convivialité comme « Mange ta soupe », à Carentan, dans la Manche, qui organise des promenades, des « ateliers de soupe », des leçons de cuisine, de jardinage (en ressuscitant la culture de légumes oubliés), des salons de lecture[1]. L'apparition dans le vocabulaire du mot *care* (souci d'autrui pouvant devenir sollicitude) traduit un besoin dans les relations humaines. La réforme de vie cultiverait la gentillesse (le plus grand plaisir de l'être humain, selon Marc Aurèle), l'amabilité (*philanthropia*, *caritas*), la bienveillance envers autrui (Confucius). « Plus répandu encore que l'éloignement entre les personnes est le désir de rompre cet éloignement » (T. Adorno). Elle cultiverait l'empathie qui est capacité à entrer dans les sentiments d'autrui, et qui, en se développant, devient sympathie et affection. En effet, nous vivons en nous masquant à nous-même nos carences et nos faiblesses ; nous pratiquons constamment la « *self*-déception », mensonge à l'égard de soi-même, qui nous pousse à rejeter l'erreur, la faute, le mal sur autrui, et nous amène à réduire

---

1. Association Mange ta soupe, 17, rue de l'Yser, 50500 Carentan.

autrui à un seul de ses caractères, souvent le pire. Ici, la réforme de vie rejoint la réforme intellectuelle, qui est rejet de la réduction d'une réalité complexe à l'un de ses éléments.

Réduire autrui à son ethnie, à sa race, à sa religion, à ses erreurs, à ses fautes, à son pire comportement aveugle aussi bien sur lui que sur soi-même. La compréhension est une composante capitale de la réforme de vie[1]. Ainsi qu'il a été dit plus haut, comment espérer le moindre progrès de société s'il n'est pas lié à un progrès dans la compréhension d'autrui ?

Mais accéder à la compréhension d'autrui est d'autant plus difficile que ni la famille ni l'école n'enseignent à comprendre ; comprendre requiert prioritairement un processus d'auto-élucidation de chacun pour lutter contre son ennemi intérieur qui tend toujours à rejeter sur autrui la faute ou la culpabilité, trouve toujours des boucs émissaires, est toujours incapable de considérer la complexité d'une personne humaine. Ici la réforme de vie a besoin de la réforme de pensée qui nous montre l'importance des préconcepts et des « paradigmes » qui gouvernent inconsciemment nos modes de connaissances et nous

1. Voir E. Morin, *Les Sept Savoirs nécessaires à l'éducation du futur, op. cit.*

rendent incapables de comprendre que les autres obéissent à d'autres préconcepts et d'autres paradigmes. Ici, comme en tous domaines, la réforme de vie nécessite une profonde réforme intérieure.

Le capitalisme et l'individualisme ayant étendu la monétarisation à des secteurs de vie qui étaient ceux du service à autrui, du don, de la gratuité, la compréhension d'autrui va permettre de retrouver la satisfaction du service gratuit et du don, par quoi le donneur fait cadeau du meilleur de lui-même. Cela peut ouvrir une grande brèche dans la domination de la monnaie, de l'intérêt, du calcul égoïste.

4) Le féminin dans le masculin, le masculin dans le féminin

Nous devons savoir que chaque sexe porte en soi de façon atrophiée, récessive ou latente, la présence de l'autre sexe. Ainsi l'homme a conservé des tétons, et le clitoris féminin est un pénis réduit. Il ne saurait être question de dépasser le masculin et le féminin dans un quelconque unisexe, mais plutôt de compléter la tendance à l'égalité homme/femme par l'accroissement, chez l'homme, de caractères propres à la féminité (soins et tendresse), et, chez la femme, de caractères propres à la masculinité (carrières de responsabilité et d'autorité). Si la différenciation (génétique ? culturelle ?) entre les hémisphères cérébraux a développé dans l'hémisphère dit masculin les qualités d'analyse et d'abstraction, et, dans l'hémisphère dit féminin, les qualités d'intuition et d'appréhension globale, hommes et femmes détiennent les deux hémisphères, et l'idéal serait d'associer le sens de l'abstraction et de l'analyse à celui de l'intuition et du global dans un plein emploi commun des « deux sexes de l'esprit », ce dont se flattait Michelet.

La civilisation occidentale moderne, vouée à la puissance et à l'efficacité, a concentré les hommes dans les activités techniques, matérielles, compétitives, parfois impitoyables, tandis que les femmes sont demeurées cantonnées à l'univers maternel et affectueux. Ce sont les femmes qui, dans un monde de mâles dominants, brutaux et bornés, ont sauvegardé la douceur et la tendresse. D'où la justesse de la parole d'Aragon : « La femme est l'avenir de l'homme », en ce sens que c'est toute la civilisation humaine qui doit intégrer les potentialités d'amour et d'affection du féminin. Les femmes sont peut-être mieux préparées à relier complémentairement le sensible et le rationnel. Que l'homme reste homme, mais qu'il se féminise ! Que la femme reste femme, mais qu'elle se masculinise ! Que chacun possède et assume sa propre force et sa propre fragilité.

En outre, à notre époque où les connaissances sont de plus en plus dispersées, compartimentées, les femmes sont peut-être mieux placées que les hommes pour saisir la complexité des grands problèmes de la vie personnelle et collective. Nous vivons plus que jamais en un temps où le mode de connaissance propre aux entreprises masculines conduit à l'aveuglement (par incapacité de concevoir le complexe et le global) et à la barbarie. La civilisation a besoin d'une puissante injection de féminin.

5) La relation esthétique

La réforme de vie doit également développer une composante esthétique, essentielle pour vivre poétiquement. La vie pratique peut et doit comporter une dimension esthétique dans les objets, les instruments, les services de table, la décoration des appartements et des lieux de travail. Le progrès du sens esthétique permettrait d'expulser les publicités qui dégradent les quartiers historiques des villes et les routes, et d'apprécier, à l'inverse, celles qui recherchent une qualité artistique. Bien que les images de films portent en elles une esthétique qui touche de vastes couches de la population, elles demeurent souvent privées des émotions sublimes que procurent les grandes œuvres d'art (roman, poésie, musique, peinture, sculpture). Toutefois, le cinéma a produit des chefs-d'œuvre bouleversant d'humanité, le dernier en date, au moment où j'écris, est le film *Biutiful* de Alejandro Gonzáles Iñárittu. La réforme de vie implique un cheminement pour épanouir le sens esthétique virtuel chez l'enfant, en sorte qu'il le garde, une fois adulte. La large diffusion de la musique classique chez des enfants des bidonvilles vénézuéliens ne fait pas que leur apporter la découverte d'émotions, elle leur rend le sens de leur dignité et de leur valeur personnelle. Le chant, qui entretient une douce poésie dans nos âmes, doit être pratiqué le plus souvent possible.

De même, à la lumière de nos connaissances actuelles en astronomie, nous devons régénérer notre relation au Cosmos, ce gigantesque et incroyable univers dont nous sommes issus et où nous découvrons la petitesse de la troisième planète (la nôtre), soleil de banlieue au sein d'une galaxie périphérique. Nous devons régénérer, à la lumière de l'écologie, notre relation avec la nature et l'intégrer à une conscience d'appartenance à la Terre-Patrie. La relation avec la nature est certes magnifiée par l'émotion contemplative de paysages, de mers, de montagnes enneigées, mais peut se cultiver dans une relation de soins et de plaisir à travers le jardinage. Du reste, l'entretien des plantes d'appartement, des balcons, des terrasses, celui du jardin privé, le souci paysagiste manifesté dans les résidences secondaires traduisent une aspiration à retrouver une relation intime, voire ancestrale, avec la nature, le jardin étant, comme on l'a joliment dit, « un cosmos miniaturisé ». Dans cette relation domestique avec la nature, nous pouvons libérer un aspect réprimé de notre propre nature.

Nous pouvons aussi retrouver une relation de complicité avec notre propre corps qui réclame relaxation, soins, caresses mais aussi danse et mouvement. Réveiller et re-stimuler nos cinq sens dans les plaisirs et les joies du regard, de l'ouïe, de l'odorat, du toucher, du goût.

La relation esthétique ne doit pas être considérée comme un luxe. Elle nous ressource au meilleur, au plus sensible de nous-même. Elle nous délivre un message d'authenticité sur notre relation aux autres, à la vie, au monde. Elle nous procure des émerveillements qui sont des moments de bonheur. Cette capacité d'émerveillement ne peut que nous aider à résister à la cruauté de ce monde et à la barbarie humaine.

Il en va de même du jeu qui a été si bien catégorisé par Roger Caillois[1] et si correcte-

1. Roger Caillois, *Les Jeux et les hommes*, Gallimard, 1958, et « Folio », 1992.

ment défini par Johan Huizinga comme « pourvu d'une fin en soi, accompagnée de tension et de joie, et d'une conscience d'être autrement que dans la vie courante[1] ». Le jeu n'est pas qu'un loisir secondaire, il est une des façons de vivre poétiquement.

La réforme de vie traduirait une aspiration aux états seconds que l'on trouve dans toutes les grandes émotions esthétiques et ludiques, dans tous les enthousiasmes, toutes les exaltations, toutes les ardeurs amoureuses et festives qui nous mettent en approche de l'extase. Ce sont ces états seconds, pleins d'intensité poétique, qui donnent la sensation de la vraie vie. C'est en eux que nous nous perdons pour nous retrouver, que nous nous retrouvons en nous perdant. L'extase est l'état limite, bienheureux, où nous conduit l'état second qui devient alors premier. Mais pour éviter le risque d'addiction à une seule source de jouissance ou d'extase, il y a nécessité du maintien d'une pluralité d'aspirations, de désirs et d'émotions.

La réforme de vie doit aborder le problème complexe du divertissement. Le mot, au sens pascalien du terme, concerne tout ce qui nous distrait de nos problèmes fondamentaux, dont celui de la mort. Et l'on peut dire que l'un des

1. Johan Huizinga, *Homo Ludens*, essai sur la fonction sociale du jeu, Gallimard, coll. « *Tel* », Gallimard, 1988.

effets des divertissements (jeux, jouissance esthétique, érotisme, etc.) est de nous détourner de la prise en considération de notre destin mortel. Mais ces mêmes divertissements nous procurent aussi certaines des émotions poétiques de la vie, ils sont donc porteurs de vérités humaines, et pas seulement de détournement de l'essentiel. Pascal, qui fut pourtant le plus complexe penseur de l'humain de notre culture, n'avait pas perçu cette autre face du divertissement, qui porte en elle la poésie de la vie.

La conscience que « la vraie vie est absente » a émergé un peu partout. Un peu partout des velléités de réformer la vie se manifestent à travers l'aspiration à vivre autrement, à travers le souhait de mieux vivre avec soi-même et autrui, parfois à travers le renoncement à une vie lucrative pour une vie d'épanouissement, ainsi que dans une recherche d'harmonie avec le monde qui peut s'exprimer dans l'attirance pour le bouddhisme zen, les sagesses orientales, et jusque dans la quête de l'alimentation biologique.

Cette aspiration à vivre « autrement » se manifeste de multiples façons et l'on assiste un peu partout à des recherches tâtonnantes de la poésie de la vie (amours, fêtes, aventures, rave-parties, etc.)

Dans ce contexte, les vacances sont des antidotes temporaires à la vie prosaïque. Une partie des citadins partage leur temps entre une vie urbaine à laquelle ils sont soumis, avec ses contraintes et ses obligations, et une vie de week-end ou de vacances durant laquelle ils se déprogramment, échappent à la chronométrie, abandonnent les vêtements citadins pour des habits rustiques, voire pour la nudité, et vivent librement : le Club Méditerranée est un exemple de cette utopie concrète d'une vie libérée même de la monnaie (il faut évidemment payer au préalable pour y vivre sans argent...). Le contraste est aussi fort que celui que vivent, selon Mauss, les Esquimaux alternant une religion d'été et une religion d'hiver avec des dieux différents selon les saisons. Tout se passe comme si, nous aussi, vénérions des dieux différents en fonction des périodes de la semaine ou de l'année. Mais la réforme de vie demande plus que l'alternance : l'alternative. Nous devrions, en intégrant en permanence quelques-uns des vertus que nous donnent nos vacances et nos loisirs, changer nos vies.

Le tourisme correspond lui aussi au besoin de fuir pour un temps la prose de la vie. Mais il est capté par les agences qui organisent des *travels* standardisés, chronométrés, des contacts exclusivement folkloriques avec les populations, et, malgré l'avantage du dépaysement, ils comportent les vices de ce que l'on fuit. Toutefois, une réaction s'est esquissée : on séjourne de plus en plus chez les ruraux et non plus dans des hôtels séparés de la population, on pratique l'agrotourisme en Italie, au Portugal, en Espagne, au Brésil ; de nouvelles formes de tourisme sont apparues : « Nature et tradition », voyages-pèlerinages (désert), « voyages responsables » que l'agence Thomas Cook organise en faisant participer le touriste à un programme de reforestation de la région visitée, etc. Le nouveau tourisme recherche non seulement des émotions esthétiques, mais aussi une expérience de vie dans la rencontre avec l'étranger que l'on découvre à la fois différent et semblable à nous, notamment dans les cultures traditionnelles et chez les peuples indigènes. Le tourisme festivalisé permet une participation profonde aux grandes œuvres musicales ou théâtrales. Le tourisme mondialisé (800 millions de déplacements internationaux en 2005) est à la fois évasion et prise de conscience planétaire.

Le tourisme devrait non seulement se consacrer à l'évasion, mais aussi à la communication ; non seulement permettre de quitter son chez-soi, mais aussi de se retrouver chez soi dans une présence au monde.

Nous savons que le bien-être matériel ne garantit pas le bonheur. Comme l'a dit un éditorial de Survival International, « les milliardaires les plus riches au monde ne sont pas plus heureux que n'importe quel berger masaï du Kenya ». La réforme de vie, si elle peut apporter le bien-vivre, ne procure pas par elle-même le bonheur. Des moments de bonheur peuvent survenir inopinément, contempler un vol ivre d'hirondelles ou entendre soudain une musique aimée. Les périodes de bonheur, elles, n'arrivent que dans une heureuse conjonction de conditions extérieures (lieu, temps) et de conditions intérieures. La réforme de vie ne saurait les créer, mais elle peut en assurer certaines conditions intérieures en éliminant haines, rancunes, jalousies, et en apportant sérénité et intensité. Elle ne saurait abolir le malheur, qui est la rançon du bonheur disparu et de l'amour perdu. Mais la réforme de vie permet de vivre « à la bonne heure », c'est-à-dire en étant intensément présent au monde, aux autres et aux siens.

La souffrance est le prix à payer pour vivre. Mais ce prix ne peut être supporté qu'à condition de pouvoir accéder à la poésie du vivre.

De plus, il arrive qu'un grand malheur puisse devenir source de « résilience » – selon l'expression de Boris Cyrulnik – qui soit à l'origine d'un bonheur inespéré. Comme nous l'indique la formule de Beethoven, « *durch Leiden Freude* », il est un chemin qui mène de la souffrance à la joie. Il arrive aussi que le bonheur s'offre de lui-même à qui sait s'offrir.

Plus profondément, la réforme de vie subordonnerait le bonheur à la qualité poétique de la vie. Dans ce sens, « la poésie est un article de première nécessité », nous dit Nicanor Parra. Vivre poétiquement comporte d'innombrables bonheurs faits de communions, d'émerveillements, de joies, parfois d'extases.

Enfin, les âges de la vie doivent être à la fois réformés et réformateurs de nos vies. En passant d'âge en âge, chacun devrait conserver les vertus de l'âge précédent : la curiosité insatiable de l'enfance, les aspirations infinies et les révoltes de l'adolescence, la conscience de ses responsabilités de l'âge adulte ; la vieillesse, conservant en elle les qualités des âges passés, aurait ainsi la possibilité de tirer le fruit des expériences vécues. D'âge en âge, chacun pourra cultiver l'amour dévolu à ses parents, à ses amis, à sa compagne ou à son compagnon, à ses enfants.

La réforme de vie ne saurait éluder ou élucider ni le mystère de la vie ni l'énigme de l'univers ; mais elle nous ouvre poétiquement à ce mystère et à cette énigme. Elle ne saurait non plus faire disparaître nos peurs et angoisses ; mais elle enseigne à vivre avec l'angoisse, sans se laisser submerger par elle, en lui apportant des antidotes : les participations au destin collectif, la reliance aimante à autrui, l'amour. C'est Dr Love qui soigne Mr Hyde.

Il y a mille ébauches de la réforme de vie, de l'aspiration au bien-vivre, à échapper au mal-être qu'a produit la civilisation du bien-être matériel, à pratiquer la convivialité, mais ces ébauches ne sont pas encore reliées. Toutefois, si l'on considère ensemble ces éléments qui, séparément, semblent minimes, on perçoit alors que la réforme de vie est inscrite dans les possibilités de notre devenir.

L'expérience des communautés

Un certain nombre de communautés ont été créées pour vivre autrement. Les communautés monastiques, chrétiennes ou bouddhistes, se constituèrent pour abandonner la vie profane et se consacrer à leur credo. Les communautés de l'Arche, créées en 1948 par Lanza del Vasto après sa rencontre avec Gandhi, combinent un aspect religieux, ouvert et syncrétique, à une réforme psychique et spirituelle ; elles pratiquent la non-violence dans tous les aspects de la vie ; elles comportent prières, chants, danses et fêtes, jardinage, connaissance de soi, approfondissement spirituel.

Les communautés fondées sur une conviction religieuse ont été et existent encore. Par contre, les communautés laïques fondées sur l'aspiration à vivre autrement, à vivre une « vraie vie », n'ont connu qu'une durée de vie limitée. Il en fut ainsi des « communes » californiennes, des kibboutz laïques israéliens.

Les échecs rencontrés par les tentatives communautaires ne résultent pas seulement de l'empreinte culturelle de la société bourgeoise sur leur environnement, mais aussi et souvent, surtout, de la difficulté, voire de l'incapacité à affronter la relation à autrui par la compréhension, l'humanisation des émotions, le respect démocratique.

L'expérience du Monte Verita fut d'autant plus intéressante qu'elle traduisit la réalisation temporaire de la grande aspiration à l'harmonie qui naît et renaît dans la civilisation occidentale. C'est dans l'Allemagne livrée à une industrialisation et à une urbanisation extrêmement rapides, à la fin du XIXe siècle, que quelques hommes et femmes partirent en Suisse italienne et s'installèrent sur une colline surplombant le lac Majeur, qu'ils appelèrent « Monte Verita ». Ils cherchaient, c'était leur expression même, une réforme de vie comportant réforme de l'âme, réforme de l'esprit, réforme du corps. Ils vécurent en communauté, rejetant la propriété privée, se vêtirent de toges, pratiquèrent le jardinage, la danse, les beaux-arts. L'expérience avait pour ambition de réformer les rapports familiaux et les rapports sociaux, d'éliminer l'autorité dogmatique, d'émanciper la femme, de communier avec la nature. Des règles hygiéniques furent instituées, notamment pour l'alimentation et le vêtement ; l'artisanat y fut pratiqué. L'expérience dura quelques années, mais fut brisée à la fois par les dissensions internes et le début de la guerre de 1914.

La communauté de Cristiana, faubourg de Copenhague, a débuté en 1971 et s'est maintenue à travers aléas, lutte contre la drogue, conflits divers ; elle dure encore, subsistant grâce à son économie artisanale[1].

Plus ample fut l'expérience d'Auroville[2], en Inde, qui fut fondée sur la philosophie

1. Lire le récit de Jean Manuel Traimond qui fut un acteur de l'histoire de Cristiana, « Naissance du droit à Cristiania », *Réfractions*, n° 6 ; voir aussi ma description dans *Une année Sisyphe*, Le Seuil, 1995.

2. Auroville (la cité de l'Aurore) est située au nord de Pondichéry, dans le Tamil Nadu. Elle a pour vocation d'être « le lieu d'une vie communautaire universelle où hommes et femmes apprendraient à vivre en paix dans une parfaite harmonie, au-delà de toutes croyances, opinions politiques et nationalités, en respect avec la nature et leur environnement ». Elle fut construite par l'architecte français Roger Anger en 1968 ; en présence du président de la République indienne et de représentants venus de 124 pays. Chacun versa une poignée de terre de son sol natal dans une urne, en signe de fraternité universelle. Auroville devait à l'origine accueillir 50 000 habitants ; en 2008, la communauté ne regroupait que 2 018 Aurovilliens, dont 1 570 adultes.

d'Aurobindo et dont les participants furent sélectionnés par « la Mère », veuve d'Aurobindo. Une véritable cité fut créée sur des principes communautaires. Après des difficultés et échecs partiels, l'expérience continue. En dépit de quelques aspects négatifs, elle demeure une réussite, sans doute parce qu'y a perduré une forte base philosophique commune.

Les microcosmes de réforme de vie sur une base exclusivement séculière ont montré leur fragilité. Les échecs sont dus, pensons-nous, à l'absence d'une réforme personnelle des participants comportant l'apaisement des pulsions et des émotions, à l'absence d'un apprentissage à la connaissance de soi et à la compréhension d'autrui, d'où des malentendus, incompréhensions, querelles qui débouchent sur la séparation ; ces échecs furent également dus à l'isolement de chacune de ces expériences de vie, à l'absence d'une conjonction avec d'autres réformes qui leur auraient été solidaires.

L'aspiration à la réforme de vie est l'expression d'une aspiration à l'harmonie qui traverse l'histoire humaine et s'est exprimée dans les paradis, les utopies, les idées libertaires, communistes, socialistes, les « communes » californiennes, les explosions juvéniles de Mai 68, etc. ; elles renaîtront sans cesse sous d'autres formes, avec toujours les mêmes aspirations à l'autonomie, à la communauté, à vivre poétiquement.

Cette aspiration deviendra de plus en plus ample et profonde dans les sociétés technicisées, industrialisées, occidentalisées, surtout si elles sont ravagées par des crises et des désastres. Mais elle ne saurait se développer en réforme de vie que si s'amorcent corrélativement les autres réformes, ce qu'a bien reconnu l'Association française « Transformation personnelle – Transformation sociale ». La réforme de vie est indissociable d'une régénération éthique, elle-même indissociable d'une régénération du civisme, elle-même indissociable d'une régénération démocratique, elle-même indissociable d'une régénération des solidarités et de la responsabilité, tout cela étant inséparable d'un processus complexe, humain, social, politique, historique, comportant une réforme de l'habitat, de la consommation, de l'éducation. La réforme de vie pourrait avoir une portée considérable sur tous les problèmes économiques et sociaux. Patrick Viveret le dit très justement : « Ce sont la dureté de cœur et le mal de vivre, non la rareté des ressources physiques ou monétaires, qui sont à l'origine de la plupart des problèmes (...) écologiques, politiques, culturels, sanitaires et sociaux. » Bien entendu, il faut mettre en boucle cette formulation en indiquant que réformes écologiques, politiques, culturelles, sanitaires et sociales contribueraient à l'amélioration de la qualité de la vie et à la réforme de vie.

Tout en étant indissociable d'incitations extérieures, la réforme de vie est une aventure intérieure ; tout en étant indissociable de processus sociaux et collectifs, la réforme de vie est un processus personnel. Chacun doit rechercher ce qui est important et nécessaire pour lui-même, chacun doit trouver le chemin de sa régénération.

Parler de régénération ne saurait conduire à l'illusion d'un retour au passé, comme s'il fallait oublier – dans les ambivalences de l'évolution historique – les apports positifs de la modernité à conserver et à développer. Il faut concevoir, nous l'avons déjà dit, des détours par le passé. Mais, surtout, le terme « régénération » signifie retour aux sources génératrices, c'est-à-dire créatrices. C'est donc par la mise en œuvre d'un développement/enveloppement humain, créateur d'une nouvelle civilisation, qu'une réforme de vie pourrait être à la fois produite et productrice.

CHAPITRE 2

La voie de la réforme morale

L'on ne peut enseigner ni apprendre la vertu,
si ce n'est par l'amitié ou l'amour
avec des hommes véritables ou de qualité,
et par la fréquentation des dieux
qui sont en nous.

Friedrich SCHLEGEL

Les impératifs moraux sont présents aussi bien dans les grandes religions universalistes que dans l'humanisme laïque. Mais les religions qui ont prôné l'amour du prochain ont déchaîné des haines du prochain, et les religions d'amour ont été capables des pires cruautés. L'humanisme laïque n'a jamais pu disposer de l'autorité de la religion, et son universalisme moral a connu bien des carences et des cécités.

Il semble donc que la morale mérite d'être repensée, et on pourrait espérer qu'une réforme morale puisse la réinscrire, mais de façon nouvelle, au cœur de la subjectivité humaine.

Si l'on définit la notion de sujet par l'auto-affirmation égocentrique d'un « je » se situant au centre de son monde de manière exclusive (personne ne peut dire « je » à ma place), cela signifie qu'être sujet comporte un principe égocentrique qui accorde priorité à soi sur toute autre personne ou considération. Mais, en même temps, tout sujet porte en soi un principe d'inclusion dans un « nous » qui l'incite à s'intégrer dans une relation communautaire et aimante avec autrui, avec les « nôtres » (famille, amis, patrie), et qui apparaît dès la naissance dans le besoin vital d'attachement du nouveau-né. Ce principe d'intégration peut amener le sujet jusqu'au sacrifice de sa vie pour ce nous. L'être humain est caractérisé par ce double logiciel : l'un pousse à l'égocentrisme, à sacrifier les autres à soi ; l'autre pousse au sacrifice de soi pour les autres, à l'altruisme, à l'amitié et à l'amour. Notre civilisation tend à favoriser le logiciel égocentrique. Le logiciel altruiste et solidaire est certes partout présent, mais souvent inhibé et dormant. Il peut se réveiller. C'est donc ce logiciel qui doit être stimulé par la réforme éthique.

En vertu de la trinité humaine : individu/société/espèce, il faut concevoir une éthique en trois directions.

1) L'éthique individuelle

Cette éthique nécessite l'intégration, dans la conscience et la personnalité de chacun, d'un principe d'auto-examen permanent, car, sans le savoir, nous nous dupons sans cesse et nous mentons à nous-même. Nos souvenirs se transforment à notre avantage, notre vision de nous-même et des autres est pervertie par l'égocentrisme. Si nous voulons la réforme morale, nous ne pouvons faire l'économie de l'auto-examen et de l'autocritique. Or nous croyons que la solution de nos maux psychiques et moraux relève exclusivement de tiers, psychothérapeutes ou psychanalystes. Certes, autrui nous est nécessaire pour nous connaître nous-même, mais seul l'auto-examen permet d'intégrer le regard d'autrui dans un effort permanent destiné à mieux nous comprendre avec nos carences, nos lacunes, nos faiblesses.

Il est remarquable que nous montrions une pleine compréhension d'autrui dans le monde imaginaire et esthétique du roman, du théâtre, du cinéma. Nous sommes alors capables de comprendre des personnages totalement éloignés de nous, vivant dans des mondes exotiques, ou des êtres ambigus, parfois criminels, comme le « parrain » du film de Francis Ford Coppola ou bien les personnages de Shakespeare. Nous comprenons le malheur de l'opprimé, la détresse de l'abandonné, nous comprenons un vagabond comme Charlot. Mais lorsque nous nous en retournons dans la vie courante, nous perdons notre capacité à comprendre autrui, nous nous détournons du vagabond et ne considérons plus que l'aspect criminel de celui dont nous comprenions la complexité au théâtre et au cinéma. Nous nous départissons dans la réalité quotidienne de la compréhension que nous éprouvons dans la fiction.

La réforme morale doit donc développer par priorité l'auto-examen permanent et l'aptitude à la compréhension d'autrui. Elle doit bien évidemment être conjuguée avec la réforme de l'éducation et avec la réforme de vie, qui doivent elles-mêmes se conjuguer aux autres réformes.

2) L'éthique civique

C'est l'éthique du citoyen qui, dans une société au sein de laquelle il jouit de droits, doit assumer ses devoirs pour la collectivité.

3) L'éthique du genre humain

Autant une éthique universelle concernant tous les hommes paraissait abstraite avant l'avènement de l'ère planétaire, autant la communauté de destin de tous les humains la rend désormais concrète. Chacun peut aujourd'hui agir pour l'humanité, c'est-à-dire contribuer d'abord à la prise de conscience de la communauté de destin de tous, et s'inscrire en elle comme citoyen de la Terre-Patrie.

CHAPITRE 3

La famille

La famille large réunissait jadis sous un même toit trois générations sous l'autorité d'un père patriarche ; le respect y était dû aux anciens et aux parents. Certes, elle recelait des animosités refoulées, des frustrations douloureuses, mais elle liait les nombreux frères et sœurs aux oncles, tantes, cousins, cousines, en réseaux de solidarité et d'entraide. Les mariages étaient des alliances de familles décidées par les parents. Cette famille large s'est désintégrée en Occident où les familles nombreuses, sauf chez certains immigrés du Sud, ont disparu.

La famille était une micro-société aux fonctions économiques, protectrices, solidaires, éducatives, voire religieuses. La crèche, l'école, l'hôpital, la maison de retraite, le salariat ont ôté à la famille un grand nombre de ses missions traditionnelles. Ses membres cessent d'être inconditionnellement subordonnés à l'institution collective ; ils ne se sentent plus irrévocablement liés, et peuvent rompre par décisions individuelles.

Reste la famille nucléaire, constituée par le couple et sa progéniture réduite. Mais le couple aussi est en crise : le travail des femmes, les rencontres extérieures de chacun des époux, le surdéveloppement d'un individualisme forcené, la liberté sexuelle, les incompréhensions et disputes, tout cela mine et finit par détruire le couple.

Jacques Lévine a énoncé les pathologies de la famille contemporaine : parents abusifs ou débiles, eux-mêmes issus de parents abusifs et débiles, et, quand s'y ajoutent la misère, l'alcoolisme, l'école en crise d'aujourd'hui, tout cela crée des enfants « déstabilisés » et des adolescents perdus cédant à la rage ou à l'autodestruction.

Le ciment du couple n'est plus l'alliance de deux familles. L'amour est désormais ce qui crée et lie le couple. Comme le couple naît et vit d'amour, la cessation de l'amour chez l'un des deux partenaires conduit à sa désintégration.

Mais si le couple en crise se désintègre, les individus rendus à la solitude, nostalgiques d'amour et de foyer, trouvent un(e) nouveau(velle) partenaire, reconstituent un couple, se marient à nouveau, désirent un enfant de leur nouvel amour. Ainsi, paradoxalement, le mariage, bien qu'en crise, devient la réponse à la crise de la solitude individuelle. Un couple se reconstitue sans cesse, qui procrée un nouvel enfant, bien qu'il soit lui-même à nouveau miné par les forces renaissantes de la séparation et du divorce. L'amour perdu détruit la famille. L'amour nouveau la fait renaître. L'enfer familial s'autodétruit, mais le besoin de refuge reconstruit un nouveau nid. La famille meurt et ressuscite sans cesse.

L'émancipation des femmes dans le travail extérieur a mis en crise le système familial traditionnel qui comportait la présence nucléaire de la mère au foyer. Mais des restructurations s'effectuent : l'homme va assumer un certain nombre de tâches domestiques réservées autrefois à la femme (faire la vaisselle, torcher les enfants, les promener). Le père dominateur fait place au père débonnaire. Cela conduit à une relative démocratisation de l'organisation familiale. Comme la société, mais avec un retard significatif, la famille passe insensiblement du modèle autoritaire au modèle égalitaire homme/femme, et, dans la relation parents/enfants, du modèle d'obéissance au modèle de tolérance.

Il est des séparations de couples sans haine où peut subsister un fort lien affectif, ce qui permet aux enfants issus de différents mariages de fraterniser. De plus, les grands-parents retraités qui hébergent leurs petits-enfants pendant les vacances des parents redeviennent des papys et des mamies.

Alors que le père est moins père, que la mère est moins mère, l'imago, c'est-à-dire la puissance mythique du père et de la mère demeure très présente chez les enfants. Freud a indiqué que même si le père réel est débile, l'enfant nourrit de lui une image forte et peut souffrir du manque d'autorité. Même dans les cas des mères porteuses, du don de sperme anonyme, de l'absence de père et de mère réels, il y a un besoin fondamental de père, de mère, de famille. Les couples homosexuels, masculins ou féminins, assument pleinement, de l'intérieur, même en double, la qualité de père et de mère.

La famille traditionnelle inhibait les conflits en son sein. Sa stabilité reposait essentiellement sur l'autorité. Il y avait bien sûr des enfants et des épouses frustrés dans leurs aspirations, mais la sacralité de la famille permettait d'y renoncer, sauf cas extrêmes de jeunes gens quittant leur famille et, *ipso facto*, maudits et déshérités. Les conflits ont surgi quand le déclin de la famille traditionnelle s'est amorcé. Le « Familles, je vous hais » d'André Gide est formulé dès lors que la famille commence à s'affaiblir. Mais, aujourd'hui, après la crise de la famille et la famille comme réponse à la crise de l'individualisme, le besoin de famille ferait souhaiter un :

« Familles, je vous ai ! ». Perdre la reliance de famille constitue une perte irréparable.

D'autre part, il se crée, hors de la famille de sang, des familles spirituelles de frères et sœurs d'élection, de pères spirituels et de mères choisies voire de grands-parents d'adoption.

Plus encore, notre psychologie a besoin de substance maternelle et paternelle. Celle-ci s'exprime mythiquement, du reste, dans l'attachement à la patrie, terme bisexué qui nous fait, en France, parler de Mère-Patrie, tandis qu'en Allemagne on dit *Vaterland* (terre paternelle). Les humains, sans renier la maternité-paternité de leur patrie, pourraient se retrouver et s'unir dans l'appartenance à la Terre-Patrie.

La famille traditionnelle était sacralisée non seulement par son inscription dans la religion (baptême, mariage, enterrement), mais aussi comme pilier modèle de toute vie sociale.

On ne saurait certes restaurer l'antique sacralité de la famille, mais on pourrait en instaurer une nouvelle en sacralisant l'amour, à la fois ciment des couples modernes et celui de la relation parents/enfants.

Une telle sacralisation nécessite réforme de vie et réforme de la pensée. Les poisons de la relation conjugale comme de la relation parents/enfants sont l'incompréhension ainsi que la barbarie émotionnelle que l'individualisme contemporain suscite plutôt qu'il ne la contrôle. D'où disputes, querelles, ruptures qui minent le terrain – qui aurait dû être solide – de l'affection et de l'amour ; d'où les relations détestables et les conflits incessants que nous avons évoqués plus haut. La réforme de l'enseignement, comportant dès les petites classes une éducation à la compréhension humaine (laquelle implique le développement de la compréhension de soi par auto-examen et autocritique), ainsi que la réforme de vie impliquant l'humanisation des émotions et la compréhension d'autrui, est nécessaire à la sacralisation de l'amour et de la compréhension. L'amour sacralisé n'est nullement l'amour possessif, ni l'amour halluciné de l'intoxication amoureuse, ni l'amour capable de se transformer en haine destructice s'il vient à se croire déçu ou trompé, c'est l'amour oblatif qui crée un nous véritable.

La réforme de vie nécessite une véritable éducation à l'amour capable de dominer la possessivité amoureuse, de résister à l'intoxication amoureuse, de reconnaître la superficialité de l'amour emballement, de l'amour naïf qui prend corps sur des apparences au lieu d'attendre de voir se révéler la face obscure que chacun, comme la Lune, porte en soi.

Si la relation parents/enfants doit se fonder sur la compréhension et le respect mutuels, la responsabilité des parents ne peut être escamotée et il faut, dans les cas cruciaux, assumer l'autorité. Mais l'autorité parentale contemporaine ne peut renaître que dans une éthique de vie et d'honneur qui susciterait respect et désir d'imitation.

La laïcité s'accompagne de la perte de la foi en la Révélation divine. Mais les besoins de communion et de communauté, de foi, de sacré demeurent au sein de l'univers laïcisé. Ce sont eux qui peuvent nourrir une nouvelle sacralisation de la famille par la reliance, l'amour et la compréhension.

CHAPITRE 4

La condition féminine

Le genre masculin et le genre féminin, dans l'espèce *Homo sapiens*, manifestent leur différence non seulement par les organes sexuels, mais aussi par des traits sexués secondaires (barbe masculine, poitrine et hanches féminines) et par un léger dimorphisme dans la taille. Toutefois, chaque sexe, on l'a vu, porte en lui de façon récessive ou atrophiée les caractères de l'autre sexe (tétons masculins, clitoris féminin). Ce sont probablement les caractères socio-culturels propres à la condition masculine (chasse, guerre, pouvoir) qui ont surdéveloppé, au détriment de l'autre, l'hémisphère cérébral gauche propre aux analyses, distinctions, disjonctions, et ce sont les conditions socio-culturelles féminines qui ont sous-développé ce même hémisphère, mais développé le droit, propre à l'appréhension globale, à l'intuition et à l'empathie.

Les conditions de vie de l'humanité se sont fondées sur une base culturelle commune (le langage) et sur deux bases culturelles complémentaires. Les sociétés archaïques sont des sociétés de chasse-cueillette. Les hommes se sont spécialisés dans la chasse, la fabrication d'armes et d'outils, le travail des métaux. Outre les soins maternels et l'entretien du foyer, les femmes se sont spécialisées dans la recherche et la cueillette des plantes et des fruits, dans le ramassage du fourrage, puis dans le tissage et la poterie. La civilisation humaine est basiquement fondée sur cette complémentarité culturelle, nullement sur la primauté de la chasse.

En fait, l'unité sociale archaïque est le produit de la conjonction de la bio-classe masculine et de la bio-classe féminine, mais le pouvoir « politique », s'il n'est pas centré sur un chef unique, est sous l'autorité masculine des anciens et de deux ou trois dominants, chamans ou chefs de guerre.

Dans ces sociétés à forme clanique, la fonction d'époux et celle de père sont dissociées : le frère de la mère, l'oncle, fait office de père.

Puis la dislocation du clan fait place à la famille : l'époux devient père, il tend à user et abuser de son autorité ; c'est pourquoi la prohibition de l'inceste l'empêche de s'accoupler avec ses filles, lesquelles sont destinées à un échange exogame.

C'est dans les sociétés tribales de nomades guerriers que se fortifie le pouvoir unique d'un chef et qu'une contamination sémantique unifie la légitimité du pouvoir du père à la légitimité du pouvoir du chef. Dans la plupart des sociétés historiques qui vont émerger au Moyen-Orient, en Inde, en Chine, au Mexique, dans les Andes, avec leur organisation hiérarchisée s'imposant à des milliers ou des millions d'individus, vont apparaître les rois ou empereurs divinisés, incarnations suprêmes du pouvoir masculin, ce qui n'exclut pas – mais de façon minoritaire – la toute-puissance de certaines reines.

Les sociétés historiques ont presque toutes imposé le pouvoir masculin sur les femmes, elles ont assujetti celles-ci, les enfermant dans les foyers ou les gynécées, certaines prescrivant la polygamie. Des religions ont même confirmé comme volonté divine l'asservissement des femmes.

Bien sûr, il arrive que par le charme, la séduction, la volupté, la femme asservie asservisse son farouche asservisseur ; il est fréquent que, dans une famille soumise au père, l'amour et le respect des enfants pour la mère perdurent à l'âge adulte, et il est fréquent que la femme dominée empiriquement devienne adorée et sacralisée mythiquement.

C'est aux temps modernes de l'Occident européen que la différence entre univers masculin et féminin va permettre une merveilleuse floraison au sein d'une culture féminine. Alors que le monde masculin aristocratique se concentre de plus en plus sur les activités guerrières et industrielles, alors que le monde masculin bourgeois se concentre de plus en plus sur le commerce et le profit, des femmes aménagent leur isolat culturel en tenant leur salon où elles invitent écrivains, poètes, musiciens qui, dédaignant la guerre et le profit, se vouent à l'esthétique et à la pensée. Plus le monde masculin devient barbare et inhumain, plus la culture aristocratique et bourgeoise féminine favorise les œuvres de sensibilité et de beauté. À l'époque romantique, la symbiose est étroite entre la culture féminine et celle des poètes adolescents de génie qui, de la muse de l'Atheneum à Lou Andreas-Salomé, adorent et vénèrent leur Diotime.

C'est au XIXe siècle, où se déchaîne la conquête du monde par la virile barbarie européenne, que la culture féminine-adolescente-esthétique est le bouillon de culture d'où émergent les chefs-d'œuvre incomparables de la poésie et de la musique romantiques.

Par la suite, le message humaniste et universaliste des Lumières et de 1789 est revendiqué par un mouvement féministe naissant dans les pays anglo-saxons. Ce message, qui revendique pour les femmes les mêmes droits que les hommes en tous domaines, politiques et professionnels, se développe, se généralise et va aboutir, au XXe siècle, dans un certain nombre de pays occidentaux, au droit de vote des femmes et à leur accès, encore limité, à quelques carrières réservées jusque-là à la gent masculine. Le féminisme trouve son expression accomplie dans le beauvoirisme qui a libéré la femme du bovarysme, mais il y rencontre aussi sa limite, car il faudra attendre le Women's Lib et les néo-féminismes des années 1960 pour que la revendication à l'égalité se double de l'affirmation de la différence.

Les excès mêmes de ce néo-féminisme, dans son exaltation de la supériorité de la femme, contiennent leur part de vérité. La civilisation occidentale a trop de testostérone et pas assez de folliculine. Les qualités d'amour et de tendresse, les vertus de filles-sœurs-épouses-amantes doivent imprégner le genre masculin sans pour autant le dissoudre. Oui, la femme reste bien l'avenir de l'homme...

Il est clair que dans l'Occident européen l'évolution des mœurs a accentué la dégradation des interdits que l'emprise catholique faisait subir aux femmes. Mais le retour du religieux dans une grande partie des régions du globe, le développement des intégrismes tendent à inhiber et faire régresser un processus d'émancipation amorcé, comme en Algérie.

La condition féminine a évolué en Occident sans être parvenue à l'accomplissement souhaitable (bien des « préjugés » machistes subsistent dans les esprits et dans les actes ; il y a encore beaucoup de femmes battues et esclavagisées), mais elle fait problème sur l'ensemble de la planète, et la réforme de vie doit donc comporter la réforme de la condition féminine.

Marx et Engels voyaient dans les sociétés archaïques un communisme primitif qui pouvait être considéré comme le prélude ou l'annonce du communisme où serait censée s'épanouir la civilisation humaine. Il est vrai que bien des sociétés archaïques qui survivent (voir le chapitre « Les peuples indigènes »), notamment en Amazonie, nous donnent un exemple de communauté humaine comportant complémentarité de la culture masculine et de la culture féminine avant que ne se soit instauré l'assujettissement de la part féminine de l'humanité au sein des sociétés historiques. C'est bien à un retour à la complémentarité/communauté archaïque du masculin et du féminin, mais à l'échelle du monde contemporain, que nous devrions tendre.

Chapitre 5

L'adolescence

L'adolescence est ici considérée comme l'âge sociologiquement situé entre le cocon de l'enfance et l'entrée dans le monde professionnel des adultes. Réduite à l'extrême dans les civilisations où les enfants sont voués très jeunes au travail sans qu'il y ait discontinuité sociologique avec la vie adulte, l'adolescence s'est développée dans le monde occidental avec l'autonomie acquise ou conquise sur la famille, l'allongement des études, et elle peut désormais se prolonger jusqu'à 25 ans ou plus. Elle s'est constituée dans les années 1960 en classe bio-sociale, développant ses mœurs, ses rites, ses tenues, ses musiques propres.

C'est un âge d'aspiration à la pleine existence, de souhait d'une vie à la fois autonome et communautaire, d'espoirs et de désespoirs, de révoltes contre l'ordre social du monde adulte, de transgressions, de tourments, d'angoisses et de rêves.

L'adolescent est le maillon faible de la société : il sort de l'enfance, il aspire à la pleine existence, il n'est pas encore intégré dans le monde adulte du travail, et en lui fermentent aspirations, révoltes, angoisses. L'adolescent est le maillon de la chaîne sociale où les faiblesses de l'ensemble atteignent le point de rupture.

Si par la révolte la jeunesse de Mai 68 a cru trouver une réponse à ses maux, c'est qu'elle a eu foi dans les promesses d'une autre vie, d'un autre monde, d'une autre société que lui faisaient miroiter maoïstes, trotskistes et autres promoteurs de la révolution. Or, aujourd'hui, les promesses révolutionnaires se sont effondrées et l'espoir a disparu. L'incertitude, l'angoisse peuvent devenir des maux insupportables dans un monde sans futur où les individus sont atomisés. L'héroïne que s'injecte l'adolescent « paumé » est la réponse exaspérée à l'angoisse que l'adulte, de son côté, calme par le somnifère. Ainsi des phénomènes périphériques peuvent revêtir une signification centrale. L'adolescent porte en lui, de façon intensifiée, les problèmes de notre civilisation.

La croissance des incertitudes sur l'avenir personnel et sur l'avenir global de nos sociétés favorise des détresses adolescentes que traduisent l'augmentation des tentatives de suicide et celle de l'usage des drogues.

L'adolescence constitue un ferment nécessaire à toute la société. Elle est animée à la fois par l'esprit d'aventure et par l'esprit de résistance. C'est elle qui a apporté à la lutte contre l'occupation nazie le plus gros de ses contingents. Sa capacité créatrice s'est manifestée dans la contre-culture californienne (mouvement hippie, floraison de communes) comme dans le Mai 68 français. Elle porte en elle, avant la résignation domestiquée à l'intégration sociale, l'aspiration millénaire de l'humanité à l'harmonie et au bonheur. Il s'agit donc de reconnaître la vérité humaine des « secrets de l'adolescence », si bien exprimés poétiquement par Rimbaud et cinématographiquement par James Dean, et savoir les associer aux « secrets de la maturité ».

Ainsi l'adolescence est-elle à la fois le maillon faible (par sa faible insertion sociologique) et le maillon fort (par ses énergies) de la chaîne de nos sociétés.

Il faudrait savoir utiliser la formidable réserve de bonne volonté adolescente et créer un service civil national pour la mettre au service des innombrables besoins de solidarité, dans notre pays et partout où elle serait salutaire (en cas de catastrophes : tremblements de terre, inondations, etc.).

L'adolescence favorise les prises de risque et les transgressions, donc aussi les délinquances. La reconnaissance du fait que l'adolescence constitue un âge plastique, où l'individu peut se transformer et se réformer, doit conduire à une politique non de répression, mais de prévention et de rédemption. Des mesures d'aide et de compréhension peuvent diminuer, voire faire disparaître la délinquance juvénile, alors que l'emprisonnement des adolescents tend à les enfermer pour la vie dans la criminalité. Le seul vrai remède à la violence et à la délinquance juvéniles réside dans la compréhension, la bienveillance, l'amour qui ont, un peu partout dans le monde, surtout dans les pays du Sud, animé des initiatives où musique, danse, théâtre, peinture, sport, travaux communautaires ouvrent des voies qui préviennent la délinquance.

La ghettoïsation dans des banlieues ou dans des bidonvilles, l'absence de ressources résultant d'un travail salarié normal, la désorganisation de la famille et la dégradation de la vie dans les grands ensembles, les conflits de normes, pour les jeunes émigrés, entre celles de leurs familles et celles de l'Occident, l'absence, dans l'esprit adolescent, du surmoi de l'identité nationale, mais, au contraire, la conscience d'être rejeté qui induit à rejeter ce qui rejette, la présence locale de bandes formant gangs, le goût du risque propre à l'adolescence, tout cela favorise une délinquance qui crée sa propre économie : l'économie de la drogue, du vol, du travail au noir, celle-ci faisant vivre non seulement les adolescents eux-mêmes, mais aussi leurs familles sans travail.

Il n'y a pas que les conditions historico-sociales qui incitent à la violence et à la délinquance. Il y a des conditions psychologiques qui, du reste, ne sont pas étrangères aux angoisses et aux anxiétés historico-sociales. Comme l'indique Daniel Favre, l'hyperagressivité est corrélée à l'anxiété, à la dépression et au déficit d'empathie[1]. La violence procure des satisfactions narcissiques de pouvoir sur autrui, et, à ce titre, elle devient un mode d'addiction[2].

L'extension de la délinquance, voire de la criminalité, dès le très jeune âge, dans des cités comme Medellín, a conduit à des actions salutaires qui ont quasiment éliminé la délinquance juvénile (certes, de façon non définitive). L'action du maire de Medellín, Sergio Fajardo, qui a réuni à cette fin fonds publics

1. « L'agressivité, un déni d'émotivité », entretien avec Daniel Favre, *Sciences humaines*, février 2008, n° 190, p. 26 et suiv.

2. La réduction de la violence dans les sociétés contemporaines nécessiterait les convergences d'une politique luttant contre les inégalités et pour la solidarité, d'une justice visant à la prévention et à la réhabilitation, d'une éducation à la compréhension humaine, et, bien entendu, de la réforme de vie.

et fonds privés, a abouti à la création d'une vaste Maison pour enfants et adolescents, ouverte également aux mères de familles défavorisées, où sont dispensés un enseignement scolaire, un enseignement à l'informatique et à Internet, des cours de peinture, de musique, de danse, des formations aux sports. Une bibliothèque et une discothèque sont à la disposition des jeunes et de leurs mères.

À Rio de Janeiro, le projet « Espaço Crianza Esperança » s'est implanté depuis 2001 dans le complexe de favelas Cantagalo e Pavão Pavãozinho (Copacabana et Ipanema) où sévissaient une totale exclusion sociale et un niveau élevé de délinquance juvénile liée au trafic de drogues. C'est notre ami Jaíro qui a réuni fonds publics et privés pour édifier au cœur de la favela un vaste édifice disposant des mêmes ressources que celui de Medellín et animé en permanence par sa présence. Il a ainsi intégré 1 800 enfants et adolescents. Là, les jeunes ont l'opportunité d'acquérir dignité et citoyenneté à partir d'activités culturelles et sportives, d'une formation professionnelle, d'une conscience communautaire et d'une culture de la paix. Plusieurs de ces jeunes ont aujourd'hui changé de vie personnelle et familiale ayant réussi à mener à bien des études universitaires, et sont devenus des citoyens.

Au Venezuela, José Antonio Abreu, à la fois économiste, homme politique et chef d'orchestre, a inventé El Sistema (chœurs et orchestre), qui induit et exige discipline, travail, écoute des autres et responsabilité. Pour Abreu, la pratique de la musique par les enfants est la meilleure réponse possible aux violences des gangs qui ensanglantent les *barrios* (quartiers) les plus pauvres, abandonnés par les pouvoirs publics. C'est ainsi qu'en 1975 est né à Caracas le premier orchestre de jeunes, formé de douze enfants des barrios. D'innombrables orchestres ont essaimé dans tout le pays. Aujourd'hui, 265 000 enfants de 2 à 16 ans sont intégrés à El Sistema. Après l'école du matin, ils vont tous les après-midi dans un centre de musique où ils travaillent pendant quatre heures. Il existe au Venezuela 270 de ces centres appelés *nucleos*. L'enseignement y est gratuit, la méthode éducative est partout la même : il ne s'agit pas tant d'atteindre à la perfection technique que d'apprendre à jouer ensemble.

L'admirable chef d'orchestre Gustavo Dudamel est un pur produit d'El Sistema. Simon Rattle, directeur de l'orchestre philharmonique de Berlin, a déclaré : « L'avenir de la musique classique est au Venezuela. »

Au Québec, un dispositif de prévention et d'évitement de l'emprisonnement des adolescents a été mis en place : recours à des sanctions extra-judiciaires. Dans le cas où le mineur accepte la mesure extra-judiciaire, la victime rencontre ce dernier en présence d'un médiateur pour déterminer ensemble la nature et la durée de la sanction.

Alors que l'expérience, aux États-Unis et ailleurs, a montré que la prison est une école de consolidation de la délinquance et de formation au crime, le gouvernement français a aggravé la répression, abaissé l'âge de la majorité pénale, institué des tribunaux de flagrant délit où les mineurs, accablés par les témoignages policiers, ne peuvent trouver leurs témoins.

Une expérience de lycées pour adolescents en danger et dangereux, issus des banlieues, devrait être tentée en France par l'Éducation nationale et je m'efforcerai d'y contribuer.

CHAPITRE 6

Vieillesse et vieillissement

Le statut de la vieillesse a changé. Dans les civilisations traditionnelles, les vieillards sont les « anciens » qu'on respecte, dont on reconnaît l'expérience et la sagesse. Mais les conditions contemporaines (techniques, économiques, sociales) de la civilisation occidentale dévaluent l'expérience du passé ; les connaissances acquises par les anciens apparaissent comme une ignorance du nouveau. L'ancien jadis respecté est devenu le petit vieux arriéré.

Les anciens vivaient autrefois sous le toit familial avec enfants et petits-enfants. La désintégration de la « grande famille » a séparé les générations. Les jeunes générations n'ont plus de place dans leurs logements ni parfois dans leur cœur pour leurs vieux. La vie est trop absorbée, pressée. Les vieux vivent séparés de leurs enfants, mais peuvent parfois récupérer leurs petits-enfants lors des vacances des parents. Ceux qui n'exercent plus d'activité voient, avec le temps, disparaître leurs amis proches, ce qui les isole. Le veuvage entraîne souvent une triste fin de vie. En cas d'infirmité, les familles se hâtent de mettre leurs anciens dans une maison de retraite. La solitude ronge la vieillesse.

Africains, Maghrébins, Asiatiques sont choqués par la façon dont nous traitons nos vieux, ahuris par notre manque de respect à leur égard, par notre souci de nous en défaire, par notre fureur quand, devenus impotents, ils nous embarrassent.

Il est différents types de vieillissement :

1) Le vieillissement sans pathologie invalidante, où les capacités fonctionnelles et les activités mentales sont maintenues. On voit même une créativité que libère le grand âge. Des artistes comme Turner ou Beethoven se libèrent des conventions qu'ils ont acceptées dans leur carrière adulte, et expriment sans contraintes un message encore plus génial que celui de leurs œuvres antérieures.

2) Le vieillissement qui comporte fragilité, risques, réduction de certaines capacités adaptatives.

3) Le vieillissement « pathologique » ou morbide, manifesté diversement ou simultanément par des dépressions, une dégradation de la mémoire, la démence, des troubles locomoteurs.

La prolongation progressive du temps de la vie favorise les deux premiers types de vieillissement, mais accroît aussi artificiellement le dernier dans des hospices devenus mouroirs ou hôpitaux pour agonisants.

La retraite est ambivalente selon les professions exercées et selon l'état de santé du retraité. Elle est libération pour celui qui a quitté un métier pénible, dépourvu de satisfactions, éventuellement dangereux, mais elle est déprimante pour celui qui trouvait contentement dans ses activités et que l'inactivité et la solitude démoralisent.

La quantité de vie se gagne fréquemment au détriment de la qualité de vie. C'est la centenaire toujours en activité Rita Levi-Montalcini qui disait : « Donnez de la vie à vos jours plutôt que des jours à votre vie ! »

Aussi les voies d'une politique de la vieillesse devraient-elles favoriser et stimuler tout ce qui pourrait améliorer la qualité physique et psychique de la vie des anciens. Ainsi faudrait-il multiplier les centres de soins gériatriques non seulement dans les hôpitaux, mais dans des Maisons de la solidarité.

Notons, parmi les heureuses initiatives pour la vieillesse, celle de l'APA (allocation personnalisée d'autonomie) dispensée en Charente à 5 200 personnes. Elle permet d'apporter soins, aides et éventuellement repas à domicile. Des maisons d'accueil sont créées où des familles vivant à l'étage prennent soin de deux ou trois personnes âgées logées au rez-de-chaussée. Des ateliers de prévention du vieillissement cognitif reçoivent les anciens atteints de troubles de la mémoire ou de l'expression.

Les efforts pour améliorer la qualité de la vie des anciens nécessitent beaucoup plus de présences humaines que d'appareils automatiques. C'est pourquoi un des devoirs des États occidentaux serait de multiplier le personnel, si insuffisant, des métiers de solidarité et de convivialité dont, plus que d'autres, les vieillards ont besoin.

Enfin, rappelons que les Maisons de la solidarité et le service civique de solidarité que requiert une politique de civilisation permettraient un échange intergénérationnel aussi vivifiant pour les uns que pour les autres et seraient d'une utilité capitale pour atténuer les désastres et naufrages du vieillissement.

CHAPITRE 7

La mort

Ce qui suit vaut pour les esprits laïcisés qui ne peuvent croire en une vie au-delà de la mort.

C'est évidemment la perte de la foi religieuse en un au-delà ou l'absence de croyance en une survie individualisée sous forme d'esprit ou d'âme[1] qui suscitent l'épouvante de s'anéantir en tant que sujet (moi-je) et déterminent les angoisses de mort. Celles-ci peuvent être plus ou moins refoulées, mais reviennent en angoisses de vie qui se fixent sur des sujets divers.

C'est dans ces conditions que la modernité occidentale a essayé de dissimuler la tragédie de la mort. Jusque dans les années 1970, la mort était un thème tabou, et les ouvrages sur la mort ne rencontraient qu'une vente très

1. Voir E. Morin, *L'Homme et la mort*, Seuil, coll. « Points », 1977.

limitée. La mort a été expulsée des domiciles : il y a cinquante ans, 80 % des décès survenaient à domicile ; en 2007, 80 % des décès ont eu lieu à l'hôpital. Le mort est installé, paré et fardé, avant les funérailles, dans un funérarium où il arbore un masque de vivant. Cela ne calme en rien la douleur des familles et des proches, mais assure un relatif camouflage des signes extérieurs de la mort. Les enterrements laïques manquent toujours d'un rituel et d'un cérémonial permettant d'adresser un adieu sacré au défunt. Un peu de musique, un discours d'amitié, des roses jetées dans la fosse sur le cercueil essaient tant bien que mal de combler le vide et l'horreur.

La mort demeure invincible, alors même que le Cantique des cantiques assure que l'amour est aussi fort qu'elle. La vérité de l'amour est qu'il est très fort, même s'il ne peut vaincre la mort. Ce qui peut non pas dissoudre mais aider à supporter ou surmonter l'angoisse de mort réside dans l'inscription du « je » vivant dans le « nous » de la communauté aimée. Communion, fête, amour, bonheur instillent l'ardeur et la poésie qui empêchent la mort de ronger la vie.

Par ailleurs, la mort si longtemps refoulée est revenue demander au vivant de prendre conscience de son inéluctabilité et de son mystère. La biologie montre que la vie lutte contre la mort en utilisant la mort. Ainsi le cycle écologique de vie, dit cycle trophique, est en même temps cycle de mort : depuis l'insecte végétarien jusqu'au lion prédateur, et du lion prédateur aux insectes et vers nécrophages qui se nourriront de son cadavre, ainsi qu'aux racines des plantes qui en absorberont les sels minéraux, le vivant tue du vivant pour le manger, c'est-à-dire pour vivre. De même, tout être polycellulaire, comme l'être humain, vit de la mort de ses cellules, remplacées par des cellules nouvelles pour mieux lutter contre la mort, et ainsi se régénérer. Aussi ai-je complété la formule de Bichat, selon qui « la vie est l'ensemble des fonctions qui luttent contre la mort », en ajoutant : « ... en s'aidant en même temps de la mort ». La vie n'est pas seulement présente dans un monde mortel ; la mort est présente au cœur du monde vivant. Elle nous reste ennemie, elle ne nous est plus étrangère.

Il ne faut pas craindre de découvrir la mort généralisée non seulement à l'horizon de l'humanité, de la Terre et du Soleil, mais aussi du cosmos lui-même. La Voie lactée mourra. L'univers mourra. Mais la reconnaissance de la mort comme souveraine finale ne relève pas d'une résignation fataliste. La lutte sisyphéenne contre la mort peut et doit comporter sa part dionysiaque. Au surplus, l'être humain doit continuer de lutter contre ce qu'il y a de plus horrible à l'approche de la mort : la douleur et la solitude. D'où la double sollicitude nécessaire au mourant : celle qui calmera sa douleur, celle qui l'accompagnera jusqu'à l'ultime soupir. L'accompagnement des mourants est une nouvelle mission humaniste au sein de l'univers laïque. L'éthique nous demande de tout faire pour éviter à autrui la solitude face à la mort.

Il nous faut enfin ressusciter rituels et cérémonies de la mort. Parfois, des pasteurs protestants offrent sans pieuse contrepartie leur temple pour une cérémonie laïque. Il serait souhaitable que des édifices cérémoniels, vrais temples laïques de la mort, existent dans chaque cimetière, où l'on pourrait interpréter les musiques qu'aimait le défunt, chanter ses chants préférés, lire ses textes et poèmes de prédilection, évoquer les heurs et malheurs de sa vie. Enfin, c'est lors du repas funéraire, regroupant tous ceux qui ont aimé le défunt, que sa vie serait remémorée par chacun et par tous, dans ses moments heureux, fastes et plaisants, de sorte que, dans cet équivalent du repas endo-cannibale, tous puissent faire fête au mort, et que chacun puisse l'intégrer symboliquement en son être physique.

Ainsi la réforme de vie ne peut qu'être accompagnée par une réforme de la mort. Comme nous l'avons vu, la poésie de la vie est la vérité la plus profonde de la réforme de vie. La réforme de vie, en attisant sa poésie, secrète les antidotes aux angoisses de mort, et contribue ainsi à la réforme de celle-ci.

Conclusion

Interdépendance et espérance

Les réformes sont interdépendantes. La réforme de vie, la réforme morale, la réforme de pensée, la réforme de l'éducation, la réforme de civilisation, la réforme politique s'appellent les unes les autres et, par là même, leurs développements leur permettraient de s'entre-dynamiser.

Nous devons aussi être conscients de la limite des réformes. *Homo* est non seulement *sapiens, faber, economicus,* mais aussi *demens, mythologicus, ludens*. On ne pourra jamais éliminer la propension délirante d'*Homo demens,* on ne pourra jamais rationaliser l'existence (ce qui reviendrait à la normaliser, la standardiser, la mécaniser). On ne pourra jamais réaliser l'utopie de l'harmonie permanente, du bonheur assuré.

Ce qu'on peut espérer, c'est non plus le meilleur des mondes, mais un monde meilleur. Seul le cheminement sur les voies réformatrices régénérerait assez le monde humain pour converger vers la Voie qui conduirait à la métamorphose. Car c'est la métamorphose seule qui pourrait améliorer le monde.

Tout est à réformer et à transformer. Mais tout a déjà commencé sans qu'on le sache encore. Des myriades d'initiatives fleurissent un peu partout sur la planète. Certes, elles sont souvent ignorées, mais chacune, sur sa voie, apporte reliance et conscience. Travaillons à diagnostiquer, à transformer. Travaillons à relier, toujours relier !

Répétons-le : les réformes sont solidaires. Elles ne sont pas seulement institutionnelles, économiques, sociales, elles sont aussi mentales, et nécessitent une aptitude à concevoir et embrasser les problèmes globaux et fondamentaux, aptitude qui requiert une réforme de l'esprit.

La réforme de l'esprit dépend de la réforme de l'éducation, mais celle-ci dépend aussi d'une réforme de pensée : ce sont deux réformes maîtresses, en boucle récursive, l'une productrice/produit de la réforme de l'autre, indispensables à une réforme de la pensée politique qui commandera à son tour les réformes sociales, économiques, etc. Mais la réforme de l'éducation dépend aussi de la réforme politique et des réformes de la société, lesquelles découlent de la restauration de l'esprit de responsabilité et de solidarité, à son tour produit de la réforme de l'esprit, de l'éthique, de la vie.

Chaque réforme serait ainsi nourricière de toutes les autres, lesquelles la nourrirait. Il y a donc une relation en cercle vertueux entre toutes ces réformes, qui dépendraient les unes des autres et se stimuleraient entre elles.

Les chemins des réformes pourraient progressivement se relier pour former la Voie. C'est la Voie qui régénérerait le monde afin de faire advenir la Métamorphose.

Peut-on l'espérer ? L'heure est de plus en plus sévère. L'aggravation de la crise planétaire, l'intensification de la lutte, en tous lieux, en toutes sociétés, en tout esprit, des forces de vie et des forces de mort, l'ampleur et la multiplicité des transformations à effectuer, tout cela tend à nous rendre impuissants. La conscience fait de nous des couards, disait Shakespeare. Mais une plus haute conscience doit nous donner le courage de commencer.

Je réitère ici mes cinq « principes d'espérance » :

1) Le surgissement de l'inattendu et l'apparition de l'improbable. Ainsi la résistance victorieuse, par deux fois, de la petite Athènes à la formidable puissance perse, cinq siècles avant notre ère, fut hautement improbable mais permit la naissance de la démocratie et celle de la philosophie. De même furent aussi inattendues qu'improbables la congélation de l'offensive allemande devant Moscou à l'automne 1941, puis la contre-offensive victorieuse de Joukov, commencée le 5 décembre et suivie, le 8, par l'attaque de Pearl Harbor qui fit entrer les États-Unis dans la Seconde Guerre mondiale.

2) Les vertus génératrices/créatrices inhérentes à l'humanité. De même qu'il existe dans tout organisme humain adulte des cellules-souches dotées des aptitudes polyvalentes propres aux cellules embryonnaires, mais inactivées, de même existe-t-il en tout être humain, comme en toute société humaine, des vertus régénératrices ou génératrices, à l'état dormant ou inhibé. Dans les sociétés normalisées, stabilisées, rigidifiées, les forces génératrices/créatrices se manifestent chez les déviants que sont les artistes, musiciens, poètes, peintres, écrivains, philosophes, découvreurs, bricoleurs et inventeurs. Or la conscience que tous les grands mouvements de transformation commencent toujours, y compris dans les sociétés figées ou sclérosées, de façon marginale, déviante, modeste, nous montre que les innovations créatrices sont toujours et partout possibles.

3) Les vertus de la crise. En même temps que des forces régressives ou désintégrantes, les forces génératrices/créatrices s'éveillent dans les crises. La crise de la mondialisation, la crise du néo-libéralisme, la crise de l'humanité à l'ère planétaire sont riches de périls, mais aussi de possibilités transformatrices. Ainsi, de Seattle à Porto Alegre et Belém, s'est formée une volonté de répondre à la mondialisation techno-économique par un altermondialisme, terme à prendre à la lettre comme aspiration à un autre monde et qui pourrait conduire à l'élaboration d'une véritable « politique de l'humanité ».

4) Les vertus du péril. « Là où croît le péril, croît aussi ce qui sauve » (Hölderlin). Là où croît la désespérance, croît aussi l'espérance. La chance suprême gît dans le risque suprême.

5) L'aspiration multimillénaire de l'humanité à l'harmonie. Elle s'est exprimée dans les paradis puis les utopies, puis les idéologies libertaires/socialistes/communistes, puis les aspirations juvéniles des années 1960 [*Peace and Love*] et les révoltes étudiantes de Mai 68. Cette aspiration renaît et renaîtra sans cesse. Elle est présente dans le grouillement des initiatives, multiples et dispersées, à la base des sociétés civiles, qui pourront nourrir les voies réformatrices, elles-mêmes vouées à se rejoindre dans la Voie vers la métamorphose.

L'espérance semble morte. Les vieilles générations sont désabusées par les fausses promesses et les faux espoirs. Les jeunes générations sont plongées dans le désarroi. Elles se désolent qu'il n'y ait plus de cause à laquelle se vouer, comme celle de notre Résistance durant la Seconde Guerre mondiale. Mais notre cause portait en elle-même son contraire. Comme le disait Vassili Grossman, Stalingrad, la plus grande victoire de l'humanité, fut en même temps sa plus grande défaite, puisque le totalitarisme stalinien en sortit vainqueur. La victoire des démocraties rétablit du même coup leur colonialisme. Aujourd'hui, la cause est sans équivoque, sublime : il s'agit bel et bien de sauver l'humanité.

L'espérance est ressuscitée au cœur même de la désespérance. L'espérance n'est pas synonyme d'illusion. L'espérance vraie sait qu'elle n'est pas certitude, mais elle sait que l'on peut frayer un chemin en marchant (« *caminante no hay camino, se hace el camino al andar*[1] »). L'espérance sait que le salut par la métamorphose, bien qu'improbable, n'est pas impossible.

Mais l'espérance n'est qu'illusion si elle ignore que tout ce qui ne se régénère pas

1. Poème de Antonio Machado. (« Toi qui chemines, il n'y a pas de chemin. Le chemin se fait en marchant. »)

dégénère. Comme tout ce qui vit, comme tout ce qui est humain, les voies nouvelles sont sujettes à dégradations, avilissements, scléroses. Cette conscience-là aussi est indispensable, en permanence.

Post-conclusion

Au-delà de la Voie

Quelle incroyable aventure, quand on considère le passé de l'humanité depuis les redressements bipèdes de nos ancêtres anthropoïdes, il y a plus de six millions d'années, en Afrique, comme l'indique la découverte de Toumai par Michel Brunet ; puis les évolutions à la fois discontinues et continues développant main et cerveau, faisant surgir la culture humaine avec l'invention du langage à double articulation ; puis, au cours d'une préhistoire de 50 000 à 100 000 ans, la diaspora de petites sociétés archaïques sans agriculture, sans ville, sans État, sur tous les continents ; puis le surgissement, depuis 8 000 ans, au Moyen-Orient, en Inde, en Chine, au Mexique, dans les Andes, de cités et d'empires avec État, agriculture, villes, religions, arts, monuments grandioses, guerres, esclavages, déclins, anéantissements ; déchaînement de l'Histoire faite de grandeurs, de folies, de bruit et de fureur ; puis, à partir du XVe siècle, les développements techniques, mercantiles, maritimes de sociétés d'Europe occidentale qui se lancent à la conquête du monde et dominent la planète jusqu'au début du XXe siècle ; puis, au cours de ce même XXe siècle, deux guerres mondiales, Hitler, Staline, Auschwitz, le Goulag, Hiroshima ; puis, au cours de la seconde partie de ce siècle, l'essor de la globalisation, stade actuel de l'ère planétaire...

Quand on considère qu'à toutes les époques la majorité des humains sont demeurés moutonniers, soumis, subissant des tâches monotones, voués à la répétition permanente du cycle des naissances et des morts, même *s'il ne faut pas oublier que les jeunes, avant d'être des adultes domestiqués, bouillonnent du désir d'aventure* : comment ne pas s'étonner et admirer que des Alexandre, Gengis Khan, Tamerlan, Bouddha, Jésus, Paul de Tarse, Mohammed aient changé le cours de l'Histoire, que des minorités aventureuses et aventurières soient allées par-delà les horizons, aient cherché au-delà du visible, au-delà du pensable, et aient entraîné l'humanité dans cette prodigieuse aventure qu'est son histoire ?

Quand on considère cette incroyable aventure du passé, comment penser que l'aventure du futur serait moins incroyable ? Quand on pense qu'à chaque étape de ce passé l'étape suivante était inconcevable, impossible à imaginer comme à prédire, comment ne pas penser qu'il en ira de même pour notre futur ?

Les incessants développements techno-scientifiques laissent entrevoir des possibilités transformatrices inouïes dans la nature biologique de l'être humain comme dans celle des mondes animal et végétal, dans la nature des techniques elles-mêmes, dans la nature de la connaissance ; ces transformations affecteraient la nature même de l'individu, la société, l'espèce.

On ne saurait terminer ce livre prospecteur sans non pas prédire mais à tout le moins s'interroger sur ce qui semble désormais des possibilités futures.

DU POINT DE VUE DE NOS POSSIBILITÉS DE CONNAISSANCES

- les développements des modes de connaissance complexe ;
- la découverte de possibilités cognitives supérieures ;
- le développement de pouvoirs mentaux sous-développés.

Du point de vue technique

- le développement des nanotechnologies, qui portent en elles promesses et menaces ;
- l'utilisation de la fusion nucléaire et l'avènement d'une captation nouvelle de l'énergie solaire dont nous ferions un usage aussi normal que les plantes font par l'assimilation chlorophyllienne ;
- le développement des inventions biomimétiques (comme l'aérodynamique du Shankazen inspirée de celle du martin-pêcheur) ;
- la production de nouvelles générations de super-ordinateurs intégrant des qualités biologiques et intellectuelles ;
- le développement des machines autonomes : droïdes, robots, peut-être androïdes à notre semblance, renouvelant l'acte créateur du dieu biblique qui fit l'homme à son image ;
- l'utilisation de machines domestiques comme l'imprimante à fabriquer les objets les plus divers ;
- la production de bactéries artificielles pour tous les usages, notamment médicaux et dépolluants ;

• la production artificielle des nouvelles formes de vie, aptes à s'autoreproduire, comme nous l'indique Joël de Rosnay[1] ;

• le développement de la réalité virtuelle et la possibilité accrue de vivre deux vies, la réelle et la virtuelle, celle-ci pouvant devenir plus réelle que la réelle.

Du point de vue de la relation anthropocosmique

• la colonisation de la Lune, de Mars, d'une lune de Jupiter ;

• l'éventualité d'apprendre si nous sommes les seuls êtres conscients dans l'univers, et s'il existe d'autres formes d'intelligence de nature cosmique ;

• une avancée des connaissances sur l'origine de l'univers, son devenir, la matière et l'énergie noires ;

• la possibilité de savoir s'il est des univers parallèles ;

1. *Et l'homme créa la vie. La folle aventure des architectes et des bricoleurs du vivant*, LLL Les liens qui libèrent, 2010.

• la possibilité de savoir si notre réalité d'espace-temps n'est pas immergée dans une réalité sans espace ni temps ;

• la possibilité de voyager dans l'espace soit durant des milliers d'années, si la vie humaine peut être prolongée de façon indéfinie, soit en trouvant le moyen de voyager sans être prisonnier de la vitesse limite de la lumière ;

• dans la perspective lointaine du refroidissement du Soleil, la possibilité de migrations terriennes vers des planètes habitables.

Du point de vue de la nature de l'humanité

• la continuation à des stades nouveaux des symbioses entre l'être humain et ses productions techniques (notamment machines et ordinateurs) ;

• la prolongation de la vie humaine sans vieillissement, assurée par des cellules-souches présentes dans chaque organisme, par des prothèses cognitives dans le cerveau (qui amélioreraient ses performances, voire ses compétences), par les thérapies géniques ;

• les modifications de l'être humain par interventions génétiques.

Ce qui poserait d'énormes problèmes

Tout d'abord démographiques : la prolongation des vies humaines individuelles et de nos capacités intellectuelles impliquerait une limitation extrême des naissances (celles-ci ne seraient envisageables que pour compenser les décès accidentels, qui ne cesseront pas).

L'ensemble prothèses humaines/machine annonçant le cyborg, les modifications génétiques/prothèses cognitives avec développement des facultés cérébrales, la prolongation indéfinie de la vie donneraient naissance à une post-humanité[1]. En un sens, elle continuerait l'humanité comme l'espèce *Homo sapiens* a continué l'hominisation, et serait même une étape nouvelle de celle-ci. Mais, dans un autre sens, elle constituerait aussi une rupture avec notre humanité actuelle et poserait de nouveaux et innombrables problèmes éthiques, politiques et sociaux. Notamment ces questions : que faut-il conserver de notre humanité ? que faut-il améliorer ? Ma réponse : sans doute sa capacité d'allier raison et passion, sa capacité si sous-

1. Lire Jean-Michel Besnier, *Demain, les Posthumains*, Hachette Littératures, 2009 ; rééd. Fayard, « Pluriel », 2012.

développée de comprendre autrui, sa capacité d'aimer.

Mais que faut il dépasser ? Faut-il vraiment surmonter toute possibilité de délires, d'infirmités ? Ne savons-nous pas que le génie émerge tout à côté et parfois même au sein de la folie, que l'infirmité et le malheur ont poussé aux plus sublimes œuvres de poésie, de musique, de peinture ?

Sachons qu'il ne saurait de toute façon advenir une humanité parfaite. Le monde n'a pu advenir que dans l'imperfection (un monde parfait aurait été une machine déterministe immobile et aveugle) ; la vie n'a pu advenir que dans l'inévitabilité destructrice de la mort. Pour les êtres humains, on ne saurait envisager l'élimination de la possibilité de folie, qui équivaudrait à une robotisation les rabaissant en machines triviales. On ne saurait éliminer la dialogique *sapiens/demens*, *faber/mythologicus*, *economicus/ludens* ; on ne saurait éliminer la dialogique entre le logiciel égocentrique et le logiciel communautaire/altruiste propre au sujet humain.

Il ne saurait advenir une post-humanité immortelle ; on peut imaginer une post-humanité prolongeant sa vie de planète en planète à travers la mort successive de plusieurs soleils, mais elle serait exposée aux accidents, tremblements de terre, éruptions volcaniques, chutes d'aéronefs, et ne pourrait liquider bactéries et virus.

Même en post-humanité, le caractère aléatoire et mortel de l'aventure humaine perdurera.

Même et surtout en devenant post-humaine, l'aventure humaine demeurera plus que jamais une aventure semée d'aléas.

Tous ces problèmes dépassent actuellement nos facultés à les penser. L'avenir humain est frappé d'incertitudes et d'inconnues (inconcevables pour notre savoir actuel). Ce qui est certain, en revanche, c'est que, pour les envisager, il nous faut dès maintenant préparer la réforme de la connaissance capable d'affronter incertitudes et complexités (lesquelles sont inséparables).

Il faut dès maintenant s'engager avec ardeur sur toutes les voies réformatrices afin qu'advienne la Voie qui empêchera l'humanité de se faire asservir ou détruire par l'hypertrophie des pouvoirs qu'elle a elle-même engendrés et ne pourrait plus contrôler.

Bien entendu, un désastre planétaire anéantirait non seulement la possibilité de métamorphose, mais aussi ces perspectives, au moins pour plusieurs siècles. Répétons-le : le pire n'est pas sûr. Et même dans la pire des hypothèses, tout pourra recommencer pour les survivants, guéris, qui sait, de nos carences, méconnaissances et incompréhensions. Peut-être trouveront-ils, quelque part dans les ruines d'une bibliothèque, ce message qui leur redonnera espoir et courage.

Table

DEUXIÈME PARTIE
Réformes de la pensée et de l'éducation

TROISIÈME PARTIE
Réformes de société

QUATRIÈME PARTIE
Réformes de vie

Œuvres d'Edgar Morin

LA MÉTHODE

La Nature de la nature (t. 1), Seuil, 1977, « Points Essais », n° 123, 1981.
La Vie de la vie (t. 2), Seuil, 1980, « Points Essais », n° 175, 1985.
La Connaissance de la connaissance (t. 3), Seuil, 1986, « Points Essais », n°236, 1992.
Les idées. Leur habitat, leur vie, leurs mœurs, leur organisation (t. 4), Seuil, 1991, « Points Essais », n° 303, 1995.
L'Humanité de l'humanité. L'identité humaine (t. 5), *L'identité humaine*, Seuil, 2001, « Points Essais », n° 508, 2003.
L'Éthique (t. 6), Seuil, 2004, « Points Essais », n° 555, 2006.
La Méthode, Seuil, Collection « Opus », 2 vol., 2008.

La pensée complexe

Science avec conscience, Fayard, 1982, Seuil, « Points Sciences », n°564, 1990.
Sociologie, Fayard, 1984, Seuil, « Points Essais », n° 276, 1994.
Introduction à la pensée complexe, ESF, 1990, Seuil, « Points Essais », n° 534, 2005.
La Complexité humaine, Flammarion, « Champs-l'Essentiel », n° 189, 1994.
L'Intelligence de la complexité, (en coll. avec Jean-Louis Le Moigne), L'Harmattan, 2000.
Intelligence de la complexité. Épistémologie et pratique, (co-direction avec Jean-Louis Le Moigne), (Actes du colloque de Cerisy, juin 2005), Éditions de l'Aube, 2006.

La trinité humaine (individu-espèce-société)

L'Homme et la mort, Corrêa, 1951, réédition, Seuil, 1970, « Points Essais », n° 77, 1977.
Le Cinéma ou l'Homme imaginaire, Essai d'anthropologie sociologique, Éditions de Minuit, 1956.
Le Paradigme perdu : la nature humaine, Seuil, 1973, « Points Essais, n° 109, 1979.

La tétralogie pédagogique

La Tête bien faite. Repenser la réforme, réformer la pensée, Seuil, 1999.

Relier les connaissances. Le défi du xxie siècle, Journées thématiques conçues et animées par Edgar Morin, Unesco-Seuil, 1999.
Les Sept Savoirs nécessaires à l'éducation du futur, Seuil, 2000.
Éduquer pour l'ère planétaire : la pensée complexe comme méthode d'apprentissage dans l'erreur et l'incertitude humaines, avec Emilio-Roger Ciurana et Raúl Domingo Motta, Balland, 2003.

L'ÈRE PLANÉTAIRE

Un nouveau commencement, (en coll. Avec Gianluca Bocchi et Mauro Ceruti), Seuil, 1991.
Terre-Patrie, (en coll. Avec Anne Brigitte Kern), Seuil, 1993, « Points », n° P207, 1996.
Planète, l'aventure inconnue, (en coll. avec Christophe Wulf), ARTE-Mille et une nuits, 1997.
La Violence du monde (en coll. avec Jean Baudrillard), Éditions du Félin, 2003.
Pour sortir du xxe siècle, Seuil, « Points Essais », n° 170, 1984, édition augmentée d'une préface sous le titre *Pour entrer dans le XXIe siècle*, Seuil, « Points Essais », n° 518, 2004.
L'An I de l'ère écologique : la Terre dépend de l'homme qui dépend de la Terre, Tallandier, 2007.
Où va le monde ?, Éd. de l'Herne, 2007.
Vers l'abîme ?, Éd. de l'Herne, 2007.
L'Esprit du temps. Essai sur la culture de masse, Grasset, (t. 1) 1962, (t. 2) 1976, Armand Colin-INA, 2008 (nouvelle édition).

TEMPS PRÉSENT

Mai 68 : la brèche. Premières réflexions sur les événements, (en coll. avec Claude Lefort et Cornelius Castoriadis), Fayard, 1968, rééd. 2008, suivi de *Vingt ans après*.

Mais, Oswald, 1978.

La Rumeur d'Orléans, (en coll. avec Bernard Paillard, Évelyne Burguière, Claude Capulier et Suzanne de Lusignan), Seuil, 1969, « Points Essais », n° 143, 1982, (édition complétée avec *La Rumeur d'Amiens*).

Commune en France : la métamorphose de Plozevet, Fayard, 1967, LGF, « Biblio-Essais », 1984.

La Rose et le Noir, Galilée, 1984.

New York : la ville des villes, Galilée, 1984.

Penser l'Europe, Gallimard, 1987, « Folio », 1990.

Le Monde moderne et la Question juive, Seuil, 2006.

PENSÉE POLITIQUE

Introduction à une politique de l'homme, Seuil, 1965, « Points Politique », n°PO29, 1969, nouvelle édition, « Points Essais », n°381, 1999.

De la nature de l'URSS. Complexe totalitaire et nouvel Empire, Fayard, 1983.

Politique de civilisation, (en coll. avec Sami Naïr), Arléa, 1997.

Pour une politique de civilisation, Arléa, 2002.

Le Destin animal, Éd. de l'Herne, 2007.

Pour et contre Marx, Temps présent, 2010.

Ma gauche, François Bourin, 2010.

Ma Voie

Autocritique, Seuil, 1959, « Points Essais », n°283, 1994, (rééd. avec nouvelle préface).
Vidal et les siens, (en coll. avec Véronique Nahoum-Grappe et Haïm Vidal Sephiha), Seuil, 1989, « Points », n° P300, 1996.
Mes démons, Stock, Paris, 1994 et 2008, « Points », n°P528, 1998.
Les Fratricides. Yougoslavie-Bosnie 1991-1995, Arléa, 1996.
Amour, poésie, sagesse, Seuil, 1997, « Points », 1999.
Culture et barbarie européennes, Bayard, 2005.
Mon chemin. Entretiens avec Djénane Kareh Tager, Fayard, 2008.
Edwige, l'inséparable, Fayard, 2009.

Ma voix (entretiens-conférences)

Reliances, Préface d'Antoine Spire, Éditions de l'Aube-France Culture, 2000.
Nul ne connaît le jour qui naîtra, (avec Edmond Blattchen), Alice, 2000.
Itinérance. Entretien avec Marie-Christine Navarro, Arléa-France Culture, 2000, Arléa poche, 2006.
Dialogue sur la connaissance. Entretiens avec des lycéens, conçus et animés par Alfredo Pena-Vega et Bernard Paillard, Éditions de l'Aube, 2002.
Conversation pour l'avenir, Éditions de l'Aube, 2012.

Journaux

Le Vif du sujet, Seuil, 1969, « Points Essais », n°137, 1982.
Journal de Californie, Seuil, 1970, « Points Essais », n°151, 1983.
Journal d'un livre, Inter-Éditions, 1981.
Une année Sisyphe (Journal de la fin du siècle), Seuil, 1995.
Pleurer, Aimer, Rire, Comprendre, 1er janvier 1995–31 janvier 1996, Arléa, 1996.
Journal de Plozevet. Bretagne, 1985, Préface de Bernard Paillard, Éditions de l'Aube, 2001.

Colloques

L'Unité de l'homme, (en coll. avec Massimo Piattelli-Palmarini), Seuil, 1974, « Points Essais », 3 vol., nos 91-93, 1978.
Arguments pour une méthode, Colloque de Cerisy (Autour d'Edgar Morin), Seuil, 1990.

Site internet

http://www.iiac.cnrs.fr/CentreEdgarMorin
Site officiel et bibliographie complète établis par le Centre Edgar-Morin

Collection Pluriel

Actuel

ADLER Alexandre
Le monde est un enfant qui joue
J'ai vu finir le monde ancien
Au fil des jours cruels
L'Odyssée américaine
Rendez-vous avec l'Islam
Sociétés secrètes
ADLER Laure
Françoise
ASKENAZY Philippe,
COHEN Daniel
27 questions d'économie contemporaine
16 nouvelles questions d'économie contemporaine
ATTALI Jacques
Demain, qui gouvernera le monde ?
ATTIAS Jean-Christophe,
BENBASSA Esther
Les Juifs ont-ils un avenir ?
Encyclopédie des religions
AUNG SAN SUU KYI
Ma Birmanie
BACHMANN Christian,
LE GUENNEC Nicole
Violences urbaines
BAECQUE (de) Antoine
Les Duels politiques
BALLADUR Édouard
Conversations avec François Mitterrand
BARBER Benjamin R.
Djihad versus McWorld
L'Empire de la peur
BARLOW Maude,
CLARKE Tony
L'Or bleu
BEN-AMI Shlomo
Quel avenir pour Israël ?
BENBASSA Esther
La Souffrance comme identité
BERGOUGNIOUX Alain,
GRUNBERG Gérard
Les Socialistes français et le pouvoir (1905-2007)
BEURET Michel,
MICHEL Serge,
WOODS Paolo
La Chinafrique

BHUTTO Benazir
Autobiographie
BIASSETTE Gilles,
BAUDU Lysiane J.
Travailler plus pour gagner moins
BLAIS Marie-Claude,
GAUCHET Marcel,
OTTAVI Dominique
Conditions de l'éducation
BORIS Jean-Pierre
Le Roman noir des matières premières
BRETON Stéphane
Télévision
BROWN Lester
Le Plan B
BRZEZINSKI Zbigniew
Le Grand Échiquier
CARRERE D'ENCAUSSE Hélène
La Russie entre deux mondes
CHALIAND Gérard
Guérillas
CHARRIN Ève
L'Inde à l'assaut du monde
CHEBEL Malek
Manifeste pour un islam des Lumières
CLERC Denis
La France des travailleurs pauvres
COHEN Daniel
La Mondialisation et ses ennemis
COHEN-TANUGI Laurent
Guerre ou paix
COHN-BENDIT Daniel
Que faire ?
COTTA Michèle
Mitterrand carnets de route
DAVIDENKOFF Emmanuel
Peut-on encore changer l'école ?
DELPECH Thérèse
L'Ensauvagement
DELUMEAU Jean
Un christianisme pour demain
DOSTALER Gilles
MARIS Bernard
Capitalisme et pulsion de mort
ÉTIENNE Bruno,
LIOGIER Raphaël
Être bouddhiste en France aujourd'hui
FAUROUX Roger,
SPITZ Bernard
Notre État
FILIU Jean-Pierre
La véritable histoire d'Al-Qaida
FRÉGOSI Franck
L'islam dans la laïcité
GLUCKSMANN André
Ouest contre Ouest
Le Discours de la haine
GODARD Bernard,
TAUSSIG Sylvie
Les Musulmans en France
GORE Al
Urgence planète Terre
GREENSPAN Alan
Le Temps des turbulences
GRESH Alain
L'Islam, la République et le monde
Israël-Palestine
GRESH Alain,
VIDAL Dominique
Les 100 Clés du Proche-Orient

GUÉNIF-SOUILAMAS Nacira
Des beurettes
HESSEL Stéphane
Citoyen sans frontières
HIRSCH Martin
Pour en finir avec les conflits d'intérêt
JADHAV Narendra
Intouchable
JEANNENEY Jean-Noël (dir.)
L'Écho du siècle
KAGAN Robert
La Puissance et la Faiblesse
KERVASDOUÉ (de) Jean
Les Prêcheurs de l'apocalypse
KNIBIEHLER Yvonne
Mémoires d'une féministe iconoclaste
LAÏDI Zaki
Un monde privé de sens
LATOUCHE Serge
Le pari de la décroissance
LAURENS Henry
L'Orient arabe à l'heure américaine
LAVILLE Jean-Louis
L'Économie solidaire
LE MAIRE Bruno
Des hommes d'État
LENOIR Frédéric
Les Métamorphoses de Dieu
LEYMARIE Philippe,
PERRET Thierry
Les 100 Clés de l'Afrique
MONGIN Olivier
De quoi rions-nous ?
MOREAU Jacques
Les Socialistes français et le mythe révolutionnaire
NICOLINO Fabrice,
Biocarburants, la fausse solution
NICOLINO Fabrice,
VEILLERETTE François
Pesticides
NOUZILLE Vincent
Les dossiers de la CIA sur la France 1958-1981
PIGASSE Matthieu
FINCHELSTEIN Gilles
Le Monde d'après
RAFFY Serge
Le Président, François Hollande, itinéraire secret
RAMBACH Anne,
RAMBACH Marine
Les Intellos précaires
RENAUT Alain
La Libération des enfants
ROCARD Michel
Oui à la Turquie
ROY Olivier
Généalogie de l'islamisme
La Laïcité face à l'islam
ROY Olivier,
ABOU ZAHAD Mariam
Réseaux islamiques
SABEG Yazid,
MÉHAIGNERIE Laurence
Les Oubliés de l'égalité des chances
SALAS Denis
Le Tiers Pouvoir
La Volonté de punir
SAPORTA Isabelle
Le livre noir de l'agriculture
SAVIDAN Patrick
Repenser l'égalité des chances

SENNETT Richard
La culture du nouveau capitalisme
SMITH Stephen
Négrologie
Oufkir, un destin marocain
SMITH Stephen,
FAES Géraldine
Noir et Français
SMITH Stephen,
GLASER Antoine
Comment la France a perdu l'Afrique
SOROS George
Mes solutions à la crise
STORA Benjamin
La Dernière génération d'octobre
STRAUSS-KAHN Dominique
La Flamme et la Cendre
TERNISIEN Xavier
Les Frères musulmans
TINCQ Henri
Les Catholiques
TRAORÉ Aminata
Le Viol de l'imaginaire
L'Afrique humiliée
VERMEREN Pierre
Maghreb : les origines de la révolution démocratique
VICTOR Paul-Émile,
VICTOR Jean-Christophe
Adieu l'Antarctique
VIROLE Benoît
L'Enchantement Harry Potter
WARSCHAWSKI Michel
Sur la frontière
WIEVIORKA Michel
La Tentation antisémite

Sciences

ACHACHE José
Les Sentinelles de la Terre
ALLORGE Lucile,
IKOR Olivier
La Fabuleuse Odyssée des plantes
ALVAREZ Walter
La Fin tragique des dinosaures
BARROW John
Les Origines de l'Univers
Une brève histoire de l'infini
CAZENAVE Michel (dir.)
Aux frontières de la science
CHANGEUX Jean-Pierre
L'Homme neuronal
COHEN-TANNOUDJI Gilles
Les Constantes universelles
DAFFOS Fernand
La Vie avant la vie
DAVIES Paul
L'Esprit de Dieu
DAWKINS Richard
Qu'est-ce que l'Évolution ?
Il était une fois nos ancêtres
FERRIES Timothy
Histoire du Cosmos de l'Antiquité au Big Bang
FISCHER Helen
Histoire naturelle de l'amour
GLASHOW Sheldon
Le Charme de la physique

KANDEL Robert
L'Incertitude des climats
LAMBRICHS Louise L.
La Vérité médicale
LASZLO Pierre
Chemins et savoirs du sel
Qu'est-ce que l'alchimie ?
LEAKEY Richard
L'Origine de l'humanité
PETIT Jean-Pierre
On a perdu la moitié de l'Univers
SCHWARTZ Laurent
Métastases
SEIFE Charles
Zéro
SINGH Simon
Le Dernier Théorème de Fermat
Le Roman du Big Bang
STEWART John
La Nature et les nombres
VIDAL-MADJAR Alfred
Il pleut des planètes
WAAL Frans (de)
Le singe en nous

Philosophie

ARON Raymond
Essai sur les libertés
L'Opium des intellectuels
AZOUVI François
Descartes et la France
BADIOU Alain
Deleuze
BLAIS Marie-Claude,
GAUCHET Marcel,
OTTAVI Dominique
Pour une philosophie politique de l'éducation
BOUDON Raymond
Le Juste et le vrai
BOUVERESSE Jacques
Le Philosophe et le réel
BURKE Edmund
Réflexions sur la Révolution en France
CANTO-SPERBER Monique
Le Libéralisme et la gauche
CASSIRER Ernst
Le Problème Jean-Jacques Rousseau
CHÂTELET François
Histoire de la philosophie
t. 1 : La Philosophie païenne (du VIe siècle av. J.-C. au IIIe siècle après J.-C.)
t. 2 : La Philosophie médiévale (du Ier au XVe siècle)
t. 3 : La Philosophie du monde nouveau (XVIe et XVIIe siècles)
t. 4 : Les Lumières (XVIIIe siècle)
t. 5 : La Philosophie et l'histoire (de 1780 à 1880)
t. 6 : La Philosophie du monde scientifique et industriel
(de 1860 à 1940)
t. 7 : La Philosophie des sciences sociales (de 1860 à nos jours)
t. 8 : Le XXe siècle
CONSTANT Benjamin
Principes de politique
COURTINE-DENAMY Sylvie
Hannah Arendt

DESANTI Jean-Toussaint
Le Philosophe et les pouvoirs
Un destin philosophique
DESCHAVANNE Éric,
TAVOILLOT Pierre-Henri
Philosophie des âges de la vie
DETIENNE Marcel
Dionysos à ciel ouvert
GIRARD René
La Violence et le sacré
Celui par qui le scandale arrive
Mensonge romantique et vérité romanesque
Les Origines de la culture
GLUCKSMANN André
Le Bien et le Mal
Une rage d'enfant
GRUZINSKI Serge
La pensée métisse
HABERMAS Jürgen
Après Marx
HABIB Claude
Le Consentement amoureux
HAZARD Paul
*La Pensée européenne au XVIII*e *siècle*
JANICAUD Dominique
Heidegger en France (2 vol.)
JANKÉLÉVITCH Sophie,
OGILVIE Bertrand
L'Amitié
JARDIN André
Alexis de Tocqueville
JERPHAGNON Lucien
Les dieux ne sont jamais loin
Au bonheur des sages
Histoire de la pensée
JOUVENEL (de) Bertrand
Du pouvoir
KAHN Axel,
GODIN Christian
L'Homme, le bien, le mal
LA ROCHEFOUCAULD
Maximes, réflexions, lettres
LINDENBERG Daniel
Destins marranes
LÖWITH Karl
Nietzsche
MANENT Pierre
Histoire intellectuelle du libéralisme
MARZANO Michela
La Fidélité ou l'amour à vif
La Pornographie ou l'épuisement du désir
Extension du domaine de la manipulation
Éloge de la confiance
MONGIN Olivier
Face au scepticisme
NEGRI Anthonio
Job, la force de l'esclave
NIETZSCHE Friedrich
Aurore
Humain, trop humain
Le Gai Savoir
Par-delà le bien et le mal
ORY Pascal
Nouvelle Histoire des idées politiques
QUINET Edgar
L'Enseignement du peuple, suivi de
*La Révolution religieuse au XIX*e *siècle*
RIALS Stéphane
La Déclaration des droits de l'homme et du citoyen

RICHIR Marc
La Naissance des dieux
RICŒUR Paul
La Critique et la conviction
ROUSSEAU Jean-Jacques
Du contrat social
SAVATER Fernando
Choisir, la liberté
Sur l'art de vivre
Les Dix Commandements au XXIe siècle
SAVIDAN Patrick
Repenser l'égalité des chances
SCHOLEM Gershom
Walter Benjamin
SERRES Michel
Les Cinq Sens
Le Parasite
Rome
SIRINELLI Jean-François
Sartre et Aron
Les Vingt décisives
SLOTERDIJK Peter
Bulles. Sphères I
Globes. Sphères II
Écumes. Sphères III
Colère et temps
Essai d'intoxication volontaire, suivi de L'Heure du crime et le temps de l'œuvre d'art
Ni le soleil ni la mort
Les Battements du monde
Le Palais de cristal
SUN TZU
L'Art de la guerre
TODOROV Tzvetan
Les Morales de l'histoire
WOLFF Francis
Philosophie de la corrida

Psychanalyse/psychologie

BETTELHEIM Bruno
Le Poids d'une vie
BETTELHEIM Bruno, ROSENFELD Alvin
Dans les chaussures d'un autre
BONNAFÉ Marie
Les Livres, c'est bon pour les bébés
BRUNSCHWIG Hélène
N'ayons pas peur de la psychothérapie
CRAMER Bertrand
Profession bébé
CYRULNIK Boris
Mémoire de singe et paroles d'homme
La Naissance du sens
Sous le signe du lien
CYRULINK Boris, MATIGNON Karine Lou, FOUGEA Frédéric
La Fabuleuse Aventure des hommes et des animaux
CZECHOWSKI Nicole, DANZIGER Claudie
Deuils
DANON-BOILEAU Henri
De la vieillesse à la mort
DUMAS Didier
La Sexualité masculine
Sans père et sans parole
FLEM Lydia
Freud et ses patients

GAVARINI Laurence
La Passion de l'enfant
GAY Peter
Freud, une vie (2 vol.)
GREEN André
Un psychanalyste engagé
GRIMBERT Philippe
Pas de fumée sans Freud
Psychanalyse de la chanson
HADDAD Antonietta,
HADDAD Gérard
Freud en Italie
HADDAD Gérard
Manger le livre
HEFEZ Serge
Quand la famille s'emmêle
Dans le cœur des hommes
HEFEZ Serge,
LAUFER Danièle
La Danse du couple
HOFFMANN Christian
Introduction à Freud
HUMBERT Élie G.
Jung
JEAMMET Philippe
Anorexie Boulimie
JOUBERT Catherine,
STERN Sarah
Déshabillez-moi
KORFF-SAUSS Simone
Dialogue avec mon psychanalyste
Le Miroir brisé
LACHAUD Denise
Jalousies
LAPLANCHE Jean,
PONTALIS Jean-Bernard
Fantasme originaire. Fantasme des origines. Origines du fantasme
LESSANA Marie-Magdeleine
Entre mère et fille : un ravage
MIJOLLA (de) Alain (dir.)
Dictionnaire international de la psychanalyse (2 vol.)
MORO Marie-Rose
Enfants d'ici venus d'ailleurs
PERRIER François
L'Amour
PHILLIPS Adam
Le Pouvoir psy
RIBAS Denys
L'Énigme des enfants autistes
SIETY Anne
Mathématiques, ma chère terreur
SUTTON Nina
Bruno Bettelheim
TISSERON Serge
Comment Hitchcock m'a guéri
Psychanalyse de l'image
TOMKIEWICZ Stanislas
L'Adolescence volée
VIGOUROUX François
L'Âme des maisons
L'Empire des mères
Le Secret de famille

Sociologie, anthropologie

AMSELLE Jean-Loup
L'Occident décroché
ARNALDEZ Roger
L'Homme selon le Coran

AUGÉ Marc
Un ethnologue dans le métro
BADIE Bertrand,
BIRNBAUM Pierre
Sociologie de l'État
Le peuple et les gros
BAUMAN Zygmunt
Le Coût humain de la mondialisation
La Société assiégée
L'Amour liquide
La Vie en miettes. Expérience moderne et moralité
BEAUD Stéphane,
PIALOUX Michel
Violences urbaines, violence sociale
BOUDON Raymond
La Logique du social
L'Inégalité des chances
BROMBERGER Christian
Passions ordinaires
CALVET Louis-Jean
Histoire de l'écriture
La Guerre des langues et les politiques linguistiques
CASTEL Robert,
HAROCHE Claudine
Propriété privée, propriété sociale, propriété de soi
DIGARD Jean-Pierre
Les Français et leurs animaux
DUPUY Jean-Pierre
Libéralisme et justice sociale
EHRENBERG Alain
Le Culte de la performance
L'Individu incertain
ELLUL Jacques
Le Bluff technologique
FOURASTIÉ Jean
Les Trente Glorieuses
GARAPON Antoine,
PERDRIOLLE Sylvie
Quelle autorité ?
GIDDENS Anthony
La Transformation de l'intimité
GINESTE Thierry
Victor de l'Aveyron
GUÉRIN Serge
L'Invention des seniors
HIRSCHMAN Albert O.
Bonheur privé, action publique
KAUFMANN Jean-Claude
Casseroles, amour et crises
L'Invention de soi
Ego
Quand Je est un autre
L'étrange histoire de l'amour heureux
LAHIRE Bernard
L'Homme pluriel
LE BRAS Hervé
Marianne et les lapins
LE BRETON David
L'Adolescence à risque
MONOD Jean
Les Barjots
MUXEL Anne
Individu et mémoire familiale
PIKETTY Thomas
Les Hauts Revenus en France au XXe siècle
PONT-HUMBERT Catherine
Dictionnaire des symboles, des rites
et des croyances

RAUCH André
Crise de l'identité masculine, 1789-1914
Vacances en France de 1830 à nos jours
ROBIN Corey
La Peur
SAVIER Lucette
Des sœurs, des frères
SENNETT Richard
Respect
La Culture du nouveau capitalisme
SINGLY (de) François
Les Uns avec les autres
Les Adonaissants
L'Injustice ménagère
Comment aider l'enfant à devenir lui-même ?
SULLEROT Évelyne
La Crise de la famille
THÉLOT Claude
Tel père, tel fils ?
TIERNEY Patrick
Au nom de la civilisation
URFALINO Philippe
L'Invention de la politique culturelle
WIEVIORKA Michel
La Violence
Neuf leçons de sociologie

Histoire

ADLER Laure
Les Maisons closes
Secrets d'alcôve
AGULHON Maurice
De Gaulle. Histoire, symbole, mythe
La République (de 1880 à nos jours)
t. 1 : L'Élan fondateur et la grande blessure (1880-1932)
t. 2 : Nouveaux drames et nouveaux espoirs (de 1932 à nos jours)
ALEXANDRE-BIDON Danièle
La Mort au Moyen Âge
ALEXANDRE-BIDON Danièle,
LETT Didier
Les Enfants au Moyen Âge
ANATI Emmanuel
La Religion des origines
ANDREU Guillemette
Les Égyptiens au temps des pharaons
ANTOINE Michel
Louis XV
BALANDIER Georges
Le Royaume de Kongo du XVIe au XVIIIe siècle
BALLET Pascale
La Vie quotidienne à Alexandrie
BANCEL Nicolas,
BLANCHART Pascal,
VERGÈS Françoise
La République coloniale
BARTOV Omer
L'Armée d'Hitler
BASLEZ Marie-Françoise
Saint Paul

BAYNAC Jacques
Jean Moulin
BEAUFRE André (Général)
Introduction à la stratégie
BÉAUR Gérard
La Terre et les hommes
BECHTEL Guy
La Chair, le diable et le confesseur
BECKER Annette
Oubliés de la Grande Guerre
BÉDARIDA François
Churchill
BENNASSAR Bartolomé,
VINCENT Bernard
Le Temps de l'Espagne, XVIe-XVIIe siècles
BENNASSAR Bartolomé
L'Inquisition espagnole, XVe-XIXe siècles
BERCÉ Yves-Marie
Fête et révolte
BERNAND André
Alexandrie la grande
BLUCHE François
Le Despotisme éclairé
Louis XIV
Les Français au temps de Louis XVI
BOLOGNE Jean Claude
Histoire de la pudeur
Histoire du mariage en Occident
Histoire du célibat
BORDONOVE Georges
Les Templiers au XIIIe siècle
BOTTÉRO Jean
Babylone et la Bible, Entretiens avec Hélène Monsacré
Au commencement étaient les dieux
BOTTÉRO Jean,
HERRENSCHMIDT Clarisse,
VERNANT Jean-Pierre
L'Orient ancien et nous
BREDIN Jean-Denis
Un tribunal au garde-à-vous
BROSSAT Alain
Les Tondues
BRULÉ Pierre
Les Femmes grecques
CAHEN Claude
L'Islam, des origines au début de l'Empire ottoman
CARCOPINO Jérôme
Rome à l'apogée de l'Empire
CARRÈRE D'ENCAUSSE
Hélène
Catherine II
Lénine
Nicolas II
CHAUNU Pierre
Le Temps des réformes
CHEBEL Malek
L'Esclavage en Terre d'Islam
CHÉLINI Jean
Histoire religieuse de l'Occident médiéval
CHOURAQUI André
Les Hommes de la Bible
CLOULAS Ivan
Les Borgia
Les Châteaux de la Loire au temps de la Renaissance
CROUZET Denis
La nuit de la Saint-Barthélemy
COLLECTIF
Chevaliers et châteaux-forts

Les Francs-Maçons
Le nazisme en questions
Les plus grands mensonges de l'histoire
Le Japon
L'Iran
Versailles
Amour et sexualité
La Cuisine et la Table
DARMON Pierre
Le Médecin parisien en 1900
Vivre à Paris pendant la Grande Guerre
DAVRIL Dom Anselme, PALAZZO Éric
La Vie des moines au temps des grandes abbayes
DELUMEAU Jean
La Peur en Occident
Rome au XVIe siècle
Une histoire du paradis
t. 1 : Le Jardin des délices
t. 2 : Mille ans de bonheur
t. 3 : Que reste-t-il du paradis ?
DESANTI Dominique
Ce que le siècle m'a dit
DUBY Georges
Le Chevalier, la femme et le prêtre
Le Moyen Âge (987-1460)
DUCELLIER Alain
Le Drame de Byzance
DUCREY Pierre
Guerre et guerriers dans la Grèce antique
DUPÂQUIER Jacques, KESSLER Denis
La Société française au XIXe siècle
DUPUY Roger
Les Chouans
DUROSELLE Jean-Baptiste
L'Europe, histoire de ses peuples
EINAUDI Jean-Luc
Octobre 1961
EISENSTEIN Elizabeth L.
La Révolution de l'imprimé
ENDERLIN Charles
Par le feu et par le sang
EPSTEIN Simon
Histoire du peuple juif au XXe siècle
ESLIN Jean-Claude, CORNU Catherine
La Bible, 2 000 ans de lectures
ESPRIT
Écrire contre la guerre d'Algérie (1947-1962)
ÉTIENNE Bruno
Abdelkader
ETIENNE Robert
Pompéi
FAVIER Jean
De l'or et des épices
FERRO Marc
Le Livre noir du colonialisme
Nazisme et communisme
Pétain
FINLEY Moses I.
On a perdu la guerre de Troie
FLACELIÈRE Robert
La Grèce au siècle de Périclès
FLORI Jean
Chevaliers et chevalerie au Moyen Âge
FOSSIER Robert
Le Travail au Moyen Âge

Ces gens du Moyen Âge
FROMKIN David
Le Dernier Été de l'Europe
FRUGONI Chiara
Saint François d'Assise
FURET François
La Gauche et la Révolution au XIXe siècle
La Révolution (1770-1880)
t. 1 : La Révolution française, de Turgot
à Napoléon (1770-1814)
t. 2 : Terminer la Révolution,
de Louis XVIII à Jules Ferry (1814-1880)
FURET François,
NOLTE Ernst
Fascisme et communisme
FURET François,
RICHET Denis
La Révolution française
GARIN Eugenio
L'Éducation de l'homme moderne (1400-1600)
GERVAIS Danièle
La Ligne de démarcation
GIRARD Louis
Napoléon III
GIRARDET Raoul
Histoire de l'idée coloniale en France
GOUBERT Pierre
Initiation à l'histoire de la France
L'Avènement du Roi-Soleil
Mazarin
Louis XIV et vingt millions de Français
GOUBERT Jean-Pierre
Une histoire de l'hygiène
GRAS Michel,
ROUILLARD Pierre,
TEIXIDOR Xavier
L'Univers phénicien
GUICHARD Pierre
Al-Andalus (711-1492)
GUILAINE Jean
La Mer partagée
HEERS Jacques
Esclaves et domestiques au Moyen Âge
Fête des fous et carnavals
La Cour pontificale au temps des Borgia et des Médicis
La Ville au Moyen Âge en Occident
HOBSBAWM Eric J.
Franc-tireur. Autobiographie
L'Ère des révolutions (1789-1848)
L'Ère du capital (1848-1875)
L'Ère des empires (1875-1914)
Marx et l'histoire
Les primitifs de la révolte dans l'Europe moderne
HORNUNG Erik
L'Esprit du temps des pharaons
HOWARD Dick
Aux origines de la pensée politique américaine
HUSSEIN Mahmoud
Al-Sîra (2 vol.)
INGRAO Christian
Croire et détruire
JERPHAGNON Lucien
Histoire de la Rome antique
Les Divins Césars

JOHNSON Hugh
Une histoire mondiale du vin
JOMINI (de) Antoine-Henri
Les Guerres de la Révolution (1792-1797)
JOXE Pierre
L'Édit de Nantes
JUDT Tony
Après-guerre
KNIBIEHLER Yvonne
Histoire des infirmières en France au XXe siècle
KRIEGEL Maurice
Les Juifs à la fin du Moyen Âge dans l'Europe méditerranéenne
LABY Lucien
Les Carnets de l'aspirant Laby
LACARRIÈRE Jacques
En cheminant avec Hérodote
LACORNE Denis
L'Invention de la République américaine
LAURIOUX Bruno
Manger au Moyen Âge
LE BRIS Michel
D'or, de rêves et de sang
LE GOFF Jacques
La Bourse et la vie
Un long Moyen Âge
LE NAOUR Jean-Yves
Le Soldat inconnu vivant
LE ROY LADURIE Emmanuel
L'État royal (1460-1610)
L'Ancien Régime (1610-1770)
t. 1 : L'Absolutisme en vraie grandeur (1610-1715)
t. 2 : L'Absolutisme bien tempéré (1715-1770)
Trente-trois questions sur l'histoire du climat
LEVER Maurice et Évelyne
Le chevalier d'Éon
LEVER Évelyne
Louis XVIII
C'était Marie-Antoinette
LÉVI Jean (traduction et commentaires)
Les Sept Traités de la guerre
LIAUZU Claude
Histoire de l'anticolonialisme
MALET-ISAAC
Histoire
t. 1 : Rome et le Moyen Âge (735 av. J.-C.-1492)
t. 2 : L'âge classique (1492-1789)
t. 3 : Les Révolutions (1789-1848)
t. 4 : La Naissance du monde moderne (1848-1914)
MANDROU Robert
Possession et sorcellerie au XVIIe siècle
MANTRAN Robert
Istanbul au siècle de Soliman le Magnifique
MARGOLIN Jean-Louis
Violences et crimes du Japon en guerre (1937-1945)
MARTIN-FUGIER Anne
La Bourgeoise
MAUSS-COPEAUX Claire
Appelés en Algérie
MILO Daniel
Trahir le temps

MIQUEL Pierre
La Grande Guerre au jour le jour
MOSSE George L.
De la Grande Guerre au totalitarisme
MUCHEMBLED Robert
L'Invention de l'homme moderne
NEVEUX Hugues
Les Révoltes paysannes en Europe
(XIVe-XVIIe siècles)
NOIRIEL Gérard
Réfugiés et sans-papiers
Immigration, antisémitisme et racisme en France (XIXe-XXe siècles)
PÉAN Pierre
Une jeunesse française, François Mitterrand, 1934-1947
PELIKAN Jaroslav
Jésus au fil de l'histoire
PERNOUD Régine,
CLIN Marie-Véronique
Jeanne d'Arc
PETITFILS Jean-Christian
Les communautés utopistes au XIXe siècle
PÉTRÉ-GRENOUILLEAU Olivier
Nantes au temps de la traite des Noirs
PITTE Jean-Robert
Bordeaux Bourgogne
POMEAU René
L'Europe des Lumières
PORTIER-KALTENBACH Clémentine
Histoires d'os et autres illustres abattis
POURCHER Yves
Les Jours de guerre
POZNANSKI Renée
Les Juifs en France pendant la Seconde Guerre mondiale
PRÉPOSIET Jean
Histoire de l'anarchisme
RANCIÈRE Jacques
La Nuit des prolétaires
RAUCH André
Histoire du premier sexe
RAUSCHNING Hermann
Hitler m'a dit
RÉGENT Frédéric
La France et ses esclaves
REVEL Jacques
Fernand Braudel et l'histoire
RICHARD Jean
Histoire des croisades
RICHÉ Pierre
Les Carolingiens
RIEFFEL Rémy
Les Intellectuels sous la Ve République (3 vol.)
RIOUX Jean-Pierre
De Gaulle
RIOUX Jean-Pierre,
SIRINELLI Jean-François
La France d'un siècle à l'autre (2 vol.)
La Culture de masse en France
RIVET Daniel
Le Maghreb à l'épreuve de la colonisation

ROCHE Daniel
Les circulations dans l'Europe moderne
ROTH François
La Guerre de 1870
ROUSSET David
Les Jours de notre mort
L'Univers concentrationnaire
ROUSSO Henry
Un château en Allemagne, Sigmaringen (1944-1945)
ROUX Jean-Paul
Les Explorateurs au Moyen Âge
SEGEV Tom
1967
SIRINELLI Jean-François
Les Baby-boomers
Les Vingt Décisives
SOLER Jean
L'Invention du monothéisme
t. 1 : Aux origines du Dieu unique
t. 2 : La Loi de Moïse
t. 3 : Sacrifices et interdits alimentaires dans la Bible
SOUSTELLE Jacques
Les Aztèques à la veille de la conquête espagnole
SOUTOU Georges-Henri
La Guerre froide
SPEER Albert
Au cœur du Troisième Reich
STORA Benjamin
Les Trois Exils. Juifs d'Algérie
Messali Hadj
Les Immigrés algériens en France
De Gaulle et la guerre d'Algérie
Mitterrand et la guerre d'Algérie
STORA Benjamin,
HARBI Mohammed
La Guerre d'Algérie
THIBAUDET Albert
La République des Professeurs suivi de Les Princes lorrains
TRAVERSO Enzo
La Guerre civile européenne (1914-1945)
TROCMÉ Étienne
L'Enfance du christianisme
TULARD Jean
Napoléon
Les Français sous Napoléon
VALENSI Lucette
Venise et la Sublime Porte
VALLAUD Pierre
Atlas historique du XXe siècle
VERGÈS Françoise
La Mémoire enchaînée
VERNANT Jean-Pierre
La Mort dans les yeux
VEYNE Paul
Le Quotidien et l'intéressant
VIDAL-NAQUET Pierre
L'Histoire est mon combat, Entretiens avec Dominique Bourel et Hélène Monsacré
WEBER Eugen
La fin des terroirs
WEIL Georges
Histoire de l'idée laïque en France au XIXe siècle
WERNER Karl Ferdinand
Naissance de la noblesse
WIEVIORKA Annette
Déportation et génocide
L'Ère du témoin
Auschwitz

Lettres et arts

ABÉCASSIS Armand,
ABÉCASSIS Éliette
Le Livre des passeurs
ARNAUD Claude
Qui dit je en nous ?
BADIOU Alain
Beckett
BAECQUE (de) Antoine
La Cinéphilie
Godard
BONFAND Alain
Paul Klee
BONFAND Alain,
MARION Jean-Luc
Hergé
CACHIN Françoise
Gauguin
CLARK Kenneth
Le Nu (2 vol.)
DAIX Pierre
Les Surréalistes
Picasso
DE DUVE Thierry
Résonances du readymade
DELON Michel
Le Savoir-vivre libertin
FERRIER Jean-Louis
Brève histoire de l'art
De Picasso à Guernica
GABLER Neil
Le Royaume de leurs rêves
GIRARD René
Mensonge romantique, vérité romanesque
GOODMAN Nelson
Langages de l'art
GRANET Danièle,
LAMOUR Catherine
Grands et petits secrets du monde de l'art
GRAVES Robert
Les Mythes grecs
GUILBAUT Serge
Comment New York vola l'idée d'art moderne
HASKELL Francis,
PENNY Nicholas
Pour l'amour de l'antique.
HEINICH Nathalie
L'Art contemporain exposé aux rejets
HURÉ Pierre-Antoine,
KNEPPER Claude
Liszt en son temps
JANOVER Louis
La Révolution surréaliste
LAZARD Madeleine
Rabelais l'humaniste
LE BIHAN Adrien
De Gaulle écrivain
LIÉBERT Georges
L'Art du chef d'orchestre
LOYER Emmanuelle
Paris à New York
MARTIN-FUGIER Anne
La Vie d'artiste au XIXe siècle
Les Romantiques
MESCHONNIC Henri
De la langue française
MICHAUD Yves
L'Art à l'état gazeux
Critères esthétiques et jugement de goût

L'Artiste et les commissaires
PACHET Pierre
Les Baromètres de l'âme
POURRIOL Ollivier
Cinéphilo
RANCIÈRE Jacques
La Parole muette
Mallarmé
REWALD John
Le Post-impressionnisme
Histoire de l'impressionnisme
RICHARD Lionel
L'Art et la guerre
SABATIER Benoît
Culture jeune
SALLES Catherine
La Mythologie grecque et romaine
STEINER George
De la Bible à Kafka
Extraterritorialité
STEINER George,
LADJALI Cécile
Éloge de la transmission
TAPIÉ Victor L.
Baroque et classicisme
VALLIER Dora
L'Art abstrait
VON DER WEID Jean-Noël
La Musique du XXe siècle

Photocomposition Nord Compo
Villeneuve-d'Ascq

PAPIER À BASE DE FIBRES CERTIFIÉES

Fayard s'engage pour l'environnement en réduisant l'empreinte carbone de ses livres. Celle de cet exemplaire est de :
0,850 kg éq. CO_2
Rendez-vous sur www.fayard-durable.fr

Imprimé en Espagne, par
BLACKPRINT CPI IBÈRICA S.L.
27-02-0760-2/01